ZHONGGUOSHI XIANDAIHUA
LILUN YU SHIJIAN

中国式现代化理论与实践

郑新立 等 著

目　录

前　言

中国式现代化是马克思主义最新发展成果

党的二十大报告指出，中国式现代化，是中国共产党领导的社会主义现代化，是人口规模巨大的现代化，是全体人民共同富裕的现代化，是物质文明和精神文明相协调的现代化，是人与自然和谐共生的现代化，是走和平发展道路的现代化。中国式现代化是把马克思主义基本原理同中国具体实际相结合、同中华优秀传统文化相结合，运用辩证唯物主义和历史唯物主义解决中国问题的结果，是马克思主义中国化时代化的成果。

从 1848 年《共产党宣言》问世，标志着马克思主义诞生，距今已有 176 年了。一百多年来，马克思主义作为人类历史上最伟大的理论，作为无产阶级和劳动人民的思想武器，在与资本主义的殊死斗争中，虽然历经坎坷，但已经取得巨大成功。其最重要的标志，就是从当年一个徘徊在欧洲的“幽灵”，演变为屹立于当今世界的社会主义中国，以致于被资本主义的头领——美国视为最大威胁，正集中全部力量欲围歼消灭之。而在全球南方的广大发展中国家看来，中国正成为他们效仿的榜样，成为全球发展的最大贡献者和全球稳定的维护者，就连美国的许多盟友，也不愿意跟随美国打压中国，希望同中国发展友好合作关系。

来自国内外的信息都表明，马克思主义理论已经转变为中国特色社会主义的生动实践。到 2035 年即将基本实现的中国式现代化，是马克思主义的最新发展成果，是中国特色社会主义理论与实践相结合的产物。笔者认为，中国式现代化的理论与实践至少在以下六个方面对马克思主义做出了重大发展。

一是中国式现代化开创了一个落后的农业大国依靠社会主义制度迅速实现工业化的光辉范例。新中国成立后的 70 多年，特别是改革开放 45 年来，中国加快了工业化速度。到 2021 年，中国的制造业产值已超过美、英、法、德、日、意、加七个主要工业发达国家即 G7 的总和，占全球制造业产值的 37%。中国已有 200 多种工业产品产量居世界第一位，占全球产量的三分之一到二分之一。制造业产品出口额连续十几年居全球第一。单从发电量来看，中国发电总量是美国的 2 倍多，工业用电量是美国的 6 倍多。马克思从分析资本主义商品的两重性开始，得出生产过剩的危机必然导致资本主义制度的崩溃，社会主义是建立在发达资本主义基础之上的社会制度的结论。中国的经验证明，在半殖民地半封建的基础上，跨越资本主义阶段，直接进入社会主义，然后利用社会主义的制度优势加快发展生产力，把落后的农业国迅速转变为工业化国家，是一条能够走得通的现代化之路。

二是以公有制为主体、多种所有制经济共同发展，是对马克思主义生产资料所有制理论的创新发展。马克思、恩格斯把生产资料公有制作为社会主义最基本的特征，这是对建立在成熟资本主义基础之上的社会主义而言的。中国 45 年改革的经验证明，坚持公有制为主体，即坚持社会主义基本经济制度；多种所有制经济共同发展，为社会主义经济发展注入活力，为国有企业改革发展提供压力、动力和条件。特别是实行混合所有制和员工持股制，形成资本所有者和劳动者利益共同体，是发展最快最好的产权组织形式，成为基本经济制度的重要实现形式，是与社会主义初级阶段生产力发展要求相适应的生产资料所有制形式。

三是以按劳分配为主体、按劳分配与按要素分配相结合，是对马克思主义分配理论的创新发展。马克思主义把按劳分配作为社会主义的分配方式。改革以来，我们实行按劳分配为主体、按劳分配与按要素分配相结合的分配方式，贯彻了社会主义物质利益原则，打破了传统计划经济体制下平均主义、大锅饭和铁饭碗的弊端，允许一部分人、一部分地区通过诚实劳动和合法经营先富起来，通过先富帮后富，最终实现共同富裕，从而构建出能够让一切劳动、知识、技术、管理、资本的活力竞相迸发，让一切创造社会财富的源泉充分涌流，让发展成果更多更公平惠及全体人民的强大社会机制和动力机制。华为公司实行按劳分配与按资分配3∶1的比例，既体现了按劳分配为主的原则，又调动了资本的积极性，是与社会主义初级阶段生产力发展水平相适应的分配方式。

四是在经济管理上实行社会主义市场经济体制，解决了马克思主义关于按比例分配社会劳动的难题。列宁认为，社会主义旗帜上有两个鲜明标志：生产资料公有制和按劳分配，这是社会主义的基本经济制度。党的十九届四中全会把社会主义市场经济体制也作为中国特色社会主义的基本经济制度之一，这是对马克思主义科学社会主义理论的创新和发展。马克思在《资本论》中分析，资本主义生产社会化和生产资料私有制之间的矛盾，必然导致周期性的生产过剩的危机。在社会主义条件下，应当由国家按照社会需求的比例，在各个生产部门之间分配社会劳动，从而实现供需结构和产业结构的平衡。但是如何实现？马克思、恩格斯没有这样的实践，不可能给出具体方案。列宁在苏维埃建立之初，曾提出把全社会作为一个大工厂，后来发现这样做不行，又提出新经济政策，但由于逝世过早，也没有来得及给出回答。新中国成立后的前 30 年，我们学习和建立了斯大林时期的计划经济体制。实践证明，由于社会需求多种多样、千变万化，靠国家计划承担不了合理分配社会劳动即资源配置的职能，僵化的计划体制阻碍了生产力发展。只有依据市场价格信号，引导社会劳动的分配，由市场决定资源配置，同时发挥政府的作用，才能实现总供求和各个部门之间的供求平衡，避免出现供给短缺或生产过剩问题。

五是以开放促改革促发展，填补了马克思主义的一个空白。马克思、恩格斯曾预测社会主义革命可以在几个国家同时取得成功。由于缺乏实践经验，对社会主义国家如何通过国际交换加快发展没有分析预测。一代人只能做一代人的事。中国改革开放以来形成的对外开放理论、政策和主张，包括引进外资和技术，兴办经济特区和经济技术开发区，注重学习各个国家经济发展的经验，而且无论大国小国，谁在哪个方面做得好，我们都前往考察取经，虚心求教，并从中国实际出发，博取众长，制定出切实可行的改革方案和发展计划，从而把各个国家好的技术、经验、规则、法制拿来为我所用。在学习借鉴各个国家文明成果的基础上，把中国式现代化发展为人类文明新形态。特别是习近平主席提出“一带一路”倡议、构建人类命运共同体、全球发展倡议、全球安全倡议、全球文明倡议等，为全球的和平稳定、绿色可持续发展提供了公共产品和中国智慧。

六是在解决改革发展重大问题的实践中，丰富和发展了马克思主义哲学。尤其是在唯物主义认识论、唯物辩证法和系统论等方面，对马克思主义哲学有了新的建树，谱写了新篇章。

改革之初，我们面临的最大障碍是思想僵化，这是由于长期受“左”的指导思想束缚的结果。从实践是检验真理的唯一标准的大讨论开始，全党解放思想、实事求是，坚持一切从实际出发，恢复和发展了唯物主义认识路线。此后所有的改革方案和理论创新，都是破除思想禁锢、坚持唯物主义认识论取得的成果。

在40多年的改革进程中，出现在党的文献中最多的一个哲学词汇是“结合”，包括公有制与私有制的结合，按劳分配与按资分配的结合，计划与市场的结合，内循环与外循环的结合，改革、发展与稳定的结合，等等。强调结合的哲学意蕴，就是要处理好矛盾双方的同一性和斗争性的辩证关系，从革命战争年代比较重视矛盾双方的对立、斗争，一方吃掉另一方，转变到建设年代更多地注重矛盾双方统一性的一面，注重矛盾双方的互相依存、互相转化、相辅相成，从而调动各方面积极因素发展经济，为构建和谐社会服务。对辩证法关注重点的这一变化，适应了党的主要任务由夺取政权向经济建设转变的要求，符合唯物辩证法的规律。

党的十八大以来，适应新时代、新任务的要求，我们强调注重运用系统思想方法，把客观世界看作一个互相联系、不断运动并包含不同层次子系统的统一整体，提出了“五位一体”“四个全面”，即统筹推进经济建设、政治建设、文化建设、社会建设、生态文明建设，作为中国特色社会主义事业总体布局；提出全面建设社会主义现代化国家、全面深化改革、全面依法治国、全面从严治党，作为我们党在新形势下治国理政战略布局。提出创新、协调、绿色、开放、共享的新发展理念，等等。用系统论、控制论的科学方法和现代技术手段，对社会工程方面的问题进行系统精准分析、预测、调控，有助于提高工作的科学性、预见性、有效性。

中国式现代化是在十几亿人口的大国进行的现代化，是人类社会历史上规模空前的现代化，是由拥有数千万党员的中国共产党领导的现代化。组织实施这样浩大的社会工程，首先需要理论的指导，用正确的理论统一全党认识，动员全体人民。从邓小平理论，到“三个代表”重要思想、科学发展观，再到习近平新时代中国特色社会主义思想，在不同的发展阶段、针对所面临的主要问题，党中央从实际出发，把马克思主义同中国实际相结合，创造性地提出了新的理论，一步一步引导着我国改革开放和经济发展不断夺取新的胜利。不断创新的理论武装了全党，指明了继续前进的方向，凝聚了全党全国人民的力量，是各项事业取得成功的最重要的保证。

党的理论创新，源自实践，又高于实践。实践不断前行，理论之树常青。我们用几十年的时间，走过了西方发达国家用两百多年走过的工业化路程，每隔一个五年，产业发展、城乡面貌都会发生巨大变化，改革、开放、发展都会面临一系列新的矛盾和问题。正是由于实践的快速发展对理论创新不断提出新的需求，才催生了新的理论创造和问世。国外不少政党和研究中国改革发展的学者，为中国共产党的理论创新能力感到惊奇和赞叹。这种理论创新能力主要来自中国共产党强大的实践能力，来自中国共产党领导全国人民从事中华民族伟大复兴事业的执政能力和历史责任感，来自亿万人民在实践活动中的创造。概括地说，党的理论创新的源泉来自实践、来自人民，同时又服务于实践、服务于人民。理论一旦被群众掌握，就会变成强大的物质力量。改革45年中国出现的经济奇迹，正是精神向物质的精彩转变。

改革开放45年来，通过快速工业化和城镇化，我国实现了经济的快速增长。我们已经建成全球规模最大、门类最齐全的工业体系。2022年，城镇化率达到65.22%，城镇人口规模达到9.21亿人；全年国内生产总值121.02万亿元，从1978年到2022年的45年间，年均增长9.02%；人均GDP达到8.57万元，折合1.27万美元，处于世界中高收入水平。2023年，我国人均GDP将超过世界银行划分的1.32万美元的标准，跨入高收入国家行列。再经过12年的努力，年均经济增长速度能保持在5.5%，到2035年，我国人均国内生产总值将达到2.5万美元以上，达到中等发达国家水平，从而在经济发展水平上实现党的二十大提出的基本实现社会主义现代化的宏伟目标。

为了国家的现代化，中国人民从1840年鸦片战争开始，经历了180多年前仆后继、艰苦卓绝的牺牲奋斗。在越是接近现代化目标时，我们越是要加倍努力，按照“行百里者半九十”的古训，毫不松懈、稳中求进、循序渐进、持续推进，努力排除外部干扰，专心致志做好自己的事情。遵照2023年12月召开的中央经济工作会议精神，必须把推进中国式现代化作为最大的政治，在党的统一领导下，团结最广大人民，聚焦经济建设这一中心工作和高质量发展这一首要任务，把中国式现代化宏伟蓝图一步步变成美好现实。

习近平新时代中国特色社会主义思想是党的十八大以来理论创新的成果，是全面建成小康社会和建设社会主义现代化国家的理论，是2035年基本实现现代化和到本世纪中叶建成富强民主文明和谐美丽的社会主义现代化强国的行动指南，是马克思主义中国化时代化的最新成果。认真学习、贯彻落实习近平新时代中国特色社会主义思想，对于实现第二个百年奋斗目标，具有至关重要的意义。

本书以习近平新时代中国特色社会主义思想为指导，运用改革以来我们党的创新理论和基本经验，以及到 2035 年和本世纪中叶的奋斗目标、战略部署等，力求从多个维度对党的二十大提出的中国式现代化理论进行全面阐释。各章的撰稿人都是相关领域长期从事研究的专家学者。全书结构先由我提出提纲，经与人民出版社的负责同志和编辑商定后，由每位撰稿人研究思考并提出各章的主要观点和每节标题，再由我统一调整后分头撰写。初稿完成后，由我统一修改定稿。徐伟同志在汇总文稿和统一体例等方面做了不少工作。各章的作者分别为：

序　言　郑新立

第一章　郑新立

第二章　刘　森

第三章　田雪原

第四章　徐　伟

第五章　李　裕

第六章　綦鲁明

第七章　刘恩东　陈子豪

第八章　郑新立

第九章　郑新立

第十章　唐　元

第十一章　谈　俊

第十二章　冯海发

第十三章　杨子健

第十四章　刘西友

第十五章　白津夫

第十六章　盛思鑫

第十七章　中国特色发展之路课题组赴广东深圳市调研组

第十八章　中国式现代化课题组

第十九章　舟山绿色石化基地管委会

由于作者水平所限，书中难免有错误和不当之处，敬请读者批评指正。

郑新立

2023 年 12 月 28 日

第一章

中国式现代化是一种全新的人类文明形态

习近平总书记在新进中央委员会的委员、候补委员和省部级主要领导干部学习贯彻习近平新时代中国特色社会主义思想和学习贯彻党的二十大精神研讨班开班式讲话中指出，中国式现代化，深深植根于中华优秀传统文化，体现科学社会主义的先进本质，借鉴吸收一切人类优秀文明成果，代表人类文明进步的发展方向，展现了不同于西方现代化模式的新图景，是一种全新的人类文明形态。这一论述深刻揭示了中国式现代化的本质特征及其与整个人类文明进步的关系，是对中国式现代化这一人类社会发展中出现的规模空前、影响深远的重大现象认识的概括和总结。

第一节　世界历史发展是人类文明不断进步的过程

所谓文明，是人类在认识世界和实践活动中长期积累的精神成果和物质成果的总和。精神成果主要体现在对客观世界的认识上，包括能被某些群体认同的人文精神和语言、文字、科学、文化、艺术、家族、宗教等。物质成果主要体现在生产力的不断进步特别是生产工具的不断改进上。人类进入文明社会，有四个明显标志：一是陶器和青铜器的使用；二是农业的产生和发展；三是城市的兴起和繁荣；四是文字的出现。文明使人类逐步摆脱野蛮状态，具有共同信念和集体行为能力，创造了国家、法律、城市、乡村和社会形态，通过社会分工、技术进步和发展生产力，不断改善自身生存条件，增加物质财富。可以说，文明是人类在认识世界和改造世界过程中所逐步形成的思想观念以及不断进化的人类本性的体现，随着物质基础的逐渐强大而不断丰富发展。

社会形态或社会制度是人类文明的集中体现，是文明的核心。社会制度性质的决定性因素是生产关系，它包括生产资料所有制形式、劳动成果分配方式和在经济社会中人与人的关系。生产关系的总和即经济基础决定国家管理体制、法律制度、意识形态、文化教育等上层建筑。而生产关系又由生产力水平所决定。生产工具是生产力水平的标志。原始社会以石器为主要工具，奴隶社会以青铜器为主要工具，封建社会以铁器为主要工具,资本主义以机器的广泛普遍采用为标志。社会主义所容纳的生产力发展水平则一定比资本主义更加先进,否则,它就没有存在的理由。

伴随着人类社会的漫长历史，物质文明和精神文明不断进步。作为文明进步的重要成果，是社会形态的不断更替。人类社会已经经历了原始社会、奴隶社会、封建社会、资本主义社会、社会主义社会五种社会形态。马克思主义关于历史唯物主义原理告诉我们，社会形态更替的根本原因在于，当旧的社会形态所赖以维持的生产关系不适应生产力发展要求，上层建筑不适应经济基础的需要，就会出现社会革命，造就新的社会形态，用新的适应生产力发展要求的生产关系代替旧的生产关系，用新的上层建筑来代替旧的上层建筑。奴隶制代替原始社会，封建社会代替奴隶社会，资本主义社会代替封建社会，社会主义社会代替资本主义社会，都是顺应了生产力发展的要求。人类文明发展到今天，是资本主义和社会主义比较、并存的时期。社会主义社会最终能够代替资本主义社会，关键在于社会主义能够建立比资本主义更适应人类自身发展的生产资料所有制、分配制度和人与人的关系，创造出比资本主义社会更高的劳动生产率，更有利于生产力发展和科技进步。

历史的发展不会沿着一条直线，总会出现一些曲折。上世纪 90 年代，美苏争霸导致苏联解体，社会主义发展遇到了极大挫折。当时的美国各界一片欢呼，有世界史学者提出“历史终结论”，宣布资本主义最终战胜了社会主义，资本主义作为人类文明的最终形态将永世长存，社会主义从此将会从世界上销声匿迹。

孰不知，人类文明进步是不会终结的，就像地球不会停止转动一样。从历史上看，社会形态的转换一般要经过几百年甚至上千年。在中国长达 5000 年的文明史上，从公元前 221 年秦始皇建立第一个中央集权的封建国家算起，到 1911 年辛亥革命，封建社会前后存续了 2000 年以上。资本主义社会从 1640 年英国爆发资产阶级革命开始，至今不过 300 多年历史。实践证明，资本主义比封建主义更有利于解放生产力，适应经济发展的要求。历史还证明，一种社会制度在它所能容纳的生产力发展潜力完全释放之前，这种制度就仍然有机会存在下去。在历史的长河中，轻率断言某种社会制度为永恒存在的制度抑或退出历史的制度，违背了人类文明进步的历史规律，必然成为后人的笑柄。

资本主义是伴随着机器大工业的出现来到世上的。资本主义带来了现代工业文明，使生产力成百倍地增长，创造出封建社会难以想象的经济奇迹。马克思、恩格斯在《共产党宣言》中指出："资产阶级在它的不到一百年的阶级统治中所创造的生产力，比过去一切世代创造的全部生产力还要多，还要大。"资本主义在300多年的历史上，成功地进行了三次工业革命。第一次是蒸汽机的采用，以煤炭为能源，人类社会才有了火车和轮船；第二次是内燃机的采用，以石油为能源，人类才坐上了汽车和飞机；第三次是电的广泛应用，催生了整个现代工业文明。现在第四次工业革命已经开始，越来越多的迹象表明，新的工业革命，将以低碳清洁能源为动力，以绿色化、数字化产业兴起为标志，带来人类生产方式、生活方式的革命。如果说前三次工业革命我国都错过了，有的至今仍在补课，那么，在第四次工业革命中，我国通过努力，有可能从前三次工业革命的跟随转变为同步或引领。中华民族曾经创造了灿烂的农业文明，在人类历史的大部分时间内，都处于文明进步的前沿，只是在近代落伍了。能不能后来居上，在新的工业革命中为人类文明进步做出新贡献，这是对中国特色社会主义制度的检验，是对中国共产党领导能力的考验。

第二节　中国式现代化是悠久中华文明的伟大复兴

党的二十大报告指出："从现在起，中国共产党的中心任务就是团结带领全国各族人民全面建成社会主义现代化强国、实现第二个百年奋斗目标，以中国式现代化全面推进中华民族伟大复兴。”全面建成社会主义现代化强国，总的战略安排是分两步走：从 2020 年到 2035 年基本实现社会主义现代化；从 2035 年到本世纪中叶把我国建成富强民主文明和谐美丽的社会主义现代化强国。实现现代化目标，使全国人民过上幸福生活，是几代中国人的梦想，是古老中华文明的伟大复兴。

中华民族创造了灿烂的古代文明，是世界四大文明古国之一。在漫长的农业社会，中华民族依靠自己的勤劳智慧，兴修了像都江堰、郑国渠、灵渠等水利设施，开凿了南北大运河，建立起精耕细作的农业经济，虽然多次遭遇水旱灾害和战乱影响，但食物供给的增加仍然满足了人口不断增长的需要。古代冶铁和纺织技术的进步，带动了手工业的发展，满足了人们对穿衣、住房、农具和冷兵器的需要。特别是造纸、印刷、火药、指南针的发明，不仅推动了中华文明的发展，而且通过丝绸之路传到西亚、欧洲之后，对西方近代工业文明产生重大影响，对人类社会进步产生了重大推动作用。商品生产和商品交换早在奴隶社会就已出现，并出现了作为一般等价物的货币。在封建社会，随着秦始皇统一文字、统一货币、贯通道路和水运体系，促进了全国商品流通和商品经济的发展。古代丝绸之路的开通，对中西方经济、文化交流和人类文明进步发挥了重大作用。博大精深的中医是中华民族对人类健康做出的重大贡献。中国古代诗词曲赋不仅成为中华民族的精神依托，在世界文学史上也留下了光辉灿烂的不朽之作，成为人类古代文明的标志。在中华民族思想史上，春秋战国时期诸子百家争鸣，至今闪耀着真理的光辉。儒、道、佛三种学派和信仰长期共容并存，成为封建社会在中国长期延续的重要维系和思想渊源，至今闪耀着治国理政和人本主义光辉。“己所不欲，勿施于人”，今天仍然是处理国与国之间关系的道德标准，是构建人类命运共同体的重要原则。

中华文明是唯一没有中断的人类古代文明。世界历史上有四大文明古国，包括古巴比伦、古印度、古埃及和中国。由于外族侵略和毁灭，除中国之外的三大古文明早已中断，只有中华文明延续 5000 年没有中断。在历史长河中，作为中华文明主体的华夏民族也曾遭到过外族的短暂征服，但是正如历史学家得出的结论，落后的征服民族最终为被征服民族的先进文化所征服。通过民族融合，促进了中华文明的发展。中华文明赓续 5000 年，充分证明这种文明的强大生命力，这种强大生命力来自文明本身对人类本性的吸引力、影响力、感召力、渗透力。人类对美好生活和自身发展的期望，使他们不能拒绝先进的文明，而是甘愿接受更先进的文明。这是中华文明能够避免被灭绝的命运而长期延续的根本原因。

中华文明的落伍，只是发生在近两百年的事情。由于封建统治者盲目自大，把西方近代工业文明的出现视为“奇技淫巧”，认为中国地大物博，无所不有，不需要舶来品，致使中国一再失去了工业化的机会。当外国侵略者用坚船利炮打进国门的时候，我们毫无还手之力，最后沦为半殖民地国家，国家和人民遭受了极大的屈辱和苦难。我国的近邻日本，历史上长期向中国学习，从汲取中华文明的养分中进步，但在近代，由于先于中国接受西方工业文明，建立了机器大工业，能够生产出比中国先进的武器，竟然发动侵华战争，妄图以蛇吞象，灭亡中国。这种惨痛教训使每一个华夏子孙永世不忘！

1921 年中国共产党的成立，标志着中华民族第一次伟大觉醒。在中国共产党的坚强领导下，经过 28 年的武装革命，经历了土地革命、抗日战争、解放战争，终于推翻了帝国主义、封建主义、官僚资本主义三座大山，于 1949 年 10 月 1 日建立了新中国。民主革命的胜利，是马克思主义与中国实际相结合的成果，是毛泽东思想的胜利。从农村包围城市、持久战、人民战争等光辉战略思想，到统一战线、武装斗争、党的建设中国革命成功的三大法宝，无不闪耀着几千年中华民族的智慧之光，再次证明了中华文明的强大生命力。

新中国建立起人类历史上最先进的社会主义制度，为开启现代化建设奠定了坚实基础和制度条件。经过 30 年对社会主义建设道路的艰辛探索，从学习苏联计划经济的经验，到探索符合中国国情的建设道路，创立中国特色社会主义理论，中国共产党开启了又一次伟大觉醒——改革开放。1978 年党的十一届三中全会吹响了改革的号角，经过解放思想、大胆试验，党的十四大提出了建立社会主义市场经济体制的目标。这是人类历史上从未有过的经济体制，它把计划与市场有机结合起来，把生产资料公有制与非公有制结合起来，把按劳分配与按要素分配结合起来，适应了社会主义初级阶段生产力发展的要求，从而极大地解放了生产力。仅用 40 多年时间，创造了人类历史上从未有过的十几亿人口大国经济发展的奇迹。这种改革的大无畏精神和博采众长的智慧，也只有在具有悠久文化积淀、开放的思想观念和丰富的治国理政经验的国家才能做到。

第三节 中国式现代化是科学社会主义的继承和发展

中国式现代化是中国特色社会主义的现代化，是马克思主义科学社会主义理论的继承和发展，这是中国式现代化不同于西方国家现代化的根本特征。

新中国成立后，在中国共产党的领导下，经过三年经济恢复时期，从1953年开始，着手对农业、手工业、资本主义工商业进行社会主义改造。到1956年底，农业方面创造了以初级合作社为主要形式的各种互助合作组织，手工业也建立了合作社，走上了集体化道路。对资本主义工商业实行加工订货、统购包销、公私合营、固定股息等形式，完成了向社会主义的过渡。这是中国近代史上继民主革命后的又一次革命，即社会主义革命。通过这次革命，我们在生产资料所有制方面初步建立了社会主义公有制。1956年9月召开的党的八大宣布社会主义制度在我国已经基本建立起来了，指出社会主要矛盾已经是人民日益增长的物质文化需要同落后的社会生产之间的矛盾，全国人民的主要任务是集中力量发展社会生产力，实现国家工业化，逐步满足人民日益增长的物质文化需要。但是，遗憾的是，这个正确的指导方针没有得到贯彻执行，在所有制和分配制度方面继续推进“左”的变革，出现了以“大锅饭”“铁饭碗”为特征的“穷过渡”和平均主义，甚至提出“宁要社会主义的草，不要资本主义的苗”。这种“左”的思想和政策严重挫伤了广大人民劳动的积极性，阻碍了生产力发展。在政治上，强调以阶级斗争为纲和继续革命，并演变为“文化大革命”十年内乱，以致经济到了崩溃的边缘。新中国成立后的30年，虽然全国人民节衣缩食、艰苦奋斗，经济建设也取得了很大成绩，但经济发展并没有达到预想的结果。

1978年底召开的党的十一届三中全会，总结前30年的经验教训，开启了改革开放的新征程。邓小平提出解放思想、实事求是，恢复了我们党唯物主义思想路线。1981 年 6 月党的十一届六中全会通过的《关于建国以来党的若干历史问题的决议》，第一次提出：“我们的社会主义制度还是处于初级的阶段”。1987 年党的十三大报告，系统阐述了社会主义初级阶段理论和党在社会主义初级阶段的基本路线。正是基于对我们所处发展阶段的正确认识，改变各种超越生产力发展阶段的体制和政策应运而生。1992 年党的十四大提出建立社会主义市场经济体制的改革目标，按照这一目标的要求，我们对高度集中的计划经济体制进行了一系列大刀阔斧的改革。

在生产资料所有制方面，我们破除了单一公有制，鼓励发展私营个体经济，实行以公有制为主体、多种所有制经济共同发展。乡镇企业崛起为经济发展注入强大活力，同时为国有企业改革提供了压力、动力和条件，使国有企业职工转岗就业有了出路。到目前为止，民营企业已经提供了全国 50% 以上的税收，60% 以上的 GDP，70% 以上的技术创新成果，80% 以上的城镇就业，90% 以上的经营主体。国有企业通过建立现代企业制度，不断做大做强。2020 年，全国非金融类国有企业资产总额 268.5 万亿元，负债 171.5 万亿元，国有资本权益 76.0 万亿元；全国国有金融企业资产总额 323.2 万亿元，负债 288.6 万亿元，净资产 22.7 万亿元。全国行政事业性国有资产净值 32.3 万亿元。各类所有制企业平等竞争、共同发展，成为经济快速发展的活力源泉。随着改革的深化，在产权多元化的基础上形成的混合所有的股份制经济表现出更大的发展活力，正在迅速成长。从未来趋势看，混合所有的股份制将成为企业产权的主要组织形式。随着混合所有的股份制企业越来越多，国有企业与民营企业的区分将会被以国有资本和民有资本的区分所取代。

在分配制度上，通过打破“大锅饭”和平均主义，实行以按劳分配为主体，按劳分配与按生产要素分配相结合，鼓励一部分人、一部分地区先富起来，最终通过先富带后富，实现共同富裕。中央提出扩大中等收入群体比重，增加低收入群体收入，合理调节过高收入，取缔非法收入，逐步形成中间大、两头小的橄榄型分配结构。据国家统计局数据，2017 年我国家庭年收入在 10 万—50 万元的中等收入群体已达 4 亿人，具备购车、买房和闲暇旅游能力。按照幼有所育、学有所教、劳有所得、病有所医、老有所养、住有所居、弱有所扶的原则，我国已建成世界上规模最大的社会保障体系。基本养老保险覆盖 10.4 亿人，基本医疗保险参保率稳定在 95%。失业保险、工伤保险、长期护理险有序推进。贯彻落实共享发展成果的新发展理念，我们正朝着共同富裕的目标稳步前进。

马克思、恩格斯所创立的科学社会主义理论，把共同占有生产资料和实行按劳分配制度作为社会主义的两大基本特征，是对资本主义生产资料私人占有制和雇佣剥削制度的革命。我国现阶段实行公有制为主体、多种所有制经济共同发展和以按劳分配为主体、各类要素参与分配的制度，既坚持了社会主义的基本特征，同时又适应了社会主义初级阶段生产力发展的客观要求，是从中国实际出发对科学社会主义的继承和发展，是中国特色社会主义的核心内容，是当代中国的马克思主义。中国式现代化首先是社会主义现代化。新中国 70 多年的实践，已经证明中国特色社会主义是确保实现中国经济社会快速发展的真理，未来将继续证明，习近平新时代中国特色社会主义思想将指导并确保我国到 2035 年基本实现现代化，到本世纪中叶建成富强民主文明和谐美丽的社会主义现代化强国。

第四节　中国式现代化吸收了人类文明的优秀成果

按照马克思主义经典作家的论述，社会主义之所以能够代替资本主义，就是因为它是在资本主义充分发展的基础上诞生的，它吸收和借鉴了包括资本主义在内的一切人类社会文明成果。中国式现代化正是在对外开放的推动下，以开放促改革，以开放促发展，充分吸收借鉴了人类社会的一切优秀成果。在工业化进程中，通过开放引进技术、资金，发挥后发优势，缩短了同发达国家的差距，仅用70多年的时间，走过了发达国家200多年走过的路程。

新中国成立之初，我们是一个落后的农业国。在苏联的帮助下，上世纪50年代引进建设了156个工业项目，建立了工业化基础。到改革开放前，已经基本形成了门类齐全的现代工业体系。但是，同发达国家相比，技术差距大，劳动生产率低。为了尽快实现工业现代化，党中央制定了对外开放政策，设立了深圳、珠海、汕头、厦门等四个经济特区，兴办了一大批加工贸易区、保税物流区、经济技术开发区、高新技术产业园区和新经济区，积极引进外资和技术。同时向海外大批派遣留学生，留学人数已超过500万人。引进外资和技术，迅速提高了中国企业的技术水平和国际经营能力，落后技术逐步被淘汰。特别是实施引进、消化、再创新战略，提高了中国企业的技术创新能力。随着企业研发投入的增加，专利申请量大幅增加，中国已连续多年在国内和国际专利申请量方面居世界第一位。

改革开放前，我国外汇短缺。为了满足引进技术和装备对外汇的需求，我们采用“三来一补”的贸易方式，即“来料加工”“来件装配”“来样加工”和“补偿贸易”。这种加工贸易曾长期占我国对外贸易的三分之二以上，不仅增加了外汇收入，而且带来了技术、市场和管理经验。随着国内企业的学习和成长，一般贸易的比重不断增加。加工贸易带来的工业文明对我国企业的成长发挥了重要作用。在沿海地区，现在有很多外向型、高科技企业，都是从加工贸易企业发展起来的。如华为公司90年代从为海外企业的程控交换机做代理商起步，经过30年时间，发展为世界通讯设备制造技术的领跑者。

2001年中国加入世界贸易组织，对外贸易迎来了大发展时期。2022年，我国外贸进出口总值达42.07万亿元，其中，出口23.97万亿元，进口18.1万亿元。中国已连续十几年成为全球货物出口第一大国。2022年实际使用外资1.2万亿元，对外投资9853.7亿元。这标志着我国对外开放已经从初期以引进外资为主转变为引进外资和对外投资并重，对外贸易从注重出口转变为出口和进口并重。依托我国超大规模市场优势，以国内大循环吸引全球资源要素，增强国内国际两个市场两种资源联动效应，提升贸易投资合作质量和水平。随着我国对外开放水平的不断提高，党的二十大提出，要“稳步扩大规则、规制、管理、标准等制度型开放”，标志着我国对外开放已经进入制度型开放新时期。我国对外经济活动与国际规则进一步接轨，标志着我国物质文明与发达国家的物质文明在相互交往中互鉴互长，共同为推动全球发展和人类进步作出贡献，为建设人类命运共同体做出贡献。

中国历史长期处于以小农户为基本单位的自给自足的自然经济，缺乏市场经济充分发展的阶段。建立社会主义市场经济体制，必须学习借鉴发达国家的经验。在宏观经济管理体制上，我们从中国实际出发，不断学习各个国家的经验，逐步形成了中国特色的宏观经济管理体制。上世纪80年代，我们主要学习借鉴日本制定产业政策、银行窗口指导、财政投融资、收入倍增计划、国土整治规划等经验。上世纪90年代，我们主要学习借鉴德国宏观调控、稳定物价、财政转移支付、老工业基地转型升级和重视职业教育的经验，同时学习借鉴美国财政、美联储和总统经济顾问三者协调进行宏观调控、资本市场、风险投资、研究型大学以及硅谷科技创新体制的经验，法国计划署把发展规划与市场经济相结合的经验等。不仅重视学习大国和发达国家的经验，对一些小的国家和发展中国家，在哪些方面有好的经验，我们也前往考察、虚心求教。如韩国制定产业振兴法快速实现工业化和新村建设的经验，新加坡住房公积金制度和国有投资公司的经验，荷兰通过“农户+合作社+公司”模式发展高效农业的经验，以色列支持科技进步和发展节水农业的经验，印度发展软件产业的经验，芬兰重视教育公平和科技创新的经验，爱尔兰通过兴办科技产业园区带动跨越式发展的经验，北欧国家在分配上注重社会公平的做法等，都是当代人类社会文明智慧的成果，我们都认真学习借鉴，并从中国实际出发加以吸收。

中国虽然是一个地广人多的文明古国，但在近代工业革命中由于故步自封而落后。改革之初，邓小平曾谆谆告诫全党，“贫穷不是社会主义”。承认落后，虚心向世界学习，学习他们的先进技术和管理经验，做好学生，这一点我们做到了，今后还要继续做。中国改革开放40多年来所取得的成就，在一定意义上说，也是向国外学习的结果。

第五节 中国式现代化与西方现代化的异同

中国式现代化既有与西方现代化的共同之处，也有与西方现代化的明显区别。就其区别来说，主要表现在以下几方面。

一是中国式现代化靠自己的辛勤劳动，西方列强靠的是战争和掠夺。西方国家的现代化过程充满着血腥战争和疯狂掠夺。中国就是被侵略、被掠夺的主要对象。1840 年，英国政府发动对中国的鸦片战争，理由竟然是中国政府不允许英国公司向中国倾销鸦片。而在英国国内，由于鸦片是毒品而被禁止。害人之心，何其毒也。鸦片战争由于中国战败被迫于 1842 年 8 月 29 日签订中英《南京条约》，割让香港给英国，赔偿英国 2100 万银元，折合 1491 万两白银。当年清廷的财政收入不过 4000 万两。1858 年 6 月 13 日，由于第二次鸦片战争战败，英法俄美强迫清政府分别签订中英、中法、中俄、中美《天津条约》。1860 年 10 月 6 日，英法联军攻占北京，进入圆明园抢劫，约 150 余万件珍贵文物被洗劫一空。10 月 18 日，纵火焚烧圆明园等三山五园，大火三日不息，集中了几千年人类文明精华的建筑瞬间化为灰烬。1860 年 10 月 24 日，强迫清政府签订中英《北京条约》，10 月 25 日，签订中法《北京条约》，几个条约共赔偿白银 1600 万两。俄罗斯自称调停有功，逼迫清政府于 1860 年 11 月 14 日签订《中俄北京条约》，确认 1858 年 5 月 28 日签订的中俄《瑷珲条约》的合法性，割让黑龙江省乌苏里江以东包括库页岛在内的 40 多万平方公里领土，使中国丧失了从东北地区向日本海的出海口。《中俄北京条约》还为俄罗斯进一步霸占中国领土制造了“条约依据”。19世纪下半叶，俄罗斯与中国签订多个不平等条约，割去中国140多万平方公里领土。1895年4月17日，由于甲午战争失败，清政府与日本签订《马关条约》，割让台湾、澎湖列岛，赔偿白银2亿两，赔偿额相当于当年日本财政收入的4倍。同时由于俄德法三国干涉还辽，日本又向清政府索要赎辽费和军队驻守费白银3150万两。1900年春，以英、俄、日、法、意、美、德、奥8国为首的联军侵略中国，1901年9月7日签订《辛丑条约》，中国赔偿14个国家白银4.5亿两，加上偿付期利息共计白银9.82亿两。自1840年鸦片战争爆发到1912年清朝灭亡的72年间，清政府同列强政府或外商、国际组织共签订各种不平等条约1175件，累计被索赔白银12.44亿两，相当于当时中国20年财政收入总额，换算成今天的人民币，大约200万亿元。数额之大，史所未有，不仅吸干了中国人的血，甚至连骨头也被吞噬。后来由于国内外革命和战争等因素，中国实际赔付8.32亿两。72年间，不平等条约使中国痛失200多万平方公里领土，其中俄罗斯是强占中国领土最多的国家。近代中国就像一块放在砧板上的肥肉，列强可以随意剁取。

1931年9月18日，日本帝国主义发动侵华战争，占领中国东北。1937年7月7日，日本又发动卢沟桥事变，妄图灭亡中国。日本强盗疯狂抢劫中国财富，残酷杀害蹂躏中国人民。在长达14年的抗日战争中，中国军民共伤亡3500万人。按照1937年的币值计算，中国直接经济损失1000亿美元，间接经济损失5000亿美元。

世界近代史证明，包括日本在内的西方发达国家的现代化，是依靠对不发达国家的侵略、掠夺实现的，它建立在殖民地半殖民地人民的累累白骨之上，帝国主义列强对被侵略国家和人民犯下的罪行罄竹难书！

中国的现代化是靠全体人民的艰辛劳动创造的。改革开放以来，中国人“5+2”“白加黑”，拼命苦干。近三亿农民工，远离家乡亲人，用微薄的工资支撑起了世界工厂。到2022年，中国的人均可支配收入比改革初期的1978年实际增长28.4倍，达到36883元，折合5420美元，相当于美国同年人均可支配收入18982美元的29%。尽管差距很大，但美国当权者仍然惧怕中国的发展，妄图使中国人均收入水平永远同美国保持大的距离，为此大肆编造和散布“中国威胁论”，推动美中经济脱钩和产业链去中国化。美国还依靠技术垄断、金融垄断地位，继续剥削和收割包括中国在内的其他国家人民的财富。美国的真实目的是要打断中国现代化进程，剥夺中国人民的发展权。这种霸道行径充分暴露了帝国主义的凶残本性和反人类本质！14亿中国人民实现中华民族伟大复兴的坚强意志是不可动摇的，全世界有良知的人特别是发展中国家和人民不会再容忍美国巧取豪夺的强盗行为。

二是中国式现代化的目标是共同富裕，西方大国走向贫富两极分化。中国的发展理念是共享发展成果，通过诚实劳动和合法经营使一部分人、一部分地区先富起来，然后通过先富帮后富，实现共同富裕。尽管改革以来居民收入差距扩大了，但通过帮助低收入人群提高劳动技能增加收入，通过提高农民的劳动生产率增加农民的收入，将逐步缩小个人、城乡、行业、地区之间的收入差距。中国实施脱贫攻坚，已经成功地消除了绝对贫困，这在发达国家也没有完全做到。今后随着经济发展，逐步增加中等收入者比重，形成两头小、中间大的橄榄型收入结构，最终实现共同富裕目标。这将与美国形成鲜明对比。虽然美国2022年人均GDP已达7.65万美元，但据美国经济学家的计算，近 20 年来，1% 的人得到新增居民收入的 90%，99% 的人仅得到新增收入的 10%，收入差距仍在扩大，食、住、医等基本生活需求尚不能解决的仍有上千万人。

三是中国式现代化重视社会道德建设，西方大国社会道德沦丧。中国式现代化把精神文明建设放在党和国家全局工作的重要战略地位，重视以科学的理论武装人，以正确的舆论引导人，以高尚的精神塑造人，以优秀的作品鼓舞人。按照弘扬主旋律，提倡多样化的要求，坚持以马克思主义为指导，推动中华优秀传统文化创造性转化、创新性发展。继承革命文化，发展面向现代化、面向世界、面向未来的，民族的科学的大众的社会主义文化，走中国特色社会主义文化发展道路。在美国，虽然经济和科技发展达到世界先进水平，但社会道德沦丧，毒品泛滥、枪杀抢劫频发、种族歧视严重、社会阶层对立、警察暴力执法，已经成为社会不治之症。这样一种缺乏安全感的现代化已经背离了人类文明进步的正确方向。

四是中国式现代化注重每个人的全面发展，西方大国重在培养少数精英。马克思、恩格斯在《共产党宣言》中指出：代替那存在着阶级和阶级对立的资产阶级旧社会的，将是这样一个联合体，在那里，每个人的自由发展是一切人的自由发展的条件。中国式现代化沿着这一方向不断努力，将为每个人的自由全面发展创造条件。人的全面发展主要是指实现人的智力和体力的全面充分发展，实现人的能力的自由充分发挥。科学文化和道德素质是人的全面发展的内在要求。因此，社会要为每个人提供公平优质的教育和良好的医疗健康保障，使每个人的德智体美得到全面成长。党的十六届三中全会提出以人为本的科学发展观，十八届五中全会提出以人民为中心的发展思想，二十大提出必须坚持人民至上。这些发展目标和指导思想，是对马克思主义人民思想的继承和发展。我们在相对较低的发展水平上解决了温饱，实现了全面小康，普及了中等教育，建立了全民医疗和养老保障。对比西方一些大国，他们只保护富人的利益，重视富人的发展，低收入人群缺乏通过自身发展改变命运的机会，导致贫穷的代际遗传，大量无家可归者流浪街头。2022 年，中国人均预期寿命超过美国，是制度优越性的集中体现。

五是中国式现代化与绿色低碳同步，西方现代化排放了地球上绝大部分存量温室气体。习近平总书记提出绿水青山就是金山银山理论，强调落实绿色发展的新理念，坚持保护环境和节约资源，坚持推进生态文明建设，建立了生态文明制度体系。节能减排取得重大进展，重大生态文明保护修复工程进展顺利，生态环境治理不断加强。中国积极参与和引导应对气候变化国际合作，做出 2030 年前碳达峰、2060 年前实现碳中和的庄严承诺，中国已成为全球生态文明建设的重要参与者、贡献者、引领者。西方发达国家在工业化过程中排放了地球温室气体存量的 80%，美国占四分之一，是气候变暖的主要制造者。中国实现绿色现代化将为世界各国做出表率，对共建人类美好家园做出重大贡献。

中国式现代化也有着与西方现代化的相同之处，主要表现在现代生产力上，首先表现在采用当代先进的科学技术上。随着经济的发展，中国将贯彻落实科技自立自强的方针，不断加大对科技研发投入强度，逐步攻克“卡脖子”技术，主要用具有自主知识产权的技术实现工业、农业和国防的现代化，提高全要素生产率。中国科技研发投入总额目前仅次于美国，居世界第二位，国际专利申请量已连续多年居世界第一位，在引领第四次产业革命的几个前沿技术领域，包括电子信息、人工智能、量子科学、生物技术、新能源、新材料、高端制造等方面，我国已经有不少技术走在世界前列。在人类社会第四次产业革命中，我国有可能由前三次产业革命中的跟随转变为同步和引领。

第六节 中国式现代化代表着人类文明进步的方向

在改革开放推动下，中国正快速实现工业化、城镇化。2022 年国内生产总值达到 121 万亿元，从 1978 年以来的 44 年间年均增长速度达到 9.0%，人均 GDP 达到 1.27 万美元，处于全球上中等收入国家行列。我国工业增加值突破 40 万亿元，占 GDP 比重达到 33.2%。制造业增加值占全球的比重达 30%，超过美、德、日三国的总和，连续 13 年居世界首位。中国拥有 41 个工业大类、207 个工业中类、666 个工业小类，是全世界唯一拥有联合国产业分类中全部工业门类的国家。开通 5G 基站 231 万个，建成世界最大的无线宽带网络系统。到 2022 年末，城镇化率达到 65.22%，城镇人均住房面积 42 平方米，农村超过 50 平方米；全国每千人汽车保有量 209 辆。中国已拥有全球最大的中等收入群体。

中国经济社会发展创造的奇迹，充分表明中国式现代化代表着人类文明进步的方向。

中国工业化的成功凸显社会制度优势。社会主义制度的一大优势是能够集中力量办大事。中国特色社会主义区别于传统的以计划经济体制为主要特征的社会主义，实行社会主义市场经济体制，从而激发了经济增长的活力。44 年来集中力量推进工业化，目前已进入工业化的中后期阶段。中国能够快速推进工业化，主要归结为制度的成功，归结为改革开放的成功。

中国的城镇化避免了许多国家城市化带来的弊端。伴随着工业化和城市化，必然出现大批农业劳动力向非农产业转移、农村人口向城市转移。英国的圈地运动和“羊吃人”，是早期工业化、城市化所付出的惨痛代价。当代不少发展中国家大批农村人口盲目涌入城市，没有工作和住房，形成贫民窟和城市管理难题。中国在快速城镇化过程中，避免了这种现象。这得益于政府规划和政策的正确引导，包括进城农民承包地流转政策、农民工社会保障制度、城市产业和社会发展规划的协调等，这样纷繁复杂的工作，只有在中国共产党的统一领导下才能实施。

中国科技进步为人类社会做出贡献。改革初期中国大量引进先进技术，通过消化、吸收再创新，之后注重自主创新和科技自立自强。这既造福于 14 亿中国人民，又把先进技术与中国丰富的劳动力资源相结合，把物美价廉的产品输出到全球，使更多的人能够分享到技术进步带来的福祉，降低了发达国家人民的生活成本，缩小了南北差距。随着中国科技创新成果的增多，必将对人类社会做出无愧于先辈的贡献。

中国扩大开放将成为全球经济增长的重要引擎。多年来，中国对全球经济增长的贡献已超过 30%，成为全球经济增长最大的动力源泉。随着进口的增加，对全球经济增长的贡献将越来越大。中国开展“一带一路”国际合作，有助于改善各国基础设施，扩大国际贸易。随着中国对外投资的增加，将为各国发展经济、增加就业贡献更大力量。

中国的现代化将为构建人类命运共同体做出更大贡献。习近平主席提出人类命运共同体的重要理念，并提出全球发展倡议、全球安全倡议、全球文明倡议，为全球发展与治理提供了中国方案。事实证明，人类命运共同体已经成为引领时代潮流和人类进步的旗帜。中国经济实力的增强必将加大对构建人类命运共同体的支持力度，成为世界共同繁荣动力之源，成为世界持久和平稳定之锚。

第二章

党的领导决定中国式现代化的性质和命运

党的领导直接关系中国式现代化的根本方向、前途命运、最终成败。党的领导决定中国式现代化的根本性质，只有毫不动摇坚持党的领导，中国式现代化才能前景光明、繁荣兴盛；否则就会偏离航向、丧失灵魂，甚至犯颠覆性错误。党的领导是推进中国式现代化的根本保证，凝聚着建设中国式现代化的磅礴力量。

第一节　探索中国现代化道路是中国共产党的历史使命

实现中华民族伟大复兴是近代以来中国人民的共同梦想，无数仁人志士为此苦苦求索、进行各种尝试，但都以失败告终。探索中国现代化道路的重任，历史地落在了中国共产党身上。

一、新中国成立前，中国共产党对中国式现代化的探索

在新民主主义革命时期，我们党团结带领人民，浴血奋战、百折

不挠，经过北伐战争、土地革命战争、抗日战争、解放战争，推翻帝国主义、封建主义、官僚资本主义三座大山，建立了人民当家作主的中华人民共和国，实现了民族独立、人民解放，为实现现代化创造了根本社会条件。

鸦片战争之后，由于封建统治者的腐败无能，加上西方列强的入侵，中国人民陷入了水深火热的苦难深渊，山河破碎、经济凋敝、饿殍载道。无数仁人志士为民族复兴、为国家现代化进行了艰苦卓绝、可歌可泣的斗争，无奈都以失败而告终。直到 1921 年，中国共产党诞生，中国人民谋求民族独立、人民解放和国家富强、人民幸福的斗争有了主心骨，中国人民就从精神上由被动转为主动。从此，中国革命的面貌焕然一新。我们党团结带领人民进行 28 年浴血奋战，成功开辟了农村包围城市、武装夺取政权的中国革命道路，克服了各种难以想象的艰难困苦，推翻了压在中国人民头上的三座大山，完成了新民主主义革命，建立了中华人民共和国，实现了中国从几千年封建专制政治向人民民主的伟大飞跃，开启了中国历史新纪元，为实现现代化铺平了道路。

1949 年 3 月 5 日，毛泽东在党的七届二中全会上再次强调了关于中国由农业国变为工业国的问题。他指出："在革命胜利以后，迅速地恢复和发展生产，对付国外的帝国主义，使中国稳步地由农业国转变为工业国，把中国建设成一个伟大的社会主义国家。"[①] 这是毛

① 《毛泽东选集》第 4 卷，人民出版社 1991 年版，第 1437 页。

泽东同志，对中国式现代化道路的先行探索者，从理论角度为中国的现代化指明了方向、擘画了蓝图、奠定了基础。

二、新中国成立后、改革开放前，中国共产党为中国式现代化奠定了制度基础

新中国成立后，我们党团结带领人民进行社会主义革命，消灭在中国延续几千年的封建制度，确立社会主义基本制度，实现了中华民族有史以来最为广泛而深刻的社会变革，建立起独立的比较完整的工业体系和国民经济体系，社会主义革命和建设取得了独创性理论成果和巨大成就，为现代化建设奠定根本政治前提和宝贵经验、理论准备、物质基础。

新中国成立不久，中国共产党就把促进“农业和交通运输业的现代化”“建立巩固的现代化国防”写入党在过渡时期总路线。1954年，在第一届全国人民代表大会第一次会议开幕词中，毛泽东同志提出：“准备在几个五年计划之内，将我们现在这样一个经济上文化上落后的国家，建设成为一个工业化的具有高度现代文化程度的伟大的国家。”[①] 根据这些思想，周恩来同志在政府工作报告中首次提出包括现代化的工业、现代化的农业、现代化的交通运输业和现代化的国防在内的四个现代化目标。此后，四个现代化的内容不断调整完善，从明确提出“实现工业化”、掀起一场“技术革命”到实现工业、农业、国防和科学技术的现代化，直到1964年第三届全国人民代表大会第一次会议正式和完整地提出我国实现“四个现代化”的任务——

① 《毛泽东文集》第6卷，人民出版社1999年版，第350页。

“在不太长的历史时期内，把我国建设成为一个具有现代农业、现代工业、现代国防和现代科学技术的社会主义强国”。1975 年，周恩来同志在第四届全国人民代表大会第一次会议上又重申了分两步走、全面实现四个现代化的战略安排。

新中国成立后 30 年的社会主义建设实践探索，虽然经历了曲折甚至失误，但也取得了巨大成就。我国建立了独立的比较完整的工业体系和国民经济体系，为经济独立自主、持续发展奠定了牢固的物质技术基础。正如邓小平同志所指出的：“我们尽管犯过一些错误，但我们还是在三十年间取得了旧中国几百年、几千年所没有取得过的进步。”“我们毕竟在工农业和科学技术方面打下了一个初步的基础，也就是说，有了一个向四个现代化前进的阵地。”①

三、改革开放的巨大成就，为中国式现代化提供了充满新的活力的体制保证和快速发展的物质条件

改革开放和社会主义现代化建设新时期，我们党作出把党和国家工作中心转移到经济建设上来、实行改革开放的历史性决策，大力推进实践基础上的理论创新、制度创新、文化创新以及其他各方面创新，实行社会主义市场经济体制，实现了从生产力相对落后的状况到经济总量跃居世界第二的历史性突破，实现了人民生活从温饱不足到总体小康、奔向全面小康的历史性跨越，为中国式现代化提供了充满新的活力的体制保证和快速发展的物质条件。

（一）邓小平同志提出的中国现代化目标

改革开放之初，邓小平同志就明确指出：“我们党在现阶段的政

---

① 《邓小平文选》第 2 卷，人民出版社 1994 年版，第 167、232 页。

治路线，概括地说，就是一心一意地搞四个现代化。这件事情，任何时候都不要受干扰，必须坚定不移地、一心一意地干下去。”①

党的十二大在沿用“四个现代化”提法的同时，提出“把我国建设成为高度文明、高度民主的社会主义国家”。党的十三大提出“把我国建设成为富强、民主、文明的社会主义现代化国家”，把社会主义现代化的奋斗目标从经济建设、政治建设进一步拓展到文化建设，并确定了现代化建设“三步走”发展战略，其中第三步，“到21世纪中叶人均国民生产总值达到中等发达国家水平，人民生活比较富裕，基本实现现代化”，首次提出“基本实现现代化”的概念，并提出了具体标准，内涵比“四个现代化”更为丰富。

（二）江泽民同志对中国式现代化的贡献

党的十三届四中全会以后，以江泽民同志为主要代表的中国共产党人继往开来，作出了一系列战略决策，明确中国式现代化的阶段任务、奠定中国式现代化的体制基础、提出中国式现代化的重要支柱，为进一步推动中国式现代化打下了坚实基础。

党的十五大报告中正式提出新“三步走”战略，明确了中国式现代化的阶段任务。“新三步走”战略的提出和实施，使我国的现代化建设有了更为具体细致的蓝图，有了更为明确清晰的方向，为全党全国人民接续奋斗实现中国式现代化积累了丰富的经验。

党的十五大报告提出坚持和完善公有制为主体、多种所有制经济共同发展的基本经济制度和按劳分配为主体、多种分配方式并存的分配制度。在推进对内改革的同时，我国对外开放的水平也不断提高，

① 《邓小平文选》第2卷，人民出版社1994年版，第167页。

其中标志性的事件就是加入世界贸易组织。社会主义市场经济体制的确立与完善，为我国现代化建设奠定了体制基础，极大地促进了我国社会生产力的发展，为社会主义现代化建设提供了强大物质保障。

妥善处理改革、发展、稳定的关系，是我国现代化建设的重要抓手，也是改革开放以来各项实践产生的重要历史经验。在大力推动物质文明建设的同时，高度重视精神文明建设。在实现社会主义现代化的目标过程中，必须有中国共产党的坚强领导，这是实现现代化的重要支柱。

以江泽民同志为主要代表的中国共产党人，坚持党的十一届三中全会以来的路线不动摇，在国内外形势十分复杂、世界社会主义出现严重曲折的严峻考验面前捍卫了中国特色社会主义，成功把中国特色社会主义推向二十一世纪，为中国式现代化的理论与实践积累了丰富的经验，作出了巨大的贡献。[①]

（三）胡锦涛同志对中国式现代化的贡献

党的十六大后，以胡锦涛同志为总书记的党中央高举中国特色社会主义伟大旗帜，坚持党的基本路线不动摇，面对复杂多变的国际形势和频繁发生的多种自然灾害，迎难而上，顽强拼搏，开拓创新，以科学发展观指导社会主义现代化建设，推动经济社会又好又快发展，取得了改革开放和社会主义现代化建设的显著成就，从理论和实践层面对中国式现代化道路进行了深化和拓展。

党的十六大报告关于中国式现代化的论述：经过全党和全国各族人民的共同努力，我们胜利实现了现代化建设“三步走”战略的第一

---

① 见何赟超：《江泽民与中国式现代化道路》，https://www.dswxyjy.org.cn/n1/2022/1010/c427167-32542461.html。

步、第二步目标，人民生活总体上达到小康水平。这是社会主义制度的伟大胜利，是中华民族发展史上一个新的里程碑。我们要在二十一世纪头二十年，集中力量，全面建设惠及十几亿人口的更高水平的小康社会，使经济更加发展、民主更加健全、科教更加进步、文化更加繁荣、社会更加和谐、人民生活更加殷实。这是实现现代化建设第三步战略目标必经的承上启下的发展阶段，也是完善社会主义市场经济体制和扩大对外开放的关键阶段。经过这个阶段的建设，再继续奋斗几十年，到本世纪中叶基本实现现代化，把我国建成富强民主文明的社会主义国家。

党的十七大报告指出，加快推进社会主义现代化，改革开放的目的就是要解放和发展社会生产力，实现国家现代化，让中国人民富裕起来，振兴伟大的中华民族。中国特色社会主义道路，就是在中国共产党领导下，立足基本国情，以经济建设为中心，坚持四项基本原则，坚持改革开放，解放和发展社会生产力，巩固和完善社会主义制度，建设社会主义市场经济、社会主义民主政治、社会主义先进文化、社会主义和谐社会，建设富强民主文明和谐的社会主义现代化国家。

胡锦涛提出以人为本，明确了人民在中国式现代化道路中的主体地位，在推进现代化进程中站稳了人民立场。探索中国式现代化的实现途径，中国特色社会主义事业“四位一体”总体布局的形成、“四化同步”的提出，为实现中国式现代化提供思想指导和行动指南，是胡锦涛对中国式现代化发展思路和发展途径进行思考和探索的结果。

四、习近平同志对中国式现代化的巨大贡献

党的十八大以来，以习近平同志为核心的党中央，在已有基础上继续前进，不断实现理论和实践上的创新突破，在马克思主义中国化时代化最新成果的科学指引下，进一步深化对中国式现代化的内涵和本质的认识，概括形成了中国式现代化的中国特色、本质要求和重大原则，领导人民成功走出中国式现代化道路，创造了人类文明新形态，拓展了发展中国家走向现代化的途径。

创立习近平新时代中国特色社会主义思想，为中国式现代化提供了根本遵循。习近平总书记提出，“我们建设的现代化必须是具有中国特色、符合中国实际的”，强调必须坚持“以中国式现代化推进中华民族伟大复兴”。[①] 习近平总书记关于中国式现代化的一系列重要论述，是习近平新时代中国特色社会主义思想的重要组成部分，为全面建设社会主义现代化国家提供了根本遵循，也拓展了发展中国家走向现代化的途径，为人类对更好社会制度的探索提供了中国方案。在习近平新时代中国特色社会主义思想的科学指导下，我们对社会主义现代化内涵的认识更加整体、更加系统、更加全面，从“四位一体”向“富强民主文明和谐美丽”的“五位一体”总体性目标转变。在此基础上，对社会主义现代化建设的总任务进行了战略性提升，由原先“全面建设社会主义现代化国家”转变为“全面建成社会主义现代化强国”。

初步构建中国式现代化的理论体系，使中国式现代化更加清晰、更加科学、更加可感可行。中国式现代化是中国共产党领导的社会主

① 《习近平谈治国理政》第 4 卷，外文出版社 2022 年版，第 164、124 页。

义现代化，既要遵循现代化的一般规律，又要有基于本国国情的鲜明特色。在实践基础上，中国共产党进一步深化了对中国式现代化的内涵和本质的认识，概括形成了基于自己国情的中国式现代化的中国特色、本质要求和重大原则，初步构建起中国式现代化的理论体系。其中，坚持中国共产党领导和坚持中国特色社会主义构成了中国式现代化区别于西方现代化的本质特征。中国共产党领导的中国式现代化探索，从根本上来说是人类现代化整体性实践的重要组成部分。中国式现代化的意义，不仅具有符合本国实际的地域性和民族性价值，而且也具有彰显普遍性的世界历史性价值与意义，因为它不仅对于后发民族国家探索自身现代化道路具有重要借鉴意义，而且对于克服西式现代化内在弊病、摆脱西方社会现代化困境也具有重要意义。中国式现代化蕴含的独特世界观、价值观、历史观、文明观、民主观、生态观等及其伟大实践，对世界现代化理论和实践作出了重大创新性贡献。

新时代取得的伟大成就，为中国式现代化提供了更为完善的制度保证、更为坚实的物质基础、更为主动的精神力量。中国特色社会主义进入新时代以来，党中央采取一系列战略性举措，推进一系列变革性实践，实现一系列突破性进展，取得一系列标志性成果，攻克了许多长期没有解决的难题，办成了许多事关长远的大事要事，经受住了来自政治、经济、意识形态、自然界等方面的风险挑战考验，推动党和国家事业取得历史性成就、发生历史性变革。新时代十年，中国人民生活水平迈上了一个新台阶，日益增长的美好生活需要不断得到满足。中国人民的前进动力更加强大、奋斗精神更加昂扬、必胜信念更加坚定，焕发出更为强烈的历史自觉和主动精神。新时代十年，党中央推动全面深化改革，不断破除各方面体制机制弊端，中国特色社会主义制度更加成熟更加定型，国家治理体系和治理能力现代化水平不断提高。[①]

党的二十大报告明确概括了中国式现代化是人口规模巨大的现代化、是全体人民共同富裕的现代化、是物质文明和精神文明相协调的现代化、是人与自然和谐共生的现代化、是走和平发展道路的现代化这 5 个方面的中国特色，深刻揭示了中国式现代化的科学内涵。这既是理论概括，也是实践要求，为全面建成社会主义现代化强国、实现中华民族伟大复兴指明了一条康庄大道。新中国成立特别是改革开放以来，我们用几十年时间走完西方发达国家几百年走过的工业化历程，创造了经济快速发展和社会长期稳定的奇迹，为中华民族伟大复兴开辟了广阔前景。实践证明，中国式现代化走得通、行得稳，是强国建设、民族复兴的唯一正确道路。

中国共产党成立百年来，始终把为中国人民谋幸福、为中华民族谋复兴作为自己的初心使命，始终坚持共产主义理想和社会主义信念，团结带领全国各族人民为争取民族独立、人民解放和实现国家富强、人民幸福而不懈奋斗，这一百年奋斗史也是一部中国式现代化的探索史，是中国共产党的使命和担当。

第二节　党的领导决定中国式现代化的根本性质

党的领导决定中国式现代化的根本性质，只有毫不动摇坚持党的领导，中国式现代化才能前景光明、繁荣兴盛；否则就会偏离航向、

① 郭广银：《中国共产党探索中国式现代化的历史逻辑》，《红旗文稿》2023 年第 5 期。

丧失灵魂，甚至犯颠覆性错误。根本性质是指事物本身所固有的，决定事物性质、面貌和发展的根本属性，是事物相互区别的最核心的内容。实现中国式现代化首先有一个“在谁领导下、走什么路、选择什么样的制度模式和价值体系”的问题。中国式现代化与西方现代化最根本的区别，就在于中国式现代化是在中国共产党领导下坚持和发展中国特色社会主义的现代化。

一、中国式现代化是中国共产党领导的社会主义现代化

党的性质宗旨、初心使命、信仰信念、政策主张，决定了中国式现代化是社会主义现代化，而不是别的什么现代化。中国式现代化道路就是中国共产党带领人民在实践中探索并逐步开辟的。

中国共产党百年历史，本质上就是一部团结带领人民为美好生活共同奋斗、探索现代化道路的历史。中国共产党从成立，到夺取政权建立新中国，到经历艰难的社会主义探索期，再到改革开放时期，再到中国特色社会主义新时代全面建成小康社会，开辟全面建设社会主义现代化国家新征程，始终把探索现代化作为重要工作，并提出了不同时期的奋斗目标。中国式现代化的战略目标越来越明确，战略步骤越来越清晰，战略举措越来越科学。可以说，没有中国共产党就没有中国式现代化道路的探索开辟。

中国式现代化成绩的取得离不开共产党的领导。百年来，在几代中国人的共同努力下，中国从新中国成立前后的“落后于时代”到改革开放新时期的“赶上时代”，再到新时代“引领时代”；从积贫积弱迈向繁荣富强，成为世界第二大经济体；从传统农业大国成长为制造业世界第一的工业大国；从传统的自给自足的自然经济发展成为现

代的社会主义市场经济；从封闭半封闭社会转变为全面开放的社会。百年来，中国人民在中国共产党的领导下，用几十年时间走完了西方发达国家用几百年走过的现代化历程，创造了举世瞩目的发展奇迹。可以说，没有中国共产党的坚强领导，就没有中国现代化的辉煌成就。①

中国共产党是最高政治领导力量，中国共产党领导是党和国家的根本所在、命脉所在，是全国各族人民的利益所系、命运所系。党的领导是党和国家事业不断发展的“定海神针”，党的性质宗旨、初心使命、信仰信念、政策主张，决定了中国式现代化是社会主义现代化，而不是别的什么现代化。我们党始终高举中国特色社会主义伟大旗帜，既坚持科学社会主义基本原则，又不断赋予其鲜明的中国特色和时代内涵，坚定不移走中国特色社会主义道路，确保中国式现代化在正确的轨道上顺利推进。我们党坚持把马克思主义作为根本指导思想，不断深化对共产党执政规律、社会主义建设规律、人类社会发展规律的认识，不断开辟马克思主义中国化时代化新境界，为中国式现代化提供科学指引。我们党坚持和完善中国特色社会主义制度，不断推进国家治理体系和治理能力现代化，形成包括中国特色社会主义根本制度、基本制度、重要制度在内的一整套制度体系，为中国式现代化稳步前行提供坚强制度保证。

坚定不移走中国特色社会主义道路，确保中国式现代化在正确的轨道上顺利推进；不断开辟马克思主义中国化时代化新境界，为中国式现代化提供科学指引；坚持和完善中国特色社会主义制度，为中国

---

① 秦宣：《中国式现代化是中国共产党领导的社会主义现代化》，《教学与研究》2022年第10期。

式现代化稳步前行提供坚强制度保证；坚持和发展中国特色社会主义文化，为中国式现代化提供强大精神力量……历史已经证明并将继续证明，只有中国共产党的领导可以确保中国式现代化始终沿着社会主义方向前进，走出光明大道，赢得光辉未来。

二、中国式现代化是走中国特色社会主义道路的现代化

从我国社会性质看，我国是中国共产党领导下的社会主义国家，我们党领导人民进行社会主义革命、建设，坚定不移走中国特色社会主义道路，探索符合中国特色的现代化建设道路，取得了举世瞩目的伟大成就，谱写了中国式现代化的辉煌历程。

中国特色社会主义是中国共产党对现阶段纲领的概括，其科学涵义是要求把马克思主义的普遍真理同本国的具体实际结合起来，走适合中国特点的道路，逐步实现工业、农业、国防和科学技术现代化，把中国建设成为一个富强、民主、文明、和谐、美丽的社会主义现代化强国，即一方面要坚持马克思主义的基本原理，走社会主义道路；另一方面必须从中国的实际出发，不照抄、照搬别国经验、模式，而是走具有中国特色的路。中国特色社会主义是科学社会主义的基本原则与中国实际相结合的产物，具有鲜明的时代特征和中国特色。

中国特色社会主义道路，是在中国共产党的领导下，立足基本国情，以经济建设为中心，坚持四项基本原则，坚持改革开放，解放和发展社会生产力，建设中国特色社会主义市场经济、社会主义民主政治、社会主义先进文化、社会主义和谐社会、社会主义生态文明，促进人的全面发展，逐步实现全体人民共同富裕，建设富强、民主、文明、和谐、美丽的社会主义现代化强国。中国特色社会主义道路，是

党和人民 100 多年奋斗、创造、积累的根本成就，是引领中国进步、增进人民福祉、实现民族复兴的康庄大道。

中国共产党领导是中国特色社会主义最本质的特征，中国式现代化走中国特色社会主义道路，就决定了坚持党的领导是中国式现代化的鲜明特征。

三、中国式现代化是中国共产党经过长期探索的成功之路

从我国现代化建设的发展历程看，正是在中国共产党的领导下，我们才探索出一条前景光明、繁荣兴盛的中国式现代化道路。实践表明，在中国共产党领导下的现代化道路，是符合历史发展规律、符合人民意愿、充满生机活力的道路。

中国共产党自诞生之日起，就把实现共产主义作为党的最高理想和最终目标，义无反顾肩负起实现中华民族伟大复兴的历史使命，团结带领人民进行了艰苦卓绝的斗争，谱写了气吞山河的壮丽史诗。

习近平总书记在学习贯彻党的二十大精神研讨班开班式上发表的重要讲话中明确指出："中国式现代化是我们党领导全国各族人民在长期探索和实践中历经千辛万苦、付出巨大代价取得的重大成果，我们必须倍加珍惜、始终坚持、不断拓展和深化。"[①] 新中国成立特别是改革开放以来，我们用几十年时间走完西方发达国家几百年走过的工业化历程，创造了经济快速发展和社会长期稳定的奇迹，为中华民族伟大复兴开辟了广阔前景。实践证明，中国式现代

① 《习近平在学习贯彻党的二十大精神研讨班开班式上发表重要讲话强调　正确理解和大力推进中国式现代化》，《人民日报》2023 年 2 月 8 日。

化走得通、行得稳，是中国特色社会主义强国建设和中华民族伟大复兴的唯一正确道路。

四、没有党的领导，现代化就会偏离航向、丧失灵魂，甚至犯颠覆性错误

历史和现实充分证明，在日益纷繁复杂的外部环境下，党的领导是中国特色社会主义制度的最大优势，是风雨来袭时全中国人民最可靠的主心骨，是促进经济社会发展的最大压舱石。

只有中国共产党领导，才能确保中国式现代化坚持走中国特色社会主义道路不动摇。党的二十大报告把坚持中国共产党领导、坚持中国特色社会主义作为中国式现代化的本质要求，把坚持和加强党的全面领导、坚持中国特色社会主义道路作为前进道路上必须坚持的重大原则。这不仅表明党的领导和中国特色社会主义在中国式现代化理论中的重要地位，也指出了党的领导和中国特色社会主义在中国式现代化历史进程中的内在关联。只有坚持党的领导，才能确保始终坚持中国特色社会主义道路。在新中国成立后，中国共产党选择走社会主义道路，在改革开放新时期成功开创和拓展中国特色社会主义，在国际共产主义运动陷入低潮时坚持、捍卫和发展了中国特色社会主义，成功把中国特色社会主义推向 21 世纪，并在新形势下坚持和发展了中国特色社会主义。经过长期努力，中国特色社会主义进入新时代，我国来到一个新的历史方位。习近平总书记指出，坚持和发展中国特色社会主义，是我们党改革开放以来所有理论和实践的主题。没有中国共产党，就没有中国特色社会主义。只有坚持中国共产党的领导，我们才能确

保中国式现代化沿着正确的道路即中国特色社会主义道路前进。

只有中国共产党领导，才能确保中国式现代化是社会主义现代化的正确方向。中国式现代化是社会主义现代化，而不是别的什么现代化。中国特色社会主义坚持科学社会主义基本原则，中国式现代化也体现科学社会主义的内在要求。中国式现代化正是因为坚持中国特色社会主义的本质要求、遵循科学社会主义基本原则，所以才坚持以人为核心的现代化，反对以资本为核心的现代化；坚持人民共同富裕的现代化，反对两极分化的现代化；坚持物质文明和精神文明相协调的现代化，反对盲目追求物质满足的现代化；坚持人与自然和谐共生的现代化，反对以毁坏环境为代价的现代化；坚持走和平发展道路的现代化，反对依靠殖民战争暴力掠夺的现代化。因此，我们要坚决维护党中央权威和集中统一领导，把党的领导落实到党和国家事业各领域各方面各环节，使党始终成为风雨来袭时全体人民最可靠的主心骨，确保我国社会主义现代化建设的正确方向。[①]

只有中国共产党领导，才能确保中国式现代化是带领全体人民走向共同富裕的现代化。改革开放以来，中国共产党坚持以马克思主义为指导，立足中国国情和发展阶段，创造性提出社会主义市场经济理论，这是对社会主义的理念升华和理论创新，是马克思主义理论发展的一个伟大创举。正是中国共产党领导全国人民坚持以经济体制改革为重点，坚持社会主义市场经济改革方向，让中国实现了全面小康的宏伟目标，并将继续引领全国人民走向共同富裕。社会主义市场经济理论，指引我们遵循市场经济开放性发展的规律和要求，积极发展开

---

① 沈传亮：《党的领导是中国式现代化道路的根本保证》，《中国党政干部论坛》2023 年第 4 期。

放型经济，主动参与国际分工，既发展了自己，也为世界经济发展作出积极贡献。在中国共产党领导的对外开放过程中，使中国既很好地融入全球化和国际经济体系，又很好地坚持中国特色社会主义发展道路，实现了独立自主与对外开放的有机结合。党的领导是中国式现代化始终沿着社会主义市场经济改革方向的最有力保障，是促进经济社会发展的最大压舱石。

第三节　党的领导确保应对国内外复杂局面行稳致远

当前，我国正处在中国共产党带领全国各族人民全面建成社会主义现代化强国、实现第二个百年奋斗目标，以中国式现代化全面推进中华民族伟大复兴的伟大战略实施过程中，恰逢世界遇到百年未有之大变局叠加全球疫情的动荡变革期。在国内外复杂局面下，更应加强党的领导。党的领导确保中国式现代化锚定奋斗目标行稳致远，我们党的奋斗目标一以贯之，一代一代地接力推进，取得了举世瞩目、彪炳史册的辉煌业绩。

一、中国式现代化面临国内外错综复杂形势的挑战

在中国式现代化全面推进中华民族伟大复兴的伟大战略实施过程中，恰逢世界遇到百年未有之大变局叠加全球疫情的动荡变革期，我国发展面临复杂严峻的内外形势，面临诸多挑战。

从国际上看，首先是全球疫情仍在持续。世界各国在封堵和放开之间徘徊不定，保持经济发展与民众健康两者难于取舍和兼得。其次

是经济复苏面临不稳定不确定性。世界经济复苏动力减弱，全球产业链供应链面临较大冲击，大宗商品价格高位波动，国际贸易和投资遭遇新的困难。最后是外部环境更趋复杂严峻。经济全球化遭遇逆流，单边主义、保护主义抬头。俄乌战争等地缘冲突带来国际政治、经济、安全等格局深刻调整。所有这一切，都将使国际发展环境更加困难，面临的风险和挑战上升。

从国内来看，我国经济发展面临需求收缩、供给冲击、预期转弱三重压力，困难和风险增多。一是疫情时起时落，对经济发展带来不利影响。特别是旅游、餐饮、住宿、零售、客运等行业受到较大冲击，中小微企业、个体工商户生产经营困难，这也影响到人们的就业、收入和消费。二是国内需求动力减弱，经济增速下降，稳增长成为经济工作的重要任务。三是关键领域创新支撑能力不强，一些“卡脖子”领域受制于人，集成电路芯片成为产业发展的最大瓶颈制约。四是一些地方财政收支矛盾加大，经济金融领域风险隐患较多。①

二、中国共产党的领导是持续推进现代化建设的关键

实现现代化是中国共产党长期坚持、并为之不懈奋斗的目标，也是近代以来中国人民孜孜以求的梦想，中国共产党的领导是持续推进现代化建设的关键所在。

中国共产党成立后，就把为中国人民谋幸福、为中华民族谋复兴作为自己的初心使命，矢志不渝为这个目标而不懈奋斗。科学制定和完善我国现代化建设发展目标、中长期规划，并一以贯之贯彻落实，

① 刘应杰：《我国发展面临复杂严峻的国内外形势》，《中国发展观察》2022年第3期。

成为我们党治国理政的一种重要方式和鲜明特征。从 1954 年提出“四个现代化”任务到 1964 年提出“两步走”设想，从 1987 年制定“三步走”现代化发展战略到 1997 年制定新“三步走”发展战略，从新世纪强调“两个一百年”奋斗目标到新时代部署新“两步走”战略安排，再到党的二十大明确全面建成社会主义现代化强国分两步走的总的战略安排，中国共产党始终坚持志向不改、目标不变，一张蓝图绘到底，一以贯之推进我国社会主义现代化建设。①

我们党的奋斗目标一以贯之，一代一代地接力推进，取得了举世瞩目、彪炳史册的辉煌业绩。不管形势和任务如何变化，不管遇到什么样的惊涛骇浪，把握历史主动、锚定奋斗目标的中国共产党，始终沿着正确方向坚定前行。

三、中国共产党的领导是克服万难的法宝

中国式现代化是强国建设、民族复兴的唯一正确道路，是一项伟大而艰巨的事业，中国共产党拥有强大政治凝聚力、发展自信心，中国共产党的领导是克服万难的法宝。

当前，世界百年未有之大变局加速演进，我国发展进入战略机遇和风险挑战并存、不确定难预料因素增多的时期，各种“黑天鹅”“灰犀牛”事件随时可能发生，需要应对的风险挑战、防范化解的矛盾问题比以往更加严峻复杂。越是在这样的时候，越要有道不改、志不变的决心，既不走封闭僵化的老路，也不走改旗易帜的邪路，坚持以中国式现代化全面推进中华民族伟大复兴，把我国发展进步的命运牢牢

① 《党的领导是中国式现代化的根本保证》，《党课参考》2023 年第 6 期。

掌握在自己手中。

中国共产党领导是党和国家的根本所在、命脉所在，是全国各族人民的利益所系、命运所系。只要坚持党的全面领导不动摇，坚决维护习近平总书记党中央的核心、全党的核心地位，坚决维护党中央权威和集中统一领导，把党的领导落实到社会主义现代化建设各领域各方面各环节，就一定能够确保我国社会主义现代化建设正确方向，确保拥有团结奋斗的强大政治凝聚力、发展自信心。

第四节　党的领导激发建设中国式现代化的强劲动力

党的领导激发建设中国式现代化的强劲动力，我们党勇于改革创新，不断破除各方面体制机制弊端，为中国式现代化注入不竭动力。

一、坚持中国共产党领导，是实现中国式现代化的动力根本

社会基本矛盾是推动社会进步发展的根本动力，中国共产党正是通过解决社会基本矛盾推动社会发展进步，推动中国式现代化的实现。

社会基本矛盾是指生产力和生产关系的矛盾、经济基础和上层建筑的矛盾。中国共产党人运用改革有效化解社会主义社会基本矛盾，使社会主义建设事业不断向前发展，取得了举世瞩目的非凡成就。中国共产党作为中国工人阶级的先锋队、中国人民和中华民族的先锋队，始终代表先进生产力的前进方向，不断通过对生产关系领域的改革，解放和发展生产力，勇于开拓进取，着力破除制约生产力发展的各种障碍和弊端，为中国式现代化建设提供了根本动力。

二、中国共产党开拓创新，掌握引领社会发展的第一动力

创新是引领社会发展的第一动力，是一个国家、一个民族发展进步的不竭力量，是建设中国式现代化的战略支撑。建设中国式现代化的路上，充满艰难险阻，需要开拓创新。中国共产党的历史，就是一部不断探索、不断创新，砥砺前行的历史。

习近平总书记指出："创新是一个民族进步的灵魂，是一个国家兴旺发达的不竭动力，也是中华民族最深沉的民族禀赋。"[①] 回顾党的百年奋斗征程，创新始终是推动中国革命、建设和改革开放事业不断取得胜利的强大力量，也是中国共产党永葆活力的基因密码。新中国成立后，我们党创新提出了一系列关于中国社会主义革命和建设的重要论断，进行了一系列实践探索，为在新的历史时期开创中国特色社会主义提供了宝贵经验、理论准备、物质基础。党的十一届三中全会后，我们党坚持"一个中心、两个基本点"，坚定不移推进改革开放和社会主义现代化建设，从农村实行家庭联产承包责任制到城市经济体制改革并全面铺开，确立社会主义市场经济的改革方向，我国实现了从高度集中的计划经济体制到充满活力的社会主义市场经济体制、从封闭半封闭到全方位开放的历史性转变，极大解放和发展了生产力，创造了世所罕见的经济快速发展和社会长期稳定两大奇迹。党的十八大以来，我们党大力推进理论创新，把马克思主义基本原理同中国具体实际相结合，同中华优秀传统文化相结合，回答了关系党和国家事业发展、党治国理政的一系

---

① 《习近平谈治国理政》第 1 卷，外文出版社 2018 年版，第 59 页。

列重大时代课题，创立了习近平新时代中国特色社会主义思想，实现了马克思主义中国化时代化新的飞跃，为中国式现代化提供了根本遵循。

三、中国共产党是中国式现代化建设过程中无可替代的领导核心，具有自我净化、自我完善、自我革新、自我提高能力

坚定不移全面从严治党，深入推进新时代党的建设新的伟大工程，确保党不变质、不变色、不变味，事关中国式现代化的顺利推进，事关中华民族的伟大复兴。中国共产党成立以来，就高度重视管党治党，始终保持正视问题的自觉和刀刃向内的勇气，不断推进自我革命，不断把全面从严治党向纵深推进，为确保党不变质、不变色、不变味，不断增强党的创造力、凝聚力、战斗力提供了坚强保障。

党的十八大以来，在以习近平同志为核心的党中央领导下，加强全面从严治党，打出了加强党自身建设的“组合拳”，并找到了自我革命这一跳出治乱兴衰历史周期率的第二个答案，以伟大自我革命引领伟大社会革命，为推进中国式现代化建设注入了强劲动力。①

四、不断提高国家治理体系和治理能力现代化水平，强劲推动中国式现代化进程

推进中国式现代化，是一项前无古人的开创性事业，必然会遇到各种可以预料和难以预料的风险挑战、艰难险阻甚至惊涛骇浪，还需

① 王虎学、凌伟强：《坚持在党的领导下推进中国式现代化》，《大众日报》2023年3月7日。

要不断进行许多具有新的历史特点的伟大斗争。

实现宏伟目标不可能一蹴而就，必须一步一个脚印扎实推进。作为一个坚定的马克思主义政党，中国共产党善于把远大理想、最高纲领同脚踏实地、阶段性目标结合起来。观察中国式现代化，“五年规划”是一个重要窗口。新中国成立以来，我国以14个五年规划（计划）书写了人类历史上最为波澜壮阔的现代化篇章。用中长期规划指导经济社会发展，充分彰显了中国共产党领导的政治优势。在政党对比的视角中，这一显著优势更加凸显：我们党坚持把远大理想和阶段性目标统一起来，一旦确立目标，就咬定青山不放松，接续奋斗、艰苦奋斗、不懈奋斗，从根本上超越了资本主义国家政党纷争、党派偏私，政策前后不一、朝令夕改的弊端。

推进中国式现代化，没有现成经验可以照搬，没有固定公式可以套用，中国的实际问题必须靠我们党独立自主来解决。我们必须始终坚持党的领导，坚持一切从实际出发，解放思想、实事求是，把创新作为第一动力，始终保持锐意创新的勇气、敢为人先的锐气、蓬勃向上的朝气，准确识变、科学应变、主动求变，永不僵化、永不停滞，把握新发展阶段，完整、准确、全面贯彻新发展理念，构建新发展格局，推动高质量发展，不断提高国家治理体系和治理能力现代化水平，为全面推进中国式现代化提供强大动力。①

---

① 尹建军：《党的领导是中国式现代化的根本保证》，《党建研究》2023年第4期。

第五节　党的领导凝聚建设中国式现代化的磅礴力量

党的领导凝聚建设中国式现代化的磅礴力量，我们党坚持党的群众路线，坚持以人民为中心的发展思想，发展全过程人民民主，充分激发全体人民的主人翁精神。

一、团结就是力量，团结才能胜利

全面建设社会主义现代化国家，必须坚持走好新时代党的群众路线，广泛团结凝聚亿万人民的磅礴力量，充分发挥亿万人民的创造伟力。前进道路上，只要在党的旗帜下，全党全国各族人民团结成“一块坚硬的钢铁”，就没有战胜不了的艰难险阻，就没有成就不了的宏图大业。

团结奋斗是中国人民创造伟业的必由之路。我们党作为工人阶级的政党，团结奋斗是与生俱来的基因。马克思、恩格斯在《共产党宣言》中发出“全世界无产者，联合起来”的伟大号召。百年来，我们党始终坚持团结一切可以团结的力量，团结带领中国人民为共同的目标奋斗，历经各种苦难，铸就伟大辉煌，胜利开启了全面建设社会主义现代化国家新征程。

党的百年奋斗充分表明，思想上的统一、政治上的团结、行动上的一致是党的事业不断发展壮大的根本所在；团结奋斗是在党的领导下的团结奋斗，团结统一首先是政治上的团结统一，始终坚持党的领导才能团结成“一块坚硬的钢铁”。[①]

二、坚持党的群众路线，坚持以人民为中心的发展思想

群众路线是党的生命线和根本工作路线，是党战胜一切困难和风险的根本保证，党的历史就是践行群众路线并不断取得胜利的历史。

百年来，党与人民风雨同舟、生死与共，始终保持血肉联系，历史和人民选择了中国共产党，中国共产党没有辜负历史和人民的选择。中国式现代化是全体人民共同富裕的现代化。新征程上，我们必须坚持把实现人民对美好生活的向往作为现代化建设的出发点和落脚点，时刻牢记“人民”二字，坚定不移走好新时代党的群众路线，始终坚持人民至上、站稳人民立场、把握人民愿望、尊重人民创造、集中人民智慧，始终坚持为民造福、为民执政，积极发展全过程人民民主，把人民当家作主具体地、现实地体现到党治国理政的政策措施上来，具体地、现实地体现到党和国家各个方面各个层级工作上来，具体地、现实地体现到实现人民对美好生活向往的工作上来，着力寻求“最大公约数”、画好最大“同心圆”，集聚起万众一心、共克时艰的磅礴力量。[②]

三、发展全过程人民民主，充分激发全体人民的主人翁精神

发展全过程人民民主是中国式现代化的一个本质要求。新征程上，发展全过程人民民主，充分发挥社会主义政治制度优势，具有重大理论和现实意义。全过程人民民主具有全链条、全方位、全覆盖的显著

① 尹建军：《党的领导是中国式现代化的根本保证》，《党建研究》2023 年第 4 期。
② 尹建军：《党的领导是中国式现代化的根本保证》，《党建研究》2023 年第 4 期。

特征，是最广泛、最真实、最管用的民主。社会主义制度确立了人民的政治统治地位，一切权力属于人民，这就决定了中国是世界上最大的现代民主国家，决定了中国社会主义民主政治是人类历史上最大的现代民主政体。

中国社会主义民主政治具有明显的制度优势，中国共产党的领导使得我国在超大人口规模现代化的过程中，得以解决超大规模民主主体的利益整合、利益协调、矛盾调处这一亘古未有的历史难题；社会主义生产资料公有制的主体地位，使人民的民主权利与财产权利实现了统一，克服了资本权力与人民权利的根本冲突；社会主义市场经济体制的确立与“两个毫不动摇”则极大地激发了整个社会的活力与创造力，使得我国社会生产力得到了快速发展，现代化水平稳步提升。

改革开放以来，与经济体制改革相配套，我国进行了深刻的政治体制改革与行政体制改革，社会主义民主政治不断发展完善。社会主义政治文明建设的成功实践，为我国全面建成小康社会目标的实现奠定了坚实的政治基础。到 2022 年，我国国内生产总值达到 121 万亿元，人均国民总收入达到 12604 美元，距世界银行 2022 年 7 月公布的高收入国家人均国民总收入起点标准 13205 美元只差 601 美元。[①]

“我们的现代化既是最难的，也是最伟大的。”回首过往的奋斗路，新时代的伟大成就是党和人民一道拼出来、干出来、奋斗出来的。眺望前方的奋进路，只有全体人民心往一处想、劲往一处使，同舟共济、众志成城，敢于斗争、善于斗争，才能不断夺取新的更大胜利。

① 李军鹏：《全过程人民民主创造现代政治文明新形态》，《特区实践与理论》2023 年第 2 期。

毫不动摇坚持党的领导，把党的领导落实到党和国家事业各领域各方面各环节，坚持人民主体地位，尊重人民首创精神，想人民之所想，行人民之所嘱，不断实现好、维护好、发展好最广大人民根本利益，中国式现代化道路必将越走越宽广。

第三章

中国式现代化是人口规模巨大的现代化

习近平总书记在党的第二十次全国代表大会上的报告中指出：中国式现代化既有各国现代化的共同特征，更有基于自己国情的中国特色。在中国特色中，人口规模巨大居其首，人口基本国情特点突出。这在颇大程度上，制约和影响着中国式现代化的方式、推进的速度和达到的成效，衬托出中国式现代化的基本底色。

第一节　人口规模巨大：基本国情变与不变

一个国家的人口状况、未来变动和发展趋势怎样，既是该国以往人口、经济、科技、社会发展的结果，又对未来发展尤其对现代化的推进和实现，产生不可替代的基础作用和影响。党的二十大开启中国式现代化新征程，尤应关注现代化建设与人口基本国情之间的关系，寻求二者相互依存、协调发展之路。

一、从人口基本国情出发

在经济、科技、社会发展以及资源、环境变换中，人口融入其中并发挥着主导者的能动作用。尤其中国人口规模巨大，千百年来占到世界人口 1/4—1/5，人口基本国情对社会经济发展有着举足轻重的作用和影响，成为发展的基本立足点和出发点。改革开放伊始，中国经济迎来历史性发展机遇，笔者即发表《四个现代化和从九亿人口出发》；进入 21 世纪以后又发表《论人口与可持续发展》等论著[①]。阐释现代化要从中国实际出发，从人口基本国情出发。邓小平在改革开放之初便指出，人口多、底子薄、生产力不发达是中国基本国情的主要特点。相对人口多、人口规模巨大来说，人均国内生产总值、国民收入、粮食、钢铁等生产生活资料却明显不足。在世界财富排行榜中，按绝对数量排位中国往往名列前茅；若按人均占有量排位，中国则常常名落孙山。因此我们的发展目标尤其是中国式现代化发展目标，既要注重经济总量排位、在世界占比变动；又要注重人均水平，将人均占有量列入现代化发展目标。如此，按照经济总量和人均占有量结合起来考察，将中国式现代化进程分为温饱、小康、全面建成社会主义现代化强国三个不同的阶段，分步骤推进。

怎样看待“人口规模巨大”对现代化建设的作用和影响？需要进行“一分为二”的分析。一方面，“人口规模巨大”主要指总体人口而言，是总体人口规模巨大；另一方面，人口又分为若干层次，如少

---

① 参见《田雪原文集》第一卷，社会科学文献出版社 2018 年版，第 285—298 页。

年人口、成年劳动年龄人口、老年人口等，都可以说得上人口规模巨大。这就给我们腾出一定的空间来，通过调整不同年龄结构给社会经济发展注入活力。自 20 世纪 80 年代大力控制人口增长以来，形成自 90 年代中期至目前为止的人口年龄结构变动的“黄金时代”：劳动年龄人口占比上升并保持在 50% 以上，老年和少年人口之和占比，即社会抚养比则保持在 0.5 以下，出现千载难逢的人口年龄结构变动的“黄金时代”，提供相应的“人口盈利”“人口红利”，成为国民经济持续高速增长的强大推动力之一。一般估计，“人口盈利”“人口红利”对经济增长的贡献率接近 30%。

同时“人口规模巨大”意味着消费人口数量庞大。社会再生产表现为生产、流通、分配、消费相统一的四个环节，任何一个环节都不可缺少，消费是完成社会再生产循环的最终环节。在结束历史上短缺经济、过剩人口时代并过渡到市场经济体制以后，消费的作用强劲地表现出来。当前之所以要启动消费、提高居民的消费水平，原因在于消费需求动力不足。这在明确国内国际“双循环”以国内为主方针之后，将消费提到重要位置，是当前国民经济恢复和发展中一项重要决策，以充分发挥人口规模巨大推动消费的作用。

这样说并不意味着人口规模越大越好，“人口规模巨大”给国民经济发展和现代化建设带来的困难不容忽视。笔者赞同改革开放初期邓小平对我国人口多、底子薄、生产力不发达，我们想问题、做事情都要从这一基本国情出发的论断。进行现代化建设，就要采用先进技术、大幅度地提高劳动生产率，突出效率优先、兼顾公平。这在我国人口和劳动年龄人口规模巨大面前，就要真正兼顾好社会公平，维持好安定团结的社会秩序。为此保障全体居民生活水平的提高和比较充分的就业，就不是一般意义上的兼顾，而是实现中国式现代化的重要目的和前提条件。提高劳动生产率与充分就业是社会经济发展具有基础性质的一对矛盾。由于我国人口和劳动年龄人口规模巨大，更是长期存在、比较尖锐的一对矛盾。解决的根本出路在于：一方面要大力发展经济，为提高民生和增加就业提供丰厚的物质基础；另一方面需要制定合理的人口发展战略和人口政策、就业政策。从两个方面同时发力、相向而行，寻求双管齐下解决之路之策。

二、当前步入“三步走”人口发展战略第二步

中国式现代化要从人口基本国情出发，而人口基本国情处在既变又不变、相对稳定矛盾统一体中。不变，指人口规模巨大、人口大国地位难以撼动。在可以预见到的未来，即使印度人口总量超过我国，中国仍将长期与印度担当全球人口“双雄”角色，占到世界人口 1/3 左右。对于变，笔者在《关于人口发展战略问题》《21 世纪中国人口发展战略研究》等论著中，提出并阐释“三步走”中国人口发展战略思路。核心是集人口数量控制、素质提高和结构调整于一体，第一步以人口数量控制为重点，兼顾人口素质提高和人口结构调整。第二步以全面提高人口素质为重点，兼顾人口数量控制和人口结构调整。第三步以全方位适度人口为目标，即人口数量是适当的，人口素质是比较高的，人口结构是合理的，人口与经济、社会、资源、环境的发展是协调和可持续的。回顾过去和展望未来，第一步人口发展战略，适应贫困、温饱阶段和小康社会中前期，时间可从新中国成立至 21 世纪前 10 年。以人口数量控制为重点，助力脱贫、温饱和全面建成小康社会。第二步人口发展战略，自总和生育率下降到更替水平以下特别是全面

小康实现以后，至21世纪中期中国式现代化全面建成时止。要坚定不移地实行以人口素质全面提升为重点，促进国民经济高质量发展和实现中华民族伟大复兴第二个百年奋斗目标。第三步是21世纪中叶以后，依据届时人口和社会经济发展具体情况，谋求全方位适度人口发展目标和相应的战略决策选择，跨入人口与可持续发展新的历史阶段[①]。

当前我国人口出现微弱负增长，是否就此义无反顾地进入负增长阶段，尚待实践检验。但是“负增长”充分展示了人口基本国情“不变”中的“有变”，则是毋庸置疑的。即“三步走”人口发展战略已行进到第二步中期，要毫不动摇地坚持以全面提升人口素质为重点，兼顾人口的数量控制和人口结构的调整，推动社会经济高质量发展和中国式现代化行稳致远。在此情况下，人口政策再次走到历史的十字路口，出现两种截然不同的观点。一种观点认为，“人口规模巨大”是中国最大的优势，是大国存在的最重要支撑，应当实行鼓励生育的政策，守住世界第一人口大国宝座。另一种观点认为，虽然中国号称“地大物博、人口众多”，但就人均水平而论，则在资源匮乏、产值不够高、人口相对过剩国家行列。需要继续控制人口数量增长，实行旨在促进生育率继续下降的人口生育政策。笔者认为，上述两种观点各有其一定的道理，但都不够全面，需要进一步讨论、准确把握。

这是一个带有历史性的问题。长期以来即存在众民与寡民之争。重要的一点在于，要从当今中国人口、经济、社会、资源、环境实际出发，找出人口在其中的位置和变动发展的方向。按照前面“三步走”人口发展战略，当前第二步要以全面提升人口素质为重点，这是全部

---

① 参见《田雪原文集》第一卷，社会科学文献出版社2018年版，第95—106页。

问题的关键。为什么第二步要以全面提升人口素质为重点？从人口自身变动发展观察，作为总体人口，由人口数量、素质和结构三部分组成。半个世纪以来尤其是1980年以来，在生育率受到严格控制条件下，人口再生产类型完成由高出生、低死亡、高增长向低出生、低死亡、低增长类型的转变，并于去年出现微弱负增长，控制人口数量增长成绩斐然。如前所述，为经济社会发展提供不可多得的“人口盈利”“人口红利”，为社会积累、固定资产投资持续增长和人口素质提升创造了条件。这表明人口发展战略重点转移的时机已经到来，需要适时地从以人口数量控制为重点转移到以全面提升人口素质为重点上来。为什么以全面提升人口素质而不是以调整人口结构尤其是人口年龄结构为重点？不错，有人认为，既然严格控制人口增长超过一代人，问题主要出在老龄化、劳动年龄人口供给形势严峻等上面，那就应当通过生育率调整改善人口年龄结构，实行旨在提高生育率为主的政策。按此意见，就要对生育政策来一个180度大转弯，由控制生育为主导转变到以提倡生育为主导。倘若真的实行这样的政策，回到半个多世纪以前，难免使多年控制人口增长的努力付诸东流，原有的某些人口问题如就业、生活质量、人口与资源、环境可持续发展等，将在一定程度上再现，给人口再生产步入良性循环轨道增加困难。故不能盲目地重新回到众民主义、以保住第一人口大国为目标的轨道上去。

那么，是否可以实行原来从严控制人口生育政策不变，以从根本上改变人口数量过多、人口密度过高等问题？据笔者所知，坚持此类观点的人已经十分有限了。笔者以为，理解上述不同观点的关键，在于对提倡一对夫妇生育一孩从严控制人口增长的生育政策只适用于一代人，25年左右、最多不超过30年的一项特定政策，到时必须进行旨在放宽生育的政策调整。实际上，实行到位的生育政策调整晚了10年左右。如此“从严”只能是过去一代人的事情，不可再行复制，没有下一个“一代人”了。对于未来“中国人口规模巨大”变动发展趋势怎样，需要澄清认识、明确方向。笔者的基本观点，一是对新出现的微弱负增长应当引为关注，但不宜过度解读。劳动年龄人口增长越过峰值，但直到本世纪中叶15—64岁劳动年龄人口仍可保持在8.6亿左右，比目前减少不多，影响劳动力供给有限。二是65岁以上老龄人口占比，可由2022年14.9%上升到2050年23.1%左右，升高8.2个百分点，年平均升高0.29个百分点，颇为值得关注。不过要看到，这是中国人口老龄化加速增长的阶段，2040年以后增速将大为减慢。2050年以后虽有继续上升可能，但是上升空间非常有限，已接近老龄化最高国家水平。要看到，过去将近30年独生子女一代人将于2045年以后陆续过渡到65岁以上，老龄化将呈现顶部徘徊和微升态势。只要高度重视并采取有效措施应对，就有可能比较平稳地渡过老龄化高潮期这一关口。因此笔者主张，人口生育政策应走向完全由个人和家庭自主决定新的历史阶段。社会做什么呢？做服务，做好为生育、教养和提升人口素质等的各项服务。为促进人口再生产走向良性循环服务，为人口与资源、环境、经济、社会可持续发展服务，为全方位的适度人口目标的探索和实践服务。

第二节　现代化目的：满足人的全面发展需要

党的二十大报告描绘出从现在起到实现第二个百年奋斗目标、以中国式现代化全面推进中华民族伟大复兴的宏伟蓝图。为什么要实现现代化？可以从经济、政治、科技、文化、军事等不同领域、不同视角，做出相应的解读。但是归根结底，是为了满足人的全面发展的需要，造福于全体人民，则是最终的答案。我们不是为了现代化而进行现代化。正如2012年党的十八大新一届中央领导见面会上，习近平总书记庄严宣告的那样：人民群众对美好生活的向往，就是我们的奋斗目标。明示现代化建设的终极目的和目标，就是要使中华民族由站起来走向富起来、强起来，最终实现共同富裕这个千百年来的宿愿和梦想。

发展是为了满足人的全面发展需要，本属天经地义。然而随着社会生产力的蓬勃发展，特别是工业革命后竞争日趋激烈，空前积聚起来的资本强烈地表现出自我增殖的本性。国家、企业无不追求发展的速度和规模，以利润最大化为目标，很难保证不脱离满足人的全面发展需要轨道，甚至走上为发展而发展的道路。传统的经济增长 = 发展的思维定式和运行模式，即使不偏离满足人的需要轨迹，它所满足的也仅是某些方面的需要，没有或很少顾及到其他方面的需要。以满足人的全面发展需要为根本目的和目标，就要注重需要的全面性，包括满足人的生理、心理、交往、文化等多方面、多层次的需要。

一、满足人的生存需要

在各种需要中，无疑满足人的生理和生存需要排在各种需要之首，是基础性质的需要。因为只有满足人的衣、食、住、行、交往、信息等基本的生活需要，人口的生产和再生产才能不间断地进行，物质资料的生产和再生产才能正常运转，现代化才能顺利地向前推进。在全面小康实现以后，应当说满足人的生理和生存需要，已经基本实现、没有什么大的障碍了。剩下来就是提高满足需要的质量、品种和结构问题了。不过有一件人人必须、长期存在的需要，应当提请关注。即同人口规模巨大紧密相连的满足全体人民粮食的需要，确保粮食安全。

一般发达国家在现代化过程中，粮食安全不是什么问题。有两类情况：一类如美、加、澳等国，土地和耕地规模巨大、人口数量不大，粮食自给有余，从不担心粮食安全。另一类如日本、西欧等某些工业化国家和地区，土地和耕地面积不够大、人口颇多，早期通过掠夺、后来通过贸易解决粮食短缺问题。中国虽然国土和耕地面积不小，但相对 14 亿多人口而言，人均占有量低、粮食供给安全问题一直存在。20 世纪 90 年代，布朗（Lester R. Brown）发表《21 世纪谁来养活中国》报告，声称中国人口将继续增长、耕地不增反降、21 世纪将暴发粮食危机。此论一出，国际社会一阵哗然、反响强烈。笔者在《大国之难》（今日中国出版社 1997 年版）等论著中，做出针锋相对的回应：21 世纪中国人自己养活自己。因为中国既与日本等一类发达国家不同，粮食进口有限、数量很少。也与美国等人口少、耕地多一类发达国家大相径庭，没有大量的多余粮食可供出口。中国则属于人口多、人口密度较高、耕地较少的发展中国家，粮食供给不充裕是不争的事实。在此情况下，粮食供给必须建立在自己力量基点上。以与美国比较为例，美国农业粮食种植业高度机械化、自动化，目前农业人口占比不足 2%，却不仅能养活自己，还是世界主要粮食出口大国。中国由于人口规模巨大，恐怕任何时候农业人口也不会降到 2% 的低水平，现代化粮食生产难以达到美国那样的水平。中国 960 万平方公里国土面积与美国差不多，然而耕地面积 9685 万公顷仅相当于美国 18788 万公顷 51.5%。2020 年中国人口 140211 万人，美国人口 32948 万人，中国相当于美国 425.6%。而且中国山地约 320 万平方公里，占比 33.3%；高原约 250 万平方公里，占比 26.0%，两项合计占比 59.3%。平原 115 万平方公里，占比 12.0%；盆地 180 万平方公里，占比 18.8%；丘陵 96 万平方公里，占比 9.9%。三项合计占比 40.7%。大体上，中国能够用于粮食生产的国土面积占 40% 左右，其中比较适合机械化大农业粮食生产的平原和盆地约 295 万平方公里，占国土总面积 30.8%，半机械化丘陵占 9.9%[①]。这说明，有 30% 左右国土面积具备实施类似美国那样的现代化大农业条件，10% 左右可实施半机械化生产。即中国主要的粮食生产基地，类似东北、华北平原，长江、珠江三角洲、四川盆地等，可以采用类似美国的现代化耕种方式。这一点很重要，在科技进步和现代化碾压主要生产部门、人口城市化迅速推进、产业结构调整加速进行情况下，回答了以粮食生产为主体的高水平的农业现代化，在多大规模上能够推开实施，走现代化大农业发展道路。同时也表明，还有相当数量包括粮食生产在内的农业生产，走不了现代化大农业发展道路，只能走半机械化甚至掺杂一定手工劳动的准现代化道路。中国粮食生产走以现代化大农业为主、辅之以半机械化和先进手工劳动相配合的发展道路，是必然的和理智的选择。

二、满足人的发展需要

发展是事物由小到大、由初级到高级的进化变动过程，可分为不同的发展阶段。衡量社会经济发展阶段不是依据生产什么，而是以生

---

① 资料来源：中国国家统计局编：《中国统计年鉴 1986》，中国统计出版社 1986 年版，第 821、822 页；《中国统计年鉴 2021》，中国统计出版社 2021 年版，第 931、934、935 页。

产工具的性质作为划分标准。由此，社会经济发展可粗略地划分为手工工具、机器工具、智能工具三个不同的历史断代。适应不同经济发展阶段要求，人类就要不断地增强自身的能力，满足自身发展的需要。要区分不同经济发展阶段主导发展的不同类型资本，当今社会经济发展，已经过渡到以人力资本——人所具有的知识、技能、经验和健康具有的价值上来。人力资本以及同人力资本相关联的组织、管理、市场化程度较高等社会资本空前活跃，构成发展的决定性要素。因而满足人的发展需要与日俱增，不断增强人力资本积聚成为发展的第一要务，走向更高现代化的关键。

1995 年我国在《中共中央国务院关于加速科学技术进步的决定》中，推出科教兴国战略。坚持科技是第一生产力，以教育为本，把发展科教事业放到优先位置，提高全民族的科教素质，将经济建设转移到依靠科技进步和提高劳动者素质的轨道上来。在科教兴国旗帜下，人口素质获得快速提升。体能健康素质提升显著，婴儿死亡率已由 1949 年以前 150‰—200‰，降至 2021 年 5.0‰，下降幅度远超常规。出生时预期寿命由 35—40 岁提高到 78.2 岁，增长 0.96—1.23 倍。国民受教育水平提升迅速，16 岁以上人口人均受教育年限由 1990 年 5.18 年，提升至 2020 年 9.91 年，步入全民普及高中教育、高等教育高覆盖发展阶段[①]。人力资本积聚不断增强，基本上满足了各方面发展对人才的需求。素养文明素质提升取得新进展，逐步形成吸取优秀传统文化精华并融入现代化之中的道德规范。法治化建设取得新成效。生态文明意识得到加强，生态环境持续改善，可持续发展战略深入人心。

① 参见国家统计局官网：《2022 年国民经济和社会发展公报》，2023 年 2 月 23 日。

这一切同中国式现代化的成功推进休戚相关，人的发展需要受到更多重视，满足程度显著改善和提高。

在肯定成绩的同时，也要与时俱进，寻求改革。最值得注意的一点，是改革某些应试式教育体制。新中国成立 70 多年来，教育发展的路子并不平静。批判了旧的“学而优则仕”教育，推行“教育为无产阶级政治服务、教育与生产劳动相结合”方针，取得显著成效。“文革”则全盘否定，推翻了原来的教育体制，变成“知识越多越反动”，高考也一度被取消。粉碎“四人帮”反革命集团后，进行拨乱反正、恢复高考，为后来的社会经济发展培养了源源不断的人才，才使得改革发展有了人才保障。恢复高考的历史功绩不可磨灭，使国民教育重新走上正轨。然而事物总有两面性，一不留神竟落入应试式教育误区。笔者所见一些“高考工厂”，大都以高中生考进重点高校为目标、进行高考实验性封闭教学、以考生升学率尤以考进北大、清华等重点高校升学率为主要评价标准，形成一套围绕升学考试的教学体制、机制和教学方式方法。这样的体制机制脱离了正常的国民教育体系，难以培养出德、智、体、美、劳全面发展的新人。必须改革、回归到正常的国民教育体系上来。

三、满足人的心理需要

心理需要，在这里主要指精神文化需要。站在人类发展历史长河的立场观察，经济的发展是早一些、晚一些，领先一些、落后一些的事情，迟早总是要发展的。好比马拉松赛跑一样，不同赛程彼此交替领跑。而精神文化具有历史积淀和相对稳定性质，很难从根本上改变和融和，常常表现为文化、文明冲突。

满足人的精神文化需要，是更高层次的需要。文化可分为宏观—广义文化：人类创造的物质文明和精神文明总和。中观——一般意义文化：精神层面、以意识形态为主要内涵。微观—狭义文化：指受教育水平、文化程度。这里的文化主要取中观——一般意义上的文化，包括思想、观念、信仰、道德、伦理、文学、艺术、音乐、舞蹈等，满足人的精神文化需要。随着科技革命、社会生产力突飞猛进地发展，在人的物质需要获得满足后，精神层面的文化需要变得更为重要，质量也在不断地提升。面对以全面提升人口素质为重点的中国人口发展战略第二步，就是要将素养文明素质放到同体能健康素质、智能科教素质同等重要位置，有针对性地进行改革。中国式现代化不仅需要高度的物质文明，同时还要有高度的精神文明、高度的生态文明与之共生共荣，需要人口素养文明素质的不断提升。

第三节　现代化度量：内在的人口涵义

新中国成立后，最先提出的现代化是工业、农业、科技、国防“四个现代化”。由于历史的原因，特别是林彪、“四人帮”反党集团利用“文革”开历史倒车，现代化进程被打断，在国际纷纷向现代化挺进年代，我们却止步于“以阶级斗争为纲”面前。改革开放后，揭开现代化发展新的一页，逐步融入国际现代化洪流。

什么是现代化，评价和判定现代化的标准是什么？可谓见仁见智。从国际社会英克尔斯10条标准，到国内专家给出的现代化门槛指标，有共同之处，也有诸多不同之点。笔者以为，在时间上，现代化是一个发展着的概念，即代表当代较高发展水平的一种发展状态。完成时，表明实现了现代化；进行时，表明现代化在路上。在空间上，现代化是一个集合性质的概念。一个国家、地区抑或某个领域、方面的现代化，包括经济、科技、人口、环境、社会以及军事等的现代化，反映的是这一空间领域总体发展达到的水平，已经实现了现代化，还是现代化处于推进之中。

习近平总书记在党的二十大报告中明确指出：全面建成社会主义现代化强国，总的战略安排是分两步走：从 2020—2035 年基本实现社会主义现代化；从 2035 年到本世纪中叶把我国建成富强民主文明和谐美丽的社会主义现代化强国。报告对第一步基本实现社会主义现代化，提出具体的经济、科技、社会、法治、民主、环境、国防等现代化建设发展目标和要求。第二步在基本实现现代化基础上，到本世纪中叶，把我国建设成为综合国力和国际影响力领先的社会主义现代化强国。这些目标和要求，充分体现了发展为了人民、发展依靠人民、发展成果由人民共享基本思想，蕴涵着深刻的以人为本人口内涵。可从下面三个视角，做出相应的分析。

一、人均国内生产总值达到中等发达国家水平

前面提到，我国国内生产总值已稳居世界第二位多年，与第一的距离在缩短，与第三的距离在拉大。但是对于一个人口众多的大国来说，仅有 GDP 的超大体量是远远不够的，还必须在人均水平上赶上和达到发达国家水平，才能不愧为社会主义现代化强国称谓。

人均国内生产总值达到中等发达国家水平，既是一项一般性的衡量指标，也是中国式现代化高标准、高要求的一项特殊性标准。由

于中国人口规模巨大，仅就GDP总量考核容易掩盖现代化的某些缺陷和不足。如2020年中国GDP占世界17.38%。美国占24.72%。中美差距7.34个百分点。虽然差距在缩短、但仍很明显。更明显的差距，是人均GDP占比，中国仅相当于美国16.52%，差距悬殊[①]。在这种情况下，敢于正视和提出本世纪中叶中国现代化国家建成时人均GDP达到中等发达国家水平，是需要有足够的勇气和信心的。这表明，中国式现代化是高水平、高标准的现代化，是将短板提升到中等发达国家水平的现代化！毫无疑问，这也是中国式现代化一道靓丽的风景线，彰显人口规模巨大特殊性、特点鲜明的现代化。

二、进入创新型国家前列

创新是一个国家、一个民族的进步灵魂，中国式现代化的一项重要任务，就是要跻身创新型国家前列。党的二十大报告指出，实现高水平科技自立自强，进入创新型国家前列。建成现代化经济体系，形成新发展格局，实现新型工业化、信息化、城镇化、农业现代化。显然，提出高水平科技自立自强，进入创新型国家前列，一是表明我们已经具备了这样的基础和实力。无论从事前端科研的手段和成果，总体上都达到较高水准，为社会经济发展做出了卓越的贡献。二是作为科技基础的人才的积累和凝聚，都达到相当的规模和比较合理的结构，人才储备、人力资本积聚底蕴丰厚。目前，6岁以上人口平均所受教育年限，已经达到普及高中教育水平；高中升学率、高校毕业率大幅度提升，国民教育体系完整，研究生学位教育发展迅速。正是基于这

① 资料来源：中国国家统计局编：《中国统计年鉴2021》，中国统计出版社2021年版，第931、935页。

样的人才基础，推进新型工业、信息化、城镇化、农业现代化即“新四化”建设，方显得游刃有余、顺理成章，对成功充满信心。

大力推进“新四化”建设，意味着必须大幅度地提高工农业主要物质生产部门的劳动生产率，实现大规模的劳动力向非物质生产部门、以服务业为主的转移。改革开放以来人口流动大军一浪高过一浪，人口城镇化提速，产业调整、转型升级加速。表现在人口分布上，是产业、城乡、地域人口的重新洗牌，与中国式现代化相呼应，是支持中国式现代化进行的人口结构调整。这同人口发展战略第二步以全面提升人口素质为重点相契合、相促进，人口体能健康素质、智能科教素质和素养文明素质的不断提升，成为创新型国家发展的重要支撑，科教兴国、人才强国的源头活水。

三、推进美丽中国建设

二十大报告列举国家治理体系和治理能力现代化、增强国家文化软实力、人均可支配收入再上新台阶、基本公共服务均等化、生态环境根本好转、国防和军队现代化、人的全面发展等美丽中国现代化发展图景。这些美丽图景具备一个显著的特点和共同的内涵，即以人的全面发展为中心，是人和人口生产的现代化。党的二十大报告分别做出阐述：在社会经济生活方面，“居民人均可支配收入再上新台阶，中等收入群体比重明显提高”，“全体人民共同富裕取得更为明显的实质性进展”。在精神文化、现代文明生活方面，做出更多阐述：“国家文化软实力显著增强”，“广泛形成绿色生产生活方式”，“生态环境根本好转，美丽中国目标基本实现”等[①]。显然，美丽中国这些建设同以全面提升人口素质为重点的人口发展战略第二步紧密相联，同中国人口体能健康素质、智能科教素质、素养文明素质的不断提升息息相关。人口素质全面提升是中国式现代化的人力资本支撑，也是美丽中国建设的基础性支撑。

第四节　现代化推进：以人力资本为主要驱动力

站在历史唯物主义立场观察，包括中国式现代化在内的一切现代化，可以说科技是关键，基础在教育，主要驱动力在人力资本。

不同历史阶段的社会经济发展，依靠的主要资本有本质的不同。迄今为止 400 多万年的人类社会发展的历史，按照经济时代的划分不是依据生产什么，而是依据使用什么样的工具进行生产，即依据生产工具性质划分的方法论，可划分为三个大的历史断代：

一是手工工具时代。自人类社会诞生至 18 世纪中叶产业革命发生时止，包括原始、奴隶、封建诸社会形态。基本的特征，是使用以手工工具为主的生产劳动。依靠的主要是劳动者的体力，劳动者的手臂就是他们的力量。劳动工具也在不断进步，但是没有脱离手工劳作为主性质。因而社会生产力发展缓慢。

二是机器工具时代。18 世纪中叶发生了产业革命亦称工业革命，

① 参见习近平：《高举中国特色社会主义伟大旗帜　为全面建设社会主义现代化国家而团结奋斗——在中国共产党第二十次全国代表大会上的报告》，人民出版社 2022 年版，第 23—25 页。

蒸汽机取代手推磨，纺纱机取代手摇纺车，机器大工业逐渐占据主导地位，创造高出千百倍的劳动生产率。社会生产力获得前所未曾有过的巨大增长，社会财富涌现，进入资本家阶级主导发展的时代。

三是智能工具时代。第二次世界大战后，世界格局发生巨大改变。从生产力视角观察，进入以微电子技术、智能工具为引领和主导的新技术革命阶段、智能工具时代。进入 21 世纪后，以生命科学为主导强势显现，基因技术、自动驾驶、智能工具等，将人类智能的物质化、外在化推进到新的高度。甚至接近人类智能、某些超出人类智能的机器人诞生并被运用到各个领域。克隆羊开创克隆动物先河，虽然克隆人遭到国际社会强烈反对，但变相部分克隆人的某些部位、器官时有发生。对此现代化做出什么样的回答？只能由实践做出回应。

手工工具时代，主要驱动力在自然资本。自然资本丰盛的中国、埃及、希腊、两河流域，率先发展起来，成为世界“四大文明古国”。机器工具时代，主要依靠产出资本 + 部分人力资本，依靠传统工业化引领发展潮流。智能工具时代主要依靠人力资本，即人所具有的知识、技能、经验和健康的价值。二战后，美国逐渐形成美元、科技、军事三大高地，有主客观多方面的原因。但科技特别是高科技在其中的基础、主导作用是根本的和主要的。美国占领科技制高点一个重要的原因，是发展教育，广泛吸引各国人才涌入，有效地增强着本国的人力资本积聚。二战后他们吸纳了多个国家著名的科学家和技术人才，有人做过估计，世界 70% 左右的高端人才为美国吸纳，打造出超大规模的人力资本积聚高地。智能工具时代，人口智能科教素质重要性凸显，人力资本积聚对发展起到关键的作用。

改革开放以来，我国率先召开科学大会、教育大会，现代化建设从科教起步。党的二十大开启中国式现代化建设新征程，本世纪中叶建成富强民主文明和谐美丽的社会主义现代化强国，必须进一步落实科教兴国战略，进入创新型国家前列。事实证明，中国人口规模巨大、人力资本积聚显著增强，这是实现第二个百年奋斗目标的重要基础和有利条件。全面分析中国人口规模巨大，自然也存在若干困难，需要扬长避短、扬长补短。坚持以全面提升人口素质为重点的第二步人口发展战略，坚持以人口高质量发展支撑中国式现代化，坚持以中国式现代化推进中华民族第二个百年奋斗目标的实现，是人口规模巨大现代化的应有之意，是历史赋予我们的一项庄严使命。

第四章

中国式现代化是全体人民共同富裕的现代化

共同富裕是社会主义的本质要求，是中国式现代化的重要特征，是人民群众的共同期盼，是中国共产党矢志不渝的奋斗目标。实现全体人民共同富裕是中国共产党在带领全国人民战胜绝对贫困、全面建成小康社会后，开启全面建设社会主义现代化国家新征程要完成的战略任务。

第一节　准确理解和全面把握共同富裕的时代内涵

在以中国式现代化全面推进中华民族伟大复兴的过程中，中国共产党把马克思主义基本原理与中国实际相结合、与中华优秀传统文化相结合，以全新的视野深化对人类社会发展规律的认识，把握中国特色社会主义进入新时代的特征，不断丰富共同富裕的内涵。

一、中国共产党一直致力于探索缩小贫富差距并最终走向共同富裕

共同富裕是中华民族自古以来对幸福生活的期盼、憧憬和追求。中国共产党自成立以来，就确立了为人民谋幸福、为民族谋复兴的初心和使命，把共同富裕作为党接续奋斗的根本动力和重大历史使命。

（一）实现共同富裕是中国共产党人始终如一的执着追求

新中国成立后，以毛泽东同志为代表的中国共产党人提出走社会主义强国道路，使人民群众共同富裕起来。毛泽东同志在新中国成立之初就提出了国家富强的发展目标。1955 年 10 月 29 日，毛泽东同志在资本主义工商业社会主义改造问题座谈会上提出："这个富，是共同的富，这个强，是共同的强，大家都有份"。① 党的十一届三中全会以来，中国共产党带领全国人民在推动共同富裕过程中进行了理论和实践的创新性探索。邓小平同志指出，"社会主义最大的优越性就是共同富裕，这是体现社会主义本质的一个东西"，②"社会主义与资本主义不同的特点就是共同富裕，不搞两极分化"。③ 江泽民同志指出，要在促进经济发展的基础上走向共同富裕，强调"既鼓励先进，促进效率，合理拉开收入差距，又防止两极分化，逐步实现共同富裕"，④"实现共同富裕是社会主义的根本原则和本质特征，绝不能动摇"。⑤ 胡锦涛同志强调，要"使全体人民共享改革发展的成果，

---

① 《毛泽东文集》第 6 卷，人民出版社 1999 年版，第 495 页。
② 《邓小平文选》第 3 卷，人民出版社 1993 年版，第 364 页。
③ 《邓小平文选》第 3 卷，人民出版社 1993 年版，第 123 页。
④ 《江泽民文选》第 1 卷，人民出版社 2006 年版，第 227 页。
⑤ 《江泽民文选》第 1 卷，人民出版社 2006 年版，第 466 页。

使全体人民朝着共同富裕的方向稳步前进。[①]”习近平总书记强调，共同富裕是“社会主义的本质要求，是人民群众的共同期盼。我们推动经济社会发展，归根结底是要实现全体人民共同富裕”，[②]“人民对美好生活的向往，就是我们的奋斗目标”，[③]我们要“在学有所教、劳有所得、病有所医、老有所养、住有所居上持续取得新进展，不断实现好、维护好、发展好最广大人民根本利益，使发展成果更多更公平惠及全体人民，在经济社会不断发展的基础上，朝着共同富裕方向稳步前进。[④]”在追求现代化的历史过程中，一代又一代中国共产党人践行初心使命，接续奋斗，为实现全体人民共同富裕的目标开拓进取，不断迈进。

（二）共同富裕是中国共产党的奋斗目标和历史使命

围绕解决共同富裕问题，在经济发展的不同阶段，党的代表大会从实际出发，对推动实现共同富裕做出战略部署，强化顶层设计，不断推进实践创新。

1. 中国共产党在社会主义现代化建设中明确提出共同富裕目标

党的十二大报告《全面开创社会主义现代化建设的新局面》提出，到20世纪末，“人民的物质文化生活可以达到小康水平”。党的十三大报告《沿着有中国特色的社会主义道路前进》提出，到21世纪中叶，“人均国民生产总值达到中等发达国家水平，人民生活比较富裕，基本实现现代化。”党的十四大报告《加快改革开放和现代

① 《十六大以来重要文献选编》（中），中央文献出版社2006年版，第712页。

② 《习近平谈治国理政》第4卷，外文出版社2022年版，第116页。

③ 《十八大以来重要文献选编》（上），中央文献出版社2014年版，第70页。

④ 《十八大以来重要文献选编》（上），中央文献出版社2014年版，第236页。

化建设步伐，夺取有中国特色社会主义事业的更大胜利》指出，建设有中国特色社会主义理论在社会主义的根本任务问题上，指出“社会主义的本质是解放生产力，发展生产力，消灭剥削，消除两极分化，最终达到共同富裕”。党的十四届三中全会通过的《中共中央关于建立社会主义市场经济体制若干问题的决定》指出，“建立以按劳分配为主体，效率优先、兼顾公平的收入分配制度，鼓励一部分地区一部分人先富起来，走共同富裕的道路”；“坚持鼓励一部分地区一部分人通过诚实劳动和合法经营先富起来的政策，提倡先富带动和帮助后富，逐步实现共同富裕。”党的十五大报告《高举邓小平理论伟大旗帜，把建设有中国特色社会主义事业全面推向二十一世纪》指出，“允许一部分地区一部分人先富起来，带动和帮助后富，逐步走向共同富裕”。党的十六大报告《全面建设小康社会，开创中国特色社会主义事业新局面》指出，要“使全体人民朝着共同富裕的方向稳步前进”。党的十七大报告《高举中国特色社会主义伟大旗帜，为夺取全面建设小康社会新胜利而奋斗》指出，要“走共同富裕道路，促进人的全面发展，做到发展为了人民、发展依靠人民、发展成果由人民共享”。

2. 党中央把逐步实现全体人民共同富裕摆在更加重要的位置上

党的十八大以来，中国开启了新时代实现中华民族伟大复兴之路，以习近平同志为核心的党中央始终坚持发展为了人民、发展依靠人民、发展成果由人民共享，对共同富裕道路进行了新探索。在实现社会主义现代化的新征程上，党中央把握发展阶段新变化，把逐步实现全体人民共同富裕摆在更加重要的位置上。党的十八大报告指出，“必须坚持走共同富裕道路。共同富裕是中国特色社会主义的根本原则……使发展成果更多更公平惠及全体人民，朝着共同富裕方向稳步前进。”

十八届三中全会通过的《中共中央关于全面深化改革若干重大问题的决定》指出，要“紧紧围绕更好保障和改善民生、促进社会公平正义深化社会体制改革，改革收入分配制度，促进共同富裕”。党的十九大对我国社会主要矛盾做出新的判断，提出我国社会主要矛盾已经转化为人民日益增长的美好生活需要和不平衡不充分的发展之间的矛盾。党的十九大报告提出，“必须坚持以人民为中心的发展思想，不断促进人的全面发展、全体人民共同富裕”。在“两个一百年”奋斗目标交汇期，2020 年 10 月召开的党的十九届五中全会首次明确要求“扎实推动共同富裕”，并作出重大战略部署。全会提出了到 2035 年，全体人民共同富裕取得更为明显的实质性进展。党的二十大报告指出，要“坚持以人民为中心的发展思想，维护人民根本利益，增进民生福祉，不断实现发展为了人民、发展依靠人民、发展成果由人民共享，让现代化建设成果更多更公平惠及全体人民”。党中央的重大战略部署明确了实现共同富裕的时间表和路线图，续写着中华民族伟大复兴新的历史篇章。

二、共同富裕的时代内涵

（一）共同富裕是中国特色社会主义的本质要求

社会主义的本质是“解放生产力，发展生产力，消灭剥削，消除两极分化，最终达到共同富裕”。[①] 改革开放以来特别是党的十八大以来，我们坚持和完善中国特色社会主义制度，创造了经济快速增长和社会长期稳定的发展奇迹，中华民族迎来了从站起来、富起来到强

① 《邓小平文选》第 3 卷，人民出版社 1993 年版，第 373 页。

起来的伟大飞跃，社会主义制度优越性得到进一步体现。共同富裕是中国共产党为中国人民谋幸福、为中华民族谋复兴的奋斗方向，是建成社会主义现代化强国的重要目标，是中国特色社会主义发展的根本目的，“全体人民共同富裕，是人民群众物质生活和精神生活都富裕，不是少数人的富裕，也不是整齐划一的平均主义。”[①]在全面建设社会主义现代化国家的伟大实践中，坚持把实现人民对美好生活的向往作为现代化建设的出发点和落脚点，把促进全体人民共同富裕作为为人民谋幸福的着力点，实现了社会主义先进生产力和社会主义先进生产关系的有机结合，实现共同富裕有了更为完善的制度保证、更为坚实的物质基础、更为主动的精神力量。

（二）共同富裕是中国式现代化的重要特征

实现全体人民共同富裕，贯穿于中国特色社会主义伟大事业发展进程之中。在决胜全面建成小康社会，开启全面建设社会主义现代化国家新征程上，我们党不断描绘并推进实现共同富裕的宏伟蓝图，到2035年，基本实现社会主义现代化，全体人民共同富裕迈出坚实步伐，取得更为明显的实质性进展，人民群众获得感、幸福感、安全感不断增强；到本世纪中叶，把我国建成富强民主文明和谐美丽的社会主义现代化强国，全体人民共同富裕基本实现，人民将享有更加幸福安康的生活。党的二十大报告指出，中国式现代化是全体人民共同富裕的现代化，要着力促进全体人民共同富裕，实现全体人民共同富裕。这为我们从理论与实践上全面准确地理解共同富裕的深刻内涵，在新征程上推动实现共同富裕提供了依据、指明了方向。

---

① 习近平：《扎实推动共同富裕》，《求是》2021年第20期。

（三）共同富裕是全体人民共同富裕

全体人民共同富裕是一个总体概念，是对全社会而言的。我们要实现的共同富裕，不是少数人的富裕，不是一部分人和一部分地区的富裕，是全体人民的共同富裕，是全体人民共享发展成果，是在坚持以人民为中心发展思想的引领下，实现全民共享、全面共享、共建共享、渐进共享，全方位改善人民生活。

（四）共同富裕是物质和精神统一的全面富裕

物质富足、精神富有是社会主义现代化的根本要求。我们要实现的共同富裕，是人民群众物质生活和精神生活都富裕，既包括物质增长，也包括精神的自信自强，是物质和精神统一的共同富裕。物质富裕为精神文明建设提供物质条件，彰显社会公平正义；更高水平的精神文明建设，将不断凝聚推动共同富裕的精神力量。促进共同富裕，既要提供良好的物质条件，又要提供良好的精神环境，在物质富裕与精神富裕良性互动中不断推进社会发展、实现共同富裕。

（五）共同富裕是承认相对差异的共同富裕

我国的改革是从打破平均主义和“大锅饭”“铁饭碗”开始，打破传统体制束缚，允许一部分人、一部分地区先富起来，极大地解放和发展了社会生产力。经过 40 多年的快速发展，现在，已经到了扎实推动共同富裕的历史阶段。我国地区差距、城乡差距、个人收入差距还明显存在，未来一个时期，这种差距将大幅度缩小，但差距将会长期存在。因为发展的不平衡是绝对的，每个人能力不同，努力的程度不同，从而对社会贡献大小不同，反映在收入上必然有所区别。全体人民共同富裕不是整齐划一的平均主义，不是所有人同时富裕，也不是所有地区同步实现共同富裕，在一定时期内仍将存在着富裕程度的差异性。实现共同富裕的过程必然是渐进式的，是在动态中向前发展的，通过动态的政策调节，逐步增加公共产品和社会保障的投入等，来缩小城乡、区域、行业、群体之间的差距，逐步实现共同富裕。

（六）依靠共同奋斗创造共同富裕

党的二十大报告指出："新时代的伟大成就是党和人民一道拼出来、干出来、奋斗出来的。"正是依靠人民，我们迎来了中华民族从站起来、富起来到强起来的伟大飞跃。中国特色社会主义事业是一项任务艰巨、前无古人的伟大事业，实现这一伟大事业，过程艰巨，需要全体人民共同奋斗，人人参与、各尽其能。通过充分发挥亿万人民的创造伟力，凝聚起最广大人民的智慧和力量，才有可能开辟更加美好的未来和创造更加美好的生活，创造新的伟业。

（七）实现共同富裕是一个长期的历史过程

我国仍处于并将长期处于社会主义初级阶段，由于资源禀赋、基础条件不尽相同，解决发展不平衡不充分问题、缩小城乡区域发展差距、实现人的全面发展仍然任重道远，新一轮科技革命和产业变革也对就业和收入分配带来一定的影响。共同富裕是一个长远目标，需要一个过程，不可能一蹴而就，对其长期性、艰巨性、复杂性要有充分估计，办好这件事，等不得，也急不得。要深刻把握共同富裕的发展规律，在全面建设社会主义现代化国家新征程上，必须坚持尽力而为、量力而行，坚持循序渐进、久久为功，因地制宜探索有效路径，不断满足人民日益增长的美好生活需要，在实现现代化过程中，把全体人民共同富裕的宏伟蓝图变成美好现实。

第二节　新时代共同富裕思想的理论贡献

把实现全体人民共同富裕作为中国式现代化的重要特征和本质要求，体现出我们党对共同富裕的认识达到了新的理论高度，深刻反映了我们党对社会主义现代化建设规律的深邃认识和准确把握，是中国共产党人对科学社会主义的重大贡献。

一、新时代共同富裕思想丰富了马克思主义中国化时代化理论

共同富裕是对西方式现代化的全面超越。资本主义创造了发达的物质文明，但由于生产资料的私有制，最后出现“富者愈富，穷者愈穷”的两极分化，这是一种建立在剥削基础上的现代化。马克思指出，“资本只有一种生活本能，这就是增殖自身，创造剩余价值”。[①] 马克思、恩格斯在《共产党宣言》中指出：“无产阶级的运动是绝大多数人的、为绝大多数人谋利益的独立的运动”，[②] 在未来社会，“生产将以所有的人富裕为目的”。[③] 按照马克思、恩格斯的构想，共产主义社会将彻底消除阶级之间、脑力劳动和体力劳动之间的对立和差别，实行各尽所能、按需分配，实现每个人都能够充分地享受到丰裕富足的物质和文化生活，真正实现每个人自由全面的发展。

实现共同富裕是中国共产党的奋斗目标，也是社会主义的本质要

① 《马克思恩格斯全集》第 23 卷，人民出版社 1972 年版，第 260 页。

② 《马克思恩格斯选集》第 1 卷，人民出版社 1972 年版，第 262 页。

③ 《马克思恩格斯文集》第 8 卷，人民出版社 2009 年版，第 200 页。

求。中国共产党领导中国人民对共同富裕进行了持续探索。党的十一届三中全会之后，从家庭联产承包责任制到国有企业改革、从设立经济特区到开放沿海城市等一系列创新实践，打破了传统体制束缚，推动了解放和发展社会生产力，为促进共同富裕提供了实践和理论支持。党的十八大以来，以习近平同志为核心的党中央坚持把马克思主义基本原理同中国具体实际相结合、同中华优秀传统文化相结合，立足全面建设社会主义现代化国家战略目标，提出了关于新时代实现共同富裕的一系列重大战略思想，不断深化对共同富裕规律的认识，共同富裕思想不断发展，内涵越来越丰富。在以习近平同志为核心的党中央团结带领全国各族人民朝着共同富裕的目标不断迈进的过程中，我们坚持统筹推进“五位一体”总体布局、协调推进“四个全面”战略布局，坚持和完善中国特色社会主义制度、推进国家治理体系和治理能力现代化，历史性地解决了绝对贫困问题，如期全面建成小康社会，实现了第一个百年奋斗目标，取得伟大历史性成就，为新发展阶段扎实推进共同富裕、实现社会主义现代化提供制度保障、物质基础和精神力量，奠定了坚实基础。习近平总书记指出，消除贫困，改善民生，逐步实现全体人民共同富裕，是社会主义的本质要求，“让广大人民群众共享改革发展成果，是社会主义的本质要求，是社会主义制度优越性的集中体现，是我们党坚持全心全意为人民服务根本宗旨的重要体现。”① 这是在同坚持以人民为中心的发展思想的结合中，从社会主义本质要求的高度思考实现共同富裕问题，充分体现了新时代坚持和发展中国特色社会主义的内在要求，赋予了社会主义本质理论以新

① 《十八大以来重要文献选编》（中），中央文献出版社 2016 年版，第 827 页。

的时代内涵，是马克思主义中国化时代化的新发展，是中国共产党的重大理论成果。

二、全体人民共同富裕是习近平新时代中国特色社会主义思想的重要内容

国以民为本，社稷亦为民而立。坚持以人民为中心是新时代坚持和发展以共同富裕为重要特征的中国式现代化道路的根本立场。党的十八大以来，我们党对促进全体人民共同富裕提出一系列重要论断，为新发展阶段推动人的全面发展、全体人民共同富裕取得更为明显的实质性进展提供了根本遵循和行动指南。党的二十大报告强调："江山就是人民，人民就是江山。中国共产党领导人民打江山、守江山，守的是人民的心"，"我们坚持把实现人民对美好生活的向往作为现代化建设的出发点和落脚点，着力维护和促进社会公平正义，着力促进全体人民共同富裕，坚决防止两极分化。"

促进全体人民共同富裕是坚持以人民为中心发展思想的鲜明体现。人民是历史的创造者，是决定党和国家前途命运的根本力量。一切为了人民，是激励中国共产党人不断前进的根本动力。我们党坚持人民主体地位，坚持立党为公、执政为民，践行全心全意为人民服务的根本宗旨，把党的群众路线贯彻到治国理政全部活动之中，把人民对美好生活的向往作为奋斗目标。积极探索促进共同富裕的体制机制、政策体系，在高质量发展中促进共同富裕。我们党坚持实现好、维护好、发展好最广大人民根本利益，紧紧抓住人民群众最关心的、最直接的、最现实的利益问题，部署经济工作、制定经济政策、推动经济发展。让现代化建设成果更多更公平惠及全体人民，体现了共同富裕

“为了谁”和“依靠谁”，体现了中国共产党以人民为中心的执政理念。

三、中国推进全体人民共同富裕对推动构建人类命运共同体具有重大的理论和实践价值

促进共同富裕是人类命运共同体建设的伟大中国实践。2012 年 11 月党的十八大明确提出要倡导“人类命运共同体”意识。构建人类命运共同体是我国政府反复强调的关于人类社会的新理念。[①] 推动构建人类命运共同体是中国共产党人运用辩证唯物主义和历史唯物主义认识世界、改造世界的伟大实践，呼应当今世界各国人民的共同关切，是马克思主义实践性在新时代的具体体现和行动指南。

实现共同富裕是千百年来人类共同的梦想，在西方的《乌托邦》《理想国》中均有论述，但共同富裕也是人类文明发展中的难题。中国倡导共同富裕理念，不仅代表了中国人民自古以来的理想和价值追求，也反映了世界各国人民对共同发展、公平正义的热切追求。中国推动实现共同富裕，不仅体现了社会主义制度的优越性，也是满足中国人民对美好生活向往的重大举措，完全契合各国人民的共同利益和共同价值追求，对推动世界和平与发展具有广泛而深远的意义。

中国在追求自身发展的同时，不断以务实行动推动世界共同发展繁荣。中国提出的全体人民共同富裕与《联合国 2030 年可持续发展议程》中有关消除贫困、饥饿与不平等、建设和平正义及包容的国际社会等总体目标相融相通。2015 年 9 月，习近平主席在第 70 届联合国大会一般性辩论中发表了题为《携手构建合作共赢新伙伴同心打造

---

① 郑新立:《中国特色社会主义理论创新与改革经验》，人民出版社 2022 年版，第 243 页。

人类命运共同体》的讲话中提出了“人类命运共同体”思想。这是习近平主席第一次在重要国际场合提出全人类共同价值和人类命运共同体主张。2017 年 1 月，习近平主席在日内瓦出席“共商共筑人类命运共同体”高级别会议时，发表了题为《共同构建人类命运共同体》的主旨演讲。2021 年 9 月 21 日，习近平主席在北京以视频方式出席第 76 届联合国大会一般性辩论并发表重要讲话。习近平主席提出全球发展倡议，提出六个“坚持”：坚持发展优先、坚持以人民为中心、坚持普惠包容、坚持创新驱动、坚持人与自然和谐共生、坚持行动导向。倡议得到 100 多个国家和国际组织响应支持。中国在扎实推动共同富裕的过程中所体现出的以人民为中心的理念，越来越为国际社会认同。人类命运共同体、“一带一路”等旨在推动全人类共同富裕、共同繁荣的中国理念和中国倡议写入联合国决议。中国提出的人类命运共同体理念打破了零和博弈的思维，为实现人类持久和平提供了中国方案，也为重构公正合理的国际新秩序提供了中国思路。

中国特色的现代化理论和道路，带领中国人民全面建成了小康社会，历史性地解决了绝对贫困问题，为破解人类共同面临的历史性、世界性难题提供了宝贵的经验，为世界上其他发展中国家实现现代化提供了可资借鉴的中国方案。我国有 14 亿多人口，整体迈入现代化进而逐步实现全体人民共同富裕，将在整体上极大提升人类福祉，为维护世界和平与安全做出积极贡献。作为世界上最大的发展中国家，中国提前 10 年实现《联合国 2030 年可持续发展议程》减贫目标，创造了减贫治理的中国样本，为全球减贫事业做出了巨大贡献。中国所取得的巨大成就必将从精神上激发世界各国特别是发展中国家共同奋进，中国实现共同富裕就此具有了世界性意义。中国坚持走全体人民共同富裕的中国式现代化道路，与西方国家现代化道路有着本质区别，丰富了人类现代化的内涵，实现了对西方现代化理论的超越。中国的实践对推动人类共同繁荣发展做出卓越贡献，彰显出构建人类命运共同体的大国担当与中国力量。

第三节　推进共同富裕取得的成就和经验

党的十八大以来，以习近平同志为核心的党中央把人民对美好生活的向往作为奋斗目标，把脱贫攻坚摆在治国理政突出位置，强调让发展成果更多更公平惠及全体人民，不断促进人的全面发展，在推进共同富裕的探索实践中，取得了重大成就，积累了宝贵的历史经验。

一、推进共同富裕取得的成就

2021 年 7 月 1 日，在庆祝中国共产党成立 100 周年大会上，习近平总书记庄严宣告，我们实现了第一个百年奋斗目标，全面建成了小康社会，历史性地解决了绝对贫困问题，取得了彪炳中华民族发展史册的历史性胜利，新时代扎实推进共同富裕迈出了坚实步伐。

（一）历史性地解决了绝对贫困问题

社会建设取得突破性进展和标志性成果。党的十八大以来，在习近平新时代中国特色社会主义思想科学指引下，中国共产党团结带领全国各族人民攻坚克难、开拓进取，取得了脱贫攻坚战的全面胜利。全国 832 个贫困县全部摘帽，12.8 万个贫困村全部出列，近 1 亿农村贫困人口实现脱贫，提前十年实现《联合国 2030 年可持续发展议程》

减贫目标，历史性地解决了绝对贫困问题，创造了人类减贫史上的奇迹。中国实现了快速发展与大规模减贫同步、经济转型与消除绝对贫困同步，如期全面完成脱贫攻坚目标任务。这不仅是中华民族发展史上具有里程碑意义的大事件，也是人类减贫史乃至人类发展史上的大事件，为全球减贫事业发展和人类发展进步做出了重大贡献，谱写了人类反贫困历史新篇章。

（二）人民生活全方位改善

我们深入贯彻以人民为中心的发展思想，在幼有所育、学有所教、劳有所得、病有所医、老有所养、住有所居、弱有所扶上持续用力，人民群众获得感、幸福感、安全感更加充实、更有保障、更可持续。

2012 年至 2022 年，全国常住人口城镇化率由 53.1% 升至 65.2%；城乡居民人均可支配收入之比由 2.88 ∶ 1 降到 2.45 ∶ 1。2022 年，国内生产总值 1210207 亿元，人均国内生产总值 85698 元，居民人均可支配收入 36883 元，居民人均消费支出 24538 元。人均国内生产总值由 6300 美元上升到超过 1.2 万美元，接近高收入国家门槛。人均预期寿命由 74.8 岁（2010 年）提高到 78.2 岁（2021 年），中等收入群体比重逐步扩大。我们建成了世界上规模最大的教育体系、社会保障体系、医疗卫生体系，教育普及水平实现历史性跨越。10.2 亿人拥有基本养老保险，13.6 亿人拥有基本医疗保险，基本医疗保险参保率稳定在 95%。改造棚户区住房 4200 多万套，改造农村危房 2400 多万户。

随着居民收入水平提高和消费领域不断拓展，居民消费结构持续优化升级。城乡居民主要耐用消费品拥有量不断增多，汽车、空调、移动电话等在居民家庭中日渐普及。以汽车为例，近年来，我国汽车保有量年均增量超 2000 万辆，2022 年，我国千人汽车保有量超过

220 辆，平均每百户家庭拥有汽车达到 60 辆。居住条件和质量明显改善、生活环境和品质持续向好、医疗服务和教育服务水平提高。交通出行、子女教育、医疗服务等消费快速增长，服务性消费支出占比逐步提高。文化旅游、健身休闲已经成为大众消费、时尚消费，城乡居民精神生活越来越丰富。2022 年，我国人均服务性消费支出 10590 元，占居民人均消费支出的比重为 43.2%。我国正处在消费快速升级阶段，居民的服务性消费扩大是趋势性的。预计到 2030 年左右，我国服务型消费支出占比将超过 50%，服务型消费将成为城乡居民消费的主体，共同富裕将取得更为明显的实质性进展。

二、推进共同富裕取得的经验

（一）坚持党的全面领导

党的领导是中国特色社会主义最本质的特征，坚持党的领导是推进全体人民共同富裕的根本保证。消除贫困、改善民生、实现共同富裕是社会主义的本质要求，是我们党坚持全心全意为人民服务根本宗旨的重要体现。中国共产党成立百年来，始终把为中国人民谋幸福、为中华民族谋复兴作为自己的初心使命，为实现国家富强、人民幸福而不懈奋斗。我们实现了人民生活从温饱不足到总体小康、奔向全面小康的历史性跨越，取得了全面建成小康社会的伟大胜利，中华民族迎来了从站起来、富起来到强起来的伟大飞跃，其根本原因就在于始终坚持党的坚强领导。

在我国这样一个拥有 14 亿多人口的世界上最大的发展中国家实现共同富裕，任务之繁重，面临的挑战之巨大，前所未有。共同富裕是全面性要求，涉及经济社会的各个方面。要实现全体人民共同富裕的目标，只有毫不动摇地坚持和加强党的全面领导，充分发挥党总揽全局、协调各方的领导核心作用，以开拓创新的毅力和勇气坚定不移走中国特色社会主义道路，发挥中国特色社会主义制度优势才能完成。

（二）坚持人民至上

党的十九届六中全会审议通过的《中共中央关于党的百年奋斗重大成就和历史经验的决议》把“坚持人民至上”总结为党百年奋斗的十条历史经验之一，指出“党代表中国最广大人民根本利益，没有任何自己特殊的利益，从来不代表任何利益集团、任何权势团体、任何特权阶层的利益，这是党立于不败之地的根本所在。”党始终坚持全心全意为人民服务的根本宗旨，始终把实现人民的愿望和利益作为全党工作的出发点和落脚点，始终把人民放在心中最高位置，始终牢记江山就是人民、人民就是江山，坚持一切为了人民、一切依靠人民，坚持为人民执政、靠人民执政，坚持发展为了人民、发展依靠人民、发展成果由人民共享。在实现现代化过程中，着力实现人民群众对美好生活的向往、发展成果由人民共享，在推动高质量发展过程中办好各项民生事业、补齐民生领域短板。党始终践行以人民为中心的发展思想，彰显了坚持人民至上的基本立场和价值追求。

（三）坚持开拓创新

党的十九届六中全会通过的《中共中央关于党的百年奋斗重大成就和历史经验的决议》将“坚持开拓创新”作为中国共产党百年奋斗积累的十条历史经验之一，明确指出“创新是一个国家、一个民族发展进步的不竭动力。越是伟大的事业，越充满艰难险阻，越需要艰苦奋斗，越需要开拓创新”。在扎实推进共同富裕的进程中，党领导人民不断推进理论创新、实践创新，走出了前人没有走出的路，积累了开拓创新的宝贵经验。一是不断推进理论创新。继承和发展马克思主义理论，坚持把马克思主义基本原理同中国具体实际相结合、同中华优秀传统文化相结合，不断推进马克思主义中国化时代化。从毛泽东等人对走向共同富裕目标的设想，到在建设中国特色社会主义历程中对共同富裕的探索，到进入中国特色社会主义新时代后，我们党在十九大报告和二十大报告中，对实现共同富裕问题的清晰谋划，反映出我们党在扎实推进共同富裕实践基础上的理论创新。二是不断推进实践创新。中国特色社会主义进入新时代，针对人民日益增长的美好生活需要和不平衡不充分的发展之间的矛盾，统筹兼顾经济社会各方面和国家治理各领域的发展要求出发，全面论证、科学决策，坚持经济发展、社会进步和人民生活改善并重，扎实推进共同富裕。2021年6月，《中共中央国务院关于支持浙江高质量发展建设共同富裕示范区的意见》正式发布，这是党中央在实践中探索扎实推动共同富裕的创新举措，有利于在高质量发展进程中不断满足人民群众对美好生活的新期待，夯实共同富裕的基础。

（四）坚持推进民生保障

社会保障是促进社会公平和推进共同富裕的重要制度安排。坚持推进社会民生保障体系建设，是中国共产党百年推进共同富裕的基本经验之一。我们在推进社会民生保障方面积累了两方面重要经验，一是始终坚持顶层战略设计推动统筹社会民生保障体系建设。党的十八大以来，以习近平同志为核心的党中央坚持以人民为中心的发展思想，全面推进社会保障体系建设，覆盖城乡居民的社会保障体系基本建立。适应我国社会主要矛盾已经转化为人民日益增长的美好生活需要和不平衡不充分的发展之间的矛盾这一客观要求，我们全面建成覆盖全民、城乡统筹、权责清晰、保障适度、可持续的多层次社会保障体系。二是坚持在发展中保障和改善民生。我们统筹解决就业、收入分配、教育、社保、医疗、住房等问题，扎实推进民生工程建设，不断增进民生福祉。把促进就业放在经济社会发展的优先位置，实施就业优先战略，强化就业优先政策，健全就业公共服务体系，为民生改善和经济发展提供了重要支撑。深化收入分配制度改革，坚持按劳分配为主体、多种分配方式并存，构建初次分配、再分配、第三次分配协调配套的制度体系，国民收入的持续增长，为提高人民生活品质奠定了坚实基础。促进教育公平与质量提升，财政性教育经费占国内生产总值比例每年都保持在 4% 以上，中国教育普及水平实现历史性跨越，各级教育普及程度达到或超过中高收入国家平均水平。建立覆盖城乡居民的社会保障体系，逐步形成了以社会保险、社会救助、社会福利为基础，以基本养老、基本医疗、最低生活保障制度为重点，以慈善事业、商业保险等为补充的世界上规模最大的社会保障体系。建立基本医疗卫生制度，提高医疗卫生服务能力，提高全民健康水平。坚持房子是用来住的、不是用来炒的定位，建立实施房地产长效机制，加强住房保障体系建设，支持刚性和改善性住房需求，改善城乡住房条件，为人民群众宜居乐业提供坚实保障。我们坚持在高质量发展中保障和改善民生，不断把高质量发展的成果转化为人民群众的高生活品质。

（五）坚持社会主义基本经济制度

中国特色社会主义制度是当代中国发展进步的根本制度保障，是实现共同富裕的根本保证。在推动共同富裕的进程中，我们坚持中国特色社会主义制度，在实践中不断探索、改革、发展和完善制度，同时把制度优势进一步转化为共同富裕进程中的治理效能。

在推进共同富裕过程中，我们坚持公有制为主体、多种所有制经济共同发展，在坚持公有制主体地位和国有经济主导地位的同时，大力调整所有制结构，支持民营经济、外资经济等健康发展。我们坚持社会主义市场经济改革方向，推动有效市场和有为政府更好结合，有效激发各类经济主体的发展活力、创造力。我们坚持按劳分配为主体、多种分配方式并存，正确处理效率与公平的辩证关系，允许和鼓励资本、土地、知识、技术、管理等其他生产要素参与分配，从而形成有利于劳动者的分配制度，防止两极分化。我们坚持和完善社会主义基本经济制度，解放和发展了社会生产力，提高了人民生活质量，为实现共同富裕奠定了坚实的物质基础和制度保障。

第四节　沿着中国式现代化道路走向共同富裕

中国式现代化道路是中国共产党团结带领中国人民不断探索适合我国国情的发展道路。在向第二个百年奋斗目标进军的新征程上，我们将继续坚持以人民为中心的发展思想，把全体人民共同富裕取得更为明显的实质性进展贯穿全面建设社会主义现代化国家全过程，沿着中国式现代化道路走向共同富裕。

一、把促进全体人民共同富裕摆在更加重要的位置

习近平总书记在《关于〈中共中央关于制定国民经济和社会发展第十四个五年规划和二〇三五年远景目标的建议〉的说明》中指出：“随着我国全面建成小康社会、开启全面建设社会主义现代化国家新

征程，我们必须把促进全体人民共同富裕摆在更加重要的位置，脚踏实地，久久为功，向着这个目标更加积极有为地进行努力。”当前，我国社会主要矛盾已经转化为人民日益增长的美好生活需要和不平衡不充分的发展之间的矛盾，发展不平衡不充分问题突出，城乡区域发展和收入分配差距较大，民生保障和社会治理各方面还有很多短板弱项。促进全体人民共同富裕是一项长期任务，这要求必须把促进全体人民共同富裕摆在更加重要的位置，既要继续巩固全面建成小康社会建设的成果，也要做好全面建成小康社会向富裕社会转型的整体衔接，尽力而为，量力而行，在推动共同富裕上取得更为明显的实质性进展，为全体人民走向共同富裕提供坚实保障。

二、在高质量发展中推动实现共同富裕

（一）通过高质量发展把“蛋糕”做大做好

通过推动经济实现质的有效提升和量的合理增长，实现经济高质量发展。一是要坚持社会主义初级阶段基本经济制度，坚持“两个毫不动摇”，发挥好公有制经济在高质量发展与促进共同富裕中的主体作用，支持和鼓励民营经济在创造财富、提供就业、推动创新中的生力军作用。二是要加快推进制造业发展，大力发展新经济、新业态，通过高质量发展创造更多的财富，不断地做大国民经济“蛋糕”。三是要在发展中保障和改善民生，积极创造权利平等、机会平等、规则平等的社会政策环境，给更多人创造致富机会。通过形成人人参与的发展环境，不断创造和积累社会财富，把可分配的“蛋糕”做大做好，为推进共同富裕提供物质保障。

（二）通过合理的制度安排把“蛋糕”切好分好

党的二十大报告强调，分配制度是促进共同富裕的基础性制度。实现共同富裕，必须坚持按劳分配为主体、多种分配方式并存，构建初次分配、再分配、第三次分配协调配套的制度体系。通过构建合理的分配格局、合理的制度安排，在收入分配中实现分配尺度、分配过程、分配规则、分配结果的公平，形成体现社会主义公平正义原则的人人享有的合理分配格局。

在初次分配中，坚持使市场在资源配置中起决定性作用。坚持居民收入增长和经济增长基本同步、劳动报酬提高与劳动生产率提高基本同步。发挥按劳分配的优势，充分提高劳动报酬在初次分配中的比重，发挥初次分配的基础性作用。完善按要素分配政策制度，健全劳动、资本、土地、知识、技术、管理、数据等生产要素由市场评价贡献、按贡献决定报酬的机制。探索多种渠道增加中低收入群体要素收入，多渠道增加城乡居民财产性收入、资本性收入，扩大中等收入群体，着力形成中间大、两头小的橄榄型分配结构。

发挥再分配的调节作用。加大税收、社会保障、转移支付等的调节力度并提高精准性，推动教育、养老、医疗等基本公共服务均等化，强化促进社会公平。在依法保护合法收入的同时，调节过高收入，规范财富积累机制，防止两极分化。

建立健全第三次分配机制。发挥好第三次分配作用，引导、支持有意愿有能力的企业、社会组织和个人积极参与公益慈善事业，使慈善捐赠发挥应有的积极作用。同时，加强慈善领域法治建设，完善慈善财产使用与分配的约束机制，健全慈善综合监管体系。

三、在城乡区域协调发展中推动实现共同富裕

（一）积极发挥新型城镇化对共同富裕的促进作用

深入推进以人为核心的新型城镇化战略，以城市群、都市圈为依托促进大中小城市和小城镇协调联动、特色化发展，实现城乡一体化，使人民群众享有更高品质的城市生活。一是优化城镇空间布局，以城市群为主体，依托辐射带动能力较强的中心城市，构建大中小城市和小城镇协调发展的城镇化空间形态，统筹兼顾经济、生活、生态、安全等多元需要，密切中心城市与周边地区的经济社会联系，完善大中城市宜居宜业功能。二是多渠道增加城乡居民财产性收入。完善按要素分配政策制度，健全各类生产要素由市场决定报酬的机制，探索通过土地、资本等要素使用权、收益权增加中低收入群体要素收入。依法保障进城落户农民农村土地承包权、宅基地使用权、集体收益分配权，建立农村产权流转市场体系，健全农户“三权”市场化退出机制和配套政策。在符合规划和用途管制前提下，允许农村集体经营性建设用地出让、租赁、入股，实行与国有土地同等入市、同权同价。三是扎实推进城乡协调发展，加强城乡基础设施联通，推进城镇基础设施向乡村延伸，城镇公共服务向农村覆盖，人才下乡、资金下乡、技术下乡，促进城乡优势互补融合发展。以新型城镇化拉动基础设施、公共服务设施投资，因地制宜推动供水供气供热管网、道路网络以及联结城乡的冷链物流、电商平台、农贸市场，重要农产品仓储设施和城乡冷链物流设施的建设，培育发展新的经济增长极，形成带动城乡高质量发展的空间动力系统。

（二）通过乡村振兴促进共同富裕

城乡发展不平衡不协调，是我国经济社会发展存在的突出矛盾，是全面建成小康社会、加快推进社会主义现代化必须解决的重大问题。促进共同富裕，全面建设社会主义现代化国家，最艰巨最繁重的任务仍然在农村。实现乡村振兴，逐步实现城乡居民基本权益平等化、城乡公共服务均等化、城乡居民收入均衡化、城乡要素配置合理化，以及城乡产业发展融合化是必由之路。通过乡村振兴战略，坚持农业农村优先发展，坚持城乡融合发展，按照产业兴旺、生态宜居、乡风文明、治理有效、生活富裕的总要求，建立健全城乡融合发展体制机制和政策体系，加快推进农业农村现代化。

畅通城乡之间的要素流动，推动宜居宜业和美乡村建设。通过促进城乡人力资源双向流动，实现劳动力要素的自由流动；通过建立城乡统一的建设用地市场，优化城乡土地资源配置，实现土地要素的自由流动；通过引导社会资本投向农业农村，拓展乡村建设资金来源渠道，实现资本要素自由流动。通过建立城乡统一的要素市场，健全要素市场运行机制，分类推进要素市场化配置改革，实现城乡要素自由流动，来增加农民的财产性收入，使城市的资本和技术源源不断地流向农村，改变过去 40 年间农村的要素源源不断地流向城市的格局。

培育发展县域经济，发挥县城辐射带动乡村经济发展的节点作用。县城是链接农村和城市的节点，加快发展大城市周边县城、积极培育专业功能县城、合理发展农产品主产区县城、有序发展重点生态功能区县城，以及引导人口流失县城转型发展。培育发展特色优势产业和支柱产业，增强县城产业支撑能力，因地制宜发展一般性制造业，培育农产品加工业集群，发展农业生产性服务业及旅游、文化、度假、养生养老等三产服务业，稳定扩大县城就业岗位。

加强农村基础设施和公共服务体系建设。加快补足农村基础设施短板，提升农村基本公共服务水平，改善农村人居环境。推进基础设施、公共服务向乡村延伸，推进巩固拓展脱贫攻坚成果同乡村振兴有效衔接。

（三）通过区域协调发展新机制推动共同富裕

党的二十大报告对促进区域协调发展做出重大部署，提出“构建优势互补、高质量发展的区域经济布局和国土空间体系”，“推进以县城为重要载体的城镇化建设”等明确要求。要深入实施区域协调发展战略、区域重大战略、主体功能区战略、新型城镇化战略，优化重大生产力布局，构建优势互补、高质量发展的区域经济布局和国土空间体系。新时代，要以新发展理念引领区域协调发展，更好地推动西部大开发形成新格局，推动东北全面振兴取得新突破，促进中部地区加快崛起，鼓励东部地区加快推进现代化。在以国内大循环为主体、国内国际双循环相互促进的新发展格局中，推进区域间要素市场一体化建设，促进劳动力、技术、资本、土地等要素在城乡、地区之间自由流动，实现区域间优势互补，不断缩小城乡区域发展和收入差距，提高发展的平衡性、协调性、包容性，进一步增强发展的整体性平衡性，促进全体人民共同富裕。

四、通过促进基本公共服务均等化推动实现共同富裕

实现共同富裕是促进基本公共服务均等化的价值目标，推进基本公共服务均等化是实现共同富裕的重要抓手和着力点。党的二十大报告指出，采取更多惠民生、暖民心举措，着力解决好人民群众急难愁

盼问题，健全基本公共服务体系，提高公共服务水平，增强均衡性和可及性，扎实推进共同富裕。

（一）创新基本公共服务提供方式

加强公共服务体系建设，实现公共资源合理配置，不断提高公共服务质量，需要创新公共服务多元主体协同供给方式。从解决群众最关心最直接最现实的利益问题入手，在幼有所育、学有所教、劳有所得、病有所医、老有所养、住有所居、弱有所扶上不断取得新进展，全面提高基本公共服务共建能力和共享水平。通过打造政府、市场和社会组织等不同主体共同参与、相互协作的多元供给格局，调动社会力量共同参与基本公共服务供给，强化多样化供给方式，实现公共服务供给体系的整体优化。

（二）创新基本公共服务均等化体制机制

公共服务涉及诸多主体和环节，立足共同富裕推进基本公共服务均等化，需要不断创新基于共同富裕的基本公共服务制度体系，不断创新基本公共服务均等化体制机制。首先，针对公共服务的供给与需求状况开展调查研究，把情况摸清、把问题找准、把对策提实，使服务的供给与需求相匹配。其次，调整财政支出结构，建立科学的公共服务财政投入机制，推动基本公共服务均等化。第三，发挥市场机制的作用，引导鼓励更多社会资本进入公共服务领域，增加公共服务供给。第四，健全基本公共服务均等化与共同富裕实现程度的监测体系。构建基本公共服务均等化与共同富裕实现程度的动态监督与控制机制，加强对公共服务供给过程的监督和评估，推进基本公共服务均等化与实现共同富裕进程协调发展。通过构建基于共同富裕的基本公共服务制度体系，从机制上确保基本公共服务均等化落实。

（三）提升基于共同富裕的基本公共服务供给水平

一是加大普惠性人力资本投入，有效减轻困难家庭教育负担，解决教育服务的差距问题。低收入群体是促进共同富裕的重点帮扶保障人群，要从教育、养老和医疗保障体系、兜底救助体系等方面，加大扶持力度。二是重点解决基本社会保障水平的差距问题。提高养老保险覆盖面和养老金统筹层次，发展多层次、多支柱养老保险体系。提高医疗保障水平，深化医药卫生体制改革，促进优质医疗资源扩容和区域均衡布局。完善兜底救助体系，加快缩小社会救助的城乡标准差异，逐步提高城乡最低生活保障水平，兜住基本生活底线。三是支持刚性和改善性住房需求，坚持房子是用来住的、不是用来炒的定位，完善住房供应和保障体系。四是针对乡村公共服务滞后于城市公共服务的现状，加大乡镇基础设施投入力度，健全城镇基础设施统一规划、建设、管护机制，推动公共设施一体化发展。通过调整优化资源配置，改革体制机制，加强政策引导，实现基本公共服务的均衡发展，朝着共同富裕目标扎实迈进。

（四）强化公共服务的科技支撑

公共服务是新技术的主要应用者，通过利用互联网、大数据、人工智能等现代信息技术，准确把握群众的公共服务需求，为人们提供更宜居的生活环境、更好的公共服务。一是利用“互联网+”模式，推进信息管理平台建设，进一步畅通公共服务供需交流渠道，推动公共服务数据资源互联共享和业务协同，完善公共服务资源调配机制，加强公共服务的质量控制和效果评价。二是运用人工智能、云计算、区块链等现代信息技术搭建基本公共服务智慧化监督平台，推进公众对基本公共服务动态监督，优化基于共同富裕的基本公共服务反馈机制。

五、以教育公平助力共同富裕

实现共同富裕需要更高水平的教育普及。教育作为一种对人进行有目的、有计划培养和训练的活动，对财富分配具有特殊的调节作用，是扎实推动共同富裕的重要动力。通过教育发展来促进共同富裕，其核心在于促进教育公平和提高教育质量，这就需要加快建设高质量教育体系，推进义务教育优质均衡发展和城乡一体化，推进学前教育、特殊教育普惠发展，大力发展职业教育，推进高等教育创新，支持中西部地区高校发展。通过建设高质量教育体系，提高教育质量，推进教育均衡发展，提升人口素质，促进人的全面发展和共同发展，以高质量的教育资源供给，打好共同富裕的基础。

一是推进基础教育优质均衡。基础教育是面向全体学生的国民素质教育，通过加快推进义务教育优质均衡发展和城乡一体化，进一步推进基础教育公共服务均等化，努力缩小区域、城乡、校际办学差距。发挥政府在基本公共教育均等化中的主体和主导作用，增加教育投入，要优先投向中西部、农村地区以及中低收入家庭，多渠道加大优质普惠性学前教育资源供给，推动义务教育均衡发展和城乡一体化，尤其要优化乡村基础教育资源布局，推动优质教育资源向乡村辐射。

二是积极推进职业教育体系建设。职业教育重点培养技术技能型人才，为劳动者提供有针对性的就业培训与技能培训，是提高就业能力和收入水平的重要途径。积极推进职业教育培训，丰富劳动者就业能力。统筹推进中高职教育一体化发展，加快发展职业教育。以中等职业学校为基础、高职专科为主体、职业本科为牵引，建设一批符合经济社会发展和技术技能人才培养需要的高水平职业学校和专业。通过深化职普融通、产教融合、校企合作，增强职业技术教育适应性和实效性。促进地区之间、城乡之间职业教育协调发展。提高对中西部地区、农村地区和贫困地区职业教育的办学资源投入，通过联合办学、结对帮扶、技术赋能等途径促使职业教育的整体提升，提高农民和贫困人口的文化素质和专业技能，为其融入社会和提高自身收入水平打下坚实基础。

三是持续推进高等教育普及化。建设更高质量、更加公平、更加充足、更加多元的高等教育体系。重点培养创新型人才，培养共同富裕所需的高素质、高水平人才。要推进高等教育普及化，分类推动研究型、应用型、职业技能型三类高等学校提高办学水平，优化区域高等教育资源布局，服务区域发展战略。加快发展中西部地区高等教育，持续改善中西部高等学校办学条件，让更多的学生有接受优质高等教育的机会。

四是培育服务新业态，实现优质教育资源开放共享。信息技术的高速发展推动着教育变革和创新，深刻改变着教育模式。适应信息化发展新格局，积极利用互联网、大数据、云计算、人工智能等技术，推动教育的智能化。构建利用信息化手段扩大优质教育资源覆盖面的有效机制，逐步缩小区域、城乡、校际差距，促进教育公平。加强教育资源平台建设，通过互联网手段助力提升农村教育水平，促进基本公共服务均等化。大力发展“互联网 + 教育”，将“新基建”与新型的教育模式、学校形态、服务业态进行有效对接，将优质资源便捷推送到网络学习空间。鼓励各类学校、在线教育机构逐步开放数字教育资源，实现教育资源开放共享，让革命老区、民族地区、边疆地区、欠发达地区共享优质教育资源。

五是以社会主义核心价值观引领人民精神生活共同富裕。新时代实现全体人民共同富裕的过程中，既要促进人民物质生活共同富裕，也要促进人民精神生活共同富裕。发挥社会主义核心价值观的引领作用，升华人民精神生活共同富裕的内涵，不断丰富人民群众的精神生活。通过增加精神文化资源的供给，开展精神文明教育和思想政治教育，以夯实共同富裕文化根基、筑牢共同富裕精神底蕴，激励人们自由全面发展，推动物质生活与精神生活全面共同富裕。

第五章

中国式现代化是物质文明与精神文明相协调的现代化

第一节　物质文明和精神文明相协调是中国式现代化的根本要求

一个民族要实现复兴，既需要强大的物质力量，也需要强大的精神力量。习近平总书记形象地指出："当高楼大厦在我国大地上遍地林立时，中华民族精神的大厦也应该巍然耸立。"中国式现代化是独具特色的社会主义现代化，强调物质文明和精神文明协调发展、物质力量和精神力量全面增强、人民群众物质生活和精神生活同步改善。

新中国成立后，毛泽东同志指出："中国人民业已有了自己的中央政府。……它将领导全国人民克服一切困难，进行大规模的经济建设和文化建设，扫除旧中国所留下来的贫困和愚昧，逐步地改善人民的物质生活和提高人民的文化生活。"在社会主义建设时期，毛泽东同志指出："将我国建设成为一个具有现代工业、现代农业和现代科学文化的社会主义国家"。在现代化建设中把科学文化和工业、农业并提，使中国式现代化道路的内涵愈加丰富。

中国共产党历来高度重视物质文明与精神文明协调发展。党的十一届三中全会后，党创造性地提出建设社会主义精神文明的战略任务，确定了“两手抓、两手都要硬”的战略方针。邓小平同志指出：“我们要在建设高度物质文明的同时，提高全民族的科学文化水平，发展高尚的丰富多彩的文化生活，建设高度的社会主义精神文明。”江泽民同志指出：“建设有中国特色社会主义，包括发展物质文明和精神文明两个方面，必须实现经济、社会的协调发展和全面进步。”胡锦涛同志指出：“必须把发展社会生产力同提高全民族文明素质结合起来，推动物质文明和精神文明协调发展，更加自觉、更加主动地推动文化大发展大繁荣。”党的十二届六中全会通过的《中共中央关于社会主义精神文明建设指导方针的决议》、党的十四届六中全会通过的《中共中央关于加强社会主义精神文明建设若干重要问题的决议》、党的十七届六中全会通过的《中共中央关于深化文化体制改革推动社会主义文化大发展大繁荣若干重大问题的决定》等，深刻阐明了物质文明与精神文明的内在关系，确立并重申了物质文明与精神文明协调发展的基本原则。

党的十八大以来，习近平总书记高度重视物质文明和精神文明协调发展，把精神文明建设贯穿改革开放和现代化全过程、渗透社会生活各方面，全面展开精神文明建设各项工作，取得了巨大成就。习近平总书记强调“以辩证的、全面的、平衡的观点正确处理物质文明和精神文明的关系”，“只有物质文明建设和精神文明建设都搞好，国家物质力量和精神力量都增强，全国各族人民物质生活和精神生活都改善，中国特色社会主义事业才能顺利向前推进”，“实现中国梦，是物质文明和精神文明均衡发展、相互促进的结果”“是物质文明和精神文明比翼双飞的发展过程”。

一、物质文明和精神文明相协调是辩证唯物主义的客观体现

辩证唯物主义是马克思主义哲学的重要组成部分，也是中国共产党人的世界观和方法论。辩证唯物主义强调世界的统一性在于它的物质性，但也认为意识对物质有反作用。我们党坚持以辩证唯物主义辩证、全面的观点处理物质文明和精神文明的关系，在推进社会主义现代化建设过程中，坚持将解放生产力、发展生产力作为社会主义本质要求和根本任务，坚持发展是第一要务，不断夯实现代化的物质基础。同时，根据辩证唯物主义的观点，现代化既是物质生产力不断提升的过程，也是人的精神世界不断丰富的过程。加强社会主义精神文明建设，能够为经济社会持续健康发展提供精神动力和文化条件，为中国式现代化提供坚强思想保证、强大精神力量、丰润道德滋养，这正是精神变物质、物质变精神的辩证法。一方面，“仓廪实而知礼节，衣食足而知荣辱”，这是物质文明对精神文明的决定性作用；但另一方面，精神文明反过来也会促进物质文明，这两者是相辅相成的。要深刻认识经济基础对上层建筑的决定作用，深刻认识上层建筑对经济基础的反作用，既要有硬实力，也要有软实力，物质财富要极大丰富，精神财富也要极大丰富。要在坚持以经济建设为中心、抓好物质文明建设的同时，继续锲而不舍、一以贯之抓好精神文明建设。我们党以系统思维坚持推进物质文明和精神文明相协调的现代化，是在新的历史条件下对辩证唯物主义的深化和发展，是我们党坚持理论指导和实践探索相互统一、理论创新和实践创新相互促进的最新成果，是以创

新理论推动创新实践的生动体现，丰富了21世纪中国的马克思主义。

二、物质文明和精神文明相协调是马克思主义理论的基本内容

马克思主义认为，物质生产力是全部社会生活的物质前提，同生产力发展一定阶段相适应的生产关系的总和构成社会经济基础。生产力是推动社会进步最活跃、最革命的要素，人们所达到的生产力的总和决定着社会状况。马克思还认为，思想文化建设虽然决定于经济基础，但又对经济基础发生反作用，先进的思想文化一旦被群众掌握，就会转化为强大的物质力量。为此，中国式现代化要坚持物质文明和精神文明相协调，使思想文化和经济基础良性互动，巩固马克思主义在意识形态领域的指导地位，发展社会主义先进文化，加强社会主义精神文明建设，把社会主义核心价值观融入社会发展各方面，推动中华优秀传统文化创造性转化、创新性发展，不断提高人民思想觉悟、道德水平、文明素养，不断铸就中华文化新辉煌。

三、物质文明和精神文明相协调是区别于西方现代化的重要标志

从人类现代化的发展时序看，西方国家现代化处于先发行列并在全球范围内产生了广泛影响，一度成为一些发展中国家效仿的样板。与此相对应，基于西方实践建构起来、反映西方国家现代化规律的现代化理论被一些人奉为金科玉律。这种外部以经济和军事实力为支撑、内部以资本及其政治代理人为支撑、盲目追求物质利益、漠视精神理想的现代化理论，导致一些人认为无论是现代化的标准还是实现路径都应模仿西方，从而使很多国家的现代化道路陷入西方现代化理论和话语的迷思中。一些国家盲目照搬西方模式，其结果不仅没有实现现

代化，还导致国家发展失序、社会动荡不安。我们党是一个具有高度文化自觉的马克思主义政党，正在带领中华民族昂首阔步走向民族复兴。党致力于把中国建设成为一个文化繁荣、文明兴盛的社会主义现代化国家，摒弃了西方物质主义膨胀的现代化，为破解人类在现代化进程中遇到的精神贫乏等问题，探索更好的现代化发展路径提供了中国方案。新中国成立后特别是改革开放以来，我们党把精神文明建设置于现代化建设全局中进行谋划，结合时代变化和实践发展，不断推进文化创新创造。新时代十年，以习近平同志为核心的党中央高度重视精神文明建设，把精神文明建设提升到新的历史高度，推动我国精神文明建设在正本清源、守正创新中取得历史性成就、发生历史性变革，开辟了物质文明和精神文明相协调的新的现代化道路。

四、物质文明和精神文明相协调是解决新时代主要矛盾的必然选择

习近平总书记指出："物质富足、精神富有是社会主义现代化的根本要求。物质贫困不是社会主义，精神贫乏也不是社会主义。"当前，我国社会的主要矛盾已经转变为人民日益增长的美好生活需要和不平衡不充分的发展之间的矛盾，人民对美好生活的向往更加强烈、需要日益广泛，对精神文化生活更加看重，文化需求高品质、个性化的特点更加明显。解决新时代基本矛盾，不仅需要夯实物质文明基础，还要大力加强精神文明建设。人民群众对美好生活的需要是全方位、多层次的，我们要牢牢把握中国式现代化是物质文明和精神文明相协调的现代化，把文化建设作为全面建成社会主义现代化强国的重要内容和重要支撑，更加自觉担负起新的文化使命，大力推进社会主义文

化强国建设，让人民群众享有更加充实、更为丰富、更高质量的精神文化生活。解决发展不平衡不充分问题，需要推动实现共同富裕。共同富裕作为社会主义的本质要求和中国式现代化的重要特征，既包括物质生活共同富裕，也涵盖精神生活共同富裕，要求实现人民群众物质生活和精神生活都富裕。丰富人民精神世界，深刻体现社会主义的本质要求，充分彰显中国式现代化的中国特色。

五、物质文明和精神文明相协调是人的全面发展的根本路径

马克思主义政党以实现人的自由全面发展和解放全人类为己任，坚持以人民为中心、满足人民日益增长的美好生活需要，是中国式现代化的重要特征。习近平总书记指出："人民对美好生活的向往，就是我们的奋斗目标。"实现这样的崇高使命必定要经历漫长的历史进程，只有坚持以人民为中心的发展思想，才会有正确的现代化发展道路。人类社会与动物界的最大区别就是人是有精神需求的。人的精神生活的丰富充实、人的精神境界的不断提高，是人的全面发展的目标指向之一。在社会主义现代化建设中，人是最活跃、最具创造性的因素，提高人民综合素质、促进人的全面发展也是中国式现代化的重要内容。当前，实现人的全面发展不仅对物质生活提出了更高要求，而且对民主、法治、公平、正义、安全、环境等方面的要求日益增长，这决定了只有物质文明与精神文明协调发展，才能满足人的全面发展的需要。在马克思主义看来，物质文明的发展与精神文明的发展应该是相互统一的，人的现代化与人的自由全面发展是相互统一的，两者相辅相成。

六、物质文明和精神文明相协调是人类文明新形态的应有之义

中国式现代化及其所创造的人类文明新形态，其中的一个重要特征，就是物质文明和精神文明相协调。中国式现代化倡导尊重世界文明多样性，坚持文明平等、互鉴、对话、包容，以文明交流超越文明隔阂、文明互鉴超越文明冲突、文明包容超越文明优越；倡导弘扬全人类共同价值，强调以宽广胸怀理解不同文明对价值内涵的认识，不将自己的价值观和模式强加于人，不搞意识形态对抗，这些内容都是人类精神生活的重要领域。中国式现代化倡导文明传承和创新，充分挖掘各国历史文化的时代价值，同时，中国式现代化坚定中国特色社会主义文化自信，把文化自信作为更基础、更广泛、更深厚的自信和更基本、更深沉、更持久的力量，把马克思主义基本原理同中国具体实际相结合、同中华优秀传统文化相结合，用马克思主义真理的力量激活了中华民族历经几千年创造的伟大文明，使中华文明再次迸发出强大精神力量。在此基础上，中国式现代化主张以文明交流超越文明隔阂，以文明互鉴超越文明冲突，以文明共存超越文明优越，探索创立具有包容性的人类文明新形态。倡导加强国际人文交流合作，探讨构建全球文明对话合作网络，丰富交流内容，拓展合作渠道，促进各国人民相知相亲，共同推动人类文明发展进步，打破了西方“文明冲突论”对人类文明的桎梏，推动人类创造的各种文明交相辉映、相互尊重、和谐共处。这一人类文明新形态，为处于历史十字路口的人类社会现代化进程指明了前进方向、开辟了光明前景。

第二节　物质文明和精神文明相协调是中国式现代化的鲜明特征

物质贫困不是社会主义，精神贫乏也不是社会主义。物质富足、精神富有是社会主义现代化的根本要求。实现中华民族伟大复兴的中国梦，是物质文明和精神文明均衡发展、相互促进的过程。在推进社会主义现代化建设过程中，我们不仅要解放和发展生产力，不断创造和积累社会财富，而且要推动文化繁荣发展，铸就巍峨耸立的中华民族精神大厦。离开精神文明进步片面追求物质文明发展，不是真正的社会主义现代化，不符合社会全面进步的要求。推进中国式现代化，既需要不断厚植现代化的物质基础，也需要更好构筑中国精神、中国价值、中国力量。

一、社会主义现代化是物质财富极大丰富的现代化

中国式现代化体现在物质文明的发展进步上。物质文明和精神文明是人类认识世界、改造世界全部成果的总括和结晶。没有坚实、先进的物质文明，一个国家和民族就会缺乏昂首于世的物质基础。中国式现代化深刻汲取近代以来积贫积弱的历史教训、深刻总结社会主义建设正反两方面经验，认识到：落后就要挨打，贫穷不是社会主义。新中国成立后特别是改革开放以来，中国在一穷二白的基础上创造了经济快速发展和社会长期稳定两大奇迹，用几十年时间走完了发达国家几百年走过的工业化历程，跃升为世界第二大经济体，经济实力、

科技实力、综合国力、国防实力、文化影响力、国际影响力等显著提升。抗击新冠疫情斗争伟大实践再次证明，新中国成立以来所积累的坚实国力，是从容应对惊涛骇浪的深厚底气。当今世界正经历百年未有之大变局，中华民族伟大复兴正处于关键时期，前进道路上遇到各种艰难险阻在所难免，夯实国家物质基础的任务更为艰巨；解决人民日益增长的美好生活需要和不平衡不充分的发展之间的矛盾，对物质文明建设提出了更高要求；到 2035 年基本实现社会主义现代化、到本世纪中叶把我国建成富强民主文明和谐美丽的社会主义现代化强国的战略安排，对物质文明建设提出了更高目标。同时应看到，我国仍处于并将长期处于社会主义初级阶段的基本国情没有变，我国是世界最大发展中国家的国际地位没有变。这就要求我们排除各种干扰、保持战略定力，筑牢国家富强、民族振兴、人民幸福的物质基础，厚植在危机中育先机、于变局中开新局的物力底气。

二、社会主义现代化是精神财富极大丰富的现代化

中国式现代化也体现在精神文明的发展进步上。习近平总书记指出："一个没有精神力量的民族难以自立自强，一项没有文化支撑的事业难以持续长久。"精神力量是一个国家和民族最为深沉厚重的力量。在人类文明历史长河中，中国人民创造了源远流长、博大精深的优秀传统文化，不仅为中华民族生生不息、发展壮大提供了强大精神支撑，而且深刻影响着当代中国发展进步，深刻影响着当代中国人的精神世界。党的十八大以来，以习近平同志为核心的党中央把精神文明建设放在统筹推进"五位一体"总体布局、协调推进"四个全面"战略布局的重要位置，不断将精神文明建设推向更高水平。《中华人

民共和国国民经济和社会发展第十四个五年规划和2035年远景目标纲要》提出："加强社会主义精神文明建设，培育和践行社会主义核心价值观，推动形成适应新时代要求的思想观念、精神面貌、文明风尚、行为规范。"全面建设社会主义现代化国家，比以往任何时候都更加需要思想的引领、文化的滋养、精神的支撑。我们必须高举精神旗帜、传承精神基因、强化精神纽带，锲而不舍抓实精神文明建设，在全面建设社会主义现代化国家新征程上谱写精神文明建设新的篇章。

三、社会主义现代化是思想文化自信自强的现代化

中国式现代化还体现在思想文化的自信自强上。全面建设社会主义现代化国家，思想文化的地位不可替代，思想文化的作用更加凸显。没有社会主义思想文化繁荣发展，就没有社会主义现代化。从成立之日起，我们党就以高度的文化自觉自信把建设民族的科学的大众的中华民族新文化作为自己的使命。进入新时代，我们党把文化建设提升到一个新的历史高度，把文化自信和道路自信、理论自信、制度自信并列为中国特色社会主义"四个自信"，把坚持马克思主义在意识形态领域指导地位的制度确立为中国特色社会主义制度体系的一项根本制度，把坚持社会主义核心价值体系纳入新时代坚持和发展中国特色社会主义的基本方略，把物质文明和精神文明相协调作为中国式现代化的一个鲜明特色。一系列战略谋划和战略部署，推动我国文化建设在正本清源、守正创新中取得历史性成就、发生历史性变革，为新时代坚持和发展中国特色社会主义、开创党和国家事业全新局面提供了强大正能量。习近平总书记在党的二十大报告中强调："全面建设社会主义现代化国家，必须坚持中国特色社会主义文化发展道路，增强

文化自信”。这一重要要求，进一步凸显了文化建设在中国特色社会主义事业全局中的重要地位，把我们党对文化作用和文化发展规律的认识提升到一个新的境界。新时代新征程的使命任务，要求我们从历史长河中看待文化推动人类文明进步的重要功能，在时代大潮中把握文化引领社会变革的重要作用，在人的全面发展中发挥文化创造美好生活的重要价值，发展社会主义先进文化，弘扬革命文化，传承中华优秀传统文化，以中华文化繁荣兴盛为全面推进中华民族伟大复兴提供更为主动、更为强大的精神力量。

第三节　加强社会主义精神文明建设

在新发展阶段推动物质文明与精神文明协调发展，既要看到物质文明高度发展是精神文明发展的基础，能够为精神文明建设提供物质条件和实践经验，也要看到更高水平精神文明建设为物质文明建设提供精神动力和思想指引，还要看到二者互为因果、相得益彰的辩证关系。重在建设、以立为本，是精神文明建设的重要方针，也指明了推动物质文明与精神文明协调发展的实践要求。面向未来，在全面建设社会主义现代化国家新征程中，必须坚定不移地推动物质文明与精神文明协调发展。切实抓好精神文明建设各项任务，不断满足人民群众日益增长的精神文化需求，继续铸就中华文化新的辉煌。

一、发展社会主义先进文化

百年党史雄辩地证明：中国共产党为什么能，中国特色社会主义为什么好，归根到底是因为马克思主义行，是中国化时代化的马克思主义行。马克思主义深刻改变了中国，中国也极大丰富了马克思主义。党的十八大以后，中国特色社会主义进入新时代，以习近平同志为主要代表的中国共产党人，及时回答中国之问、世界之问、人民之问、时代之问，从新的实际出发，创立了习近平新时代中国特色社会主义思想，实现了马克思主义中国化时代化新的飞跃，指导中华民族迎来了从站起来、富起来到强起来的伟大飞跃。

随着我国经济社会的深刻变革和利益格局的深刻调整，社会思想观念日益复杂多元，引领思想发展、凝聚思想共识的任务更加艰巨。面对复杂形势和艰巨任务，更需要建设具有强大凝聚力和引领力的社会主义先进文化。社会主义先进文化的凝聚力和引领力来自马克思主义的科学性、真理性、人民性、实践性、开放性、时代性，来自马克思主义中国化最新成果对实践展现出的强大的解释力和指导力。社会主义先进文化关系举什么旗、走什么路，关系以什么样的精神状态实现现代化。发展社会主义先进文化是为国家立心、为民族立魂的工作。只有固本培元、凝魂聚力，不断增强社会主义先进文化的凝聚力和引领力，才能不断巩固马克思主义在意识形态领域的指导地位，巩固全党全国人民团结奋斗的共同思想基础。

国家之魂，文以化之，文以铸之。中国特色社会主义是全面发展、全面进步的伟大事业，没有社会主义文化繁荣发展，就没有社会主义现代化。党的十八大以来，我们把文化建设提升到一个新的历史高度。统筹推进“五位一体”总体布局、协调推进“四个全面”战略布局，文化是重要内容；推动高质量发展，文化是重要支点；满足人民日益增长的美好生活需要，文化是重要因素；战胜前进道路上各种风险挑战，文化是重要力量源泉。新征程上，要把文化建设放在全局工作的突出位置，切实抓紧抓好，为新时代坚持和发展中国特色社会主义、开创党和国家事业全新局面提供强大正能量。

发展社会主义先进文化，需要弘扬社会主义核心价值观，社会主义核心价值体系是社会主义先进文化的精髓。党的十七届六中全会《中共中央关于深化文化体制改革、推动社会主义文化大发展大繁荣若干重大问题的决定》指出，社会主义核心价值体系是社会主义先进文化的精髓，是兴国之魂，决定着中国特色社会主义发展方向。社会主义核心价值体系决定着社会主义先进文化的基本立场、根本性质和发展方向。推进社会主义先进文化建设，必须把建设社会主义核心价值体系作为根本任务，把社会主义核心价值体系融入国民教育、精神文明建设和党的建设全过程，贯穿改革开放和社会主义现代化建设各领域，体现到精神文化产品创作生产传播各方面，坚持用社会主义核心价值体系引领社会思潮，使社会主义核心价值体系成为每个社会成员的行为准则。

党的十八大提出，要倡导富强、民主、文明、和谐，自由、平等、公正、法治，爱国、敬业、诚信、友善的社会主义核心价值观。社会主义核心价值观把涉及国家、社会、公民三个层面的价值要求融为一体，深入回答了我们要建设什么样的国家、建设什么样的社会、培育什么样的公民的重大问题。习近平总书记指出，要“用社会主义核心价值观凝魂聚力，更好构筑中国精神、中国价值、中国力量，为中国特色社会主义事业提供源源不断的精神动力和道德滋养”。必须通过教育引导、舆论宣传、文化熏陶、行为实践、制度保障等，使社会主义核心价值观内化于心、外化于行。

二、加强理想信念教育

习近平总书记指出："心有所信，方能行远。面向未来，走好新时代的长征路，我们更需要坚定理想信念、矢志拼搏奋斗"，"只有理想信念坚定的人，才能始终不渝、百折不挠，不论风吹雨打，不怕千难万险，坚定不移为实现既定目标而奋斗。"党的十九届五中全会强调："推动理想信念教育常态化制度化"。一个国家，一个民族，要同心同德迈向前进，必须有共同的理想信念作支撑。人民有信仰，民族才有希望，国家才有力量。

加强党性修养。中国共产党是用马克思主义武装起来的政党，一经成立就肩负起为中国人民谋幸福、为中华民族谋复兴的初心和使命。长期以来，我们党始终坚定马克思主义信仰，取得革命、建设和改革伟大胜利，带领中华民族从站起来、富起来走向强起来。一切向前走，都不能忘记走过的路；走得再远、走到再光辉的未来，也不能忘记走过的过去，不能忘记为什么出发。加强理想信念教育，需要把"回望过去"和"展望未来"结合起来，把用初心砥砺信仰与用信仰守护初心结合起来，不断从党史、新中国史、改革开放史、社会主义发展史中汲取思想之光、精神之钙、力量之源，教育引导广大青年坚持共产主义远大理想和中国特色社会主义共同理想，用心用情为党和人民事业不懈奋斗。

加强理论研究。坚定的理想信念源于对科学理论的笃信笃行。习近平新时代中国特色社会主义思想，是引领中国、影响世界的当代中国马克思主义、21 世纪马克思主义。这一重要思想紧紧围绕实现中华民族伟大复兴中国梦的宏伟目标，把人民福祉、党的使命和国家前途贯通起来，为人民谋幸福、为民族谋复兴、为世界谋大同，成为指引当代中国一切发展进步的强大思想武器。强化新时代理想信念教育，必须坚持用习近平新时代中国特色社会主义思想武装头脑、指导实践、推动工作，增强“四个意识”、坚定“四个自信”、做到“两个维护”，自觉在思想上政治上行动上同以习近平同志为核心的党中央保持高度一致，为乘势而上开启全面建设社会主义现代化国家新征程、向第二个百年奋斗目标进军汇聚强大力量。

加强常态教育。面向基层、面向群众，充分挖掘各种教育资源，充分运用各种教育形式，在全社会广泛开展理想信念教育。努力创作生产更多反映理想信念、彰显民族精神、体现家国情怀，集思想性、艺术性、观赏性于一体的优秀文艺作品。充分利用烈士纪念设施、革命文物陈列馆等红色文化资源，大力发展红色旅游，组织实地走访、感悟体验等活动，让人身临其境接受革命传统教育。运用好图书馆、文化馆、博物馆等公共文化设施，结合其功能特点开展理想信念教育。运用全媒体传播体系，大力弘扬社会主义核心价值观，引导人民群众坚定理想信念。

三、传承中华文明

中华文明在世界原生性文明中是唯一没有中断、至今仍然具有旺盛生命力的文明。习近平总书记对此进行了精辟概括：“在几千年的历史演进中，中华民族创造了灿烂的古代文明，形成了关于国家制度和国家治理的丰富思想，包括大道之行、天下为公的大同理想，六合同风、四海一家的大一统传统，德主刑辅、以德化人的德治主张，民贵君轻、政在养民的民本思想，等贵贱均贫富、损有余补不足的平等观念，法不阿贵、绳不挠曲的正义追求，孝悌忠信、礼义廉耻的道德操守，任人唯贤、选贤与能的用人标准，周虽旧邦、其命维新的改革精神，亲仁善邻、协和万邦的外交之道，以和为贵、好战必亡的和平理念，等等。这些思想中的精华是中华优秀传统文化的重要组成部分，也是中华民族精神的重要内容。马克思主义传入中国后，科学社会主义的主张受到中国人民热烈欢迎，并最终扎根中国大地、开花结果，决不是偶然的，而是同我国传承了几千年的优秀历史文化和广大人民日用而不觉的价值观念融通的。”

为什么中华民族能够在几千年的历史长河中生生不息、薪火相传、顽强发展呢？很重要的一个原因就是中华民族有一脉相承的精神追求、精神特质、精神脉络。我们决不可抛弃中华民族的优秀文化传统，恰恰相反，我们要很好传承和弘扬，因为这是我们民族的“根”和“魂”，丢了这个“根”和“魂”，就没有根基了。

习近平总书记强调，弘扬中华优秀传统文化，要处理好继承和创造性发展的关系，重点做好创造性转化和创新性发展。创造性转化，就是要按照时代特点和要求，对那些至今仍有借鉴价值的内涵和陈旧的表现形式加以改造，赋予其新的时代内涵和现代表达形式，激活其生命力。创新性发展，就是要按照时代的新进步新进展，对中华优秀传统文化的内涵加以补充、拓展、完善，增强其影响力和感召力。要让文物说话，让历史说话，让文化说话，讲清楚中华优秀传统文化的历史渊源、发展脉络、基本走向，讲清楚中华文化的独特创造、价值理念、鲜明特色。要从中华优秀传统文化中寻找源头活水，系统梳理传统文化资源，让收藏在博物馆里的文物、陈列在广阔大地上的遗产、书写在古籍里的文字都活起来。要推进文化自信自强，努力用中华民族创造的一切精神财富来以文化人、以文育人，更好构筑中国精神、中国价值、中国力量。

传承和弘扬中华优秀传统文化，并不意味着固步自封，闭上眼睛不看世界。中华民族是一个兼容并蓄、海纳百川的民族，在漫长历史进程中，不断学习他人的好东西，把他人的好东西化成自己的东西，这才形成我们的民族特色。文明因交流而多彩，文明因互鉴而丰富，对各国人民创造的优秀文明成果，都应该采取学习借鉴的态度，都应该积极吸纳其中的有益成分。要坚持从本国本民族实际出发，坚持取长补短、择善而从，讲求兼收并蓄，在不断汲取各种文明养分中丰富和发展中华文化。

第六章

中国式现代化是人与自然和谐共生的现代化

习近平总书记在党的二十大报告中提出："中国式现代化是人与自然和谐共生的现代化。""大自然是人类赖以生存发展的基本条件。尊重自然、顺应自然、保护自然，是全面建设社会主义现代化国家的内在要求。必须牢固树立和践行绿水青山就是金山银山的理念，站在人与自然和谐共生的高度谋划发展。"这些科学论断与战略部署，对全面建设社会主义现代化国家，具有重要的理论指导意义与实践指导意义。需予以充分认识，准确把握，认真贯彻落实。

自人类诞生起，人与自然的关系在人类社会中一直处于最基本地位。人类走过了农业文明、工业文明、后工业文明，目前已进入生态文明阶段。人与自然是生态文明的两个有机组成部分，两者紧密相连，共生共存。人类进入生态文明阶段是与现代化过程相伴随的。西方发达国家在现代化过程中，普遍走的是"先污染后治理"的道路。这条道路从理论上集中表现为西方经济学家提出的"环境库兹涅茨曲线"。中国式现代化结合自身实际与各国现代化经验，提早从根本上科学系统把握人与自然的关系。中国式现代化使人与自然关系的理论内涵得以丰富，实践路径得以拓展，将改变“环境库兹涅茨曲线”在中国的形状，将其在中低人均收入与低环境退化率水平上拉直后向右下方倾斜。这将形成经济与环境关系的中国案例，为发展中国家及国际社会提供中国智慧、中国理论与中国实践经验借鉴。

全面深入贯彻落实习近平总书记“中国式现代化是人与自然和谐共生的现代化”的指导思想，需要推进经济社会绿色低碳转型、持续加大环境污染防治力度、推动生态环境保护和修复的常态化发展、完善生态环境治理体系、加强生态环境保护国际合作。

第一节　人与自然和谐共生是中国式现代化的鲜明特征和本质要求

中国式现代化作为中国共产党领导的社会主义现代化，既有各国现代化的共同特征，又有基于自己国情的中国特色。人与自然和谐共生充分体现了这一点。

一、人与自然和谐共生是全面建成社会主义现代化强国的根本要求

新中国成立后，我国开始探索适合国情的现代化建设道路。在薄弱的经济基础上，党带领人民历经艰辛初步建立起较为独立完整的工业体系和国民经济体系。改革开放后，我国现代化建设迈入新的历史进程。党带领人民进行一场新的伟大革命，成功开辟了中国特色社会主义道路。但在当时的数十年里，由于我国经济社会发展对自然的改

造尚未超出生态系统的承载界限，生态环境问题并没有凸显出来。

改革开放和现代化进程的深入推进，并非意味着按理想的状况顺利发展，反而会出现一些新的问题和挑战。在社会主义现代化建设步伐加速的过程中，受全球生态环境问题日益突出的影响，我国一些地区出现以牺牲生态环境换取经济发展成果的现象，局部生态环境遭受破坏，出现危机。随着中国特色社会主义进入新时代，我国的经济发展和现代化建设不断取得新成就。但在数十年来的现代化建设中，生态环境问题却一直没有得到很好解决。国内外的实践都已证明，“为了金山银山，牺牲绿水青山”的发展模式是不可持续的。

习近平总书记在党的十九大报告中明确提出“在本世纪中叶建成富强民主文明和谐美丽的社会主义现代化强国”这一目标。人与自然和谐共生，高度契合社会主义现代化强国的“美丽”的要求。这不仅对筑牢中国式现代化绿色根基，解决社会主要矛盾，实现中华民族永续发展有重要意义，也对构建清洁美丽世界，形成人类文明新形态有重要推动意义。

二、人与自然和谐共生是对西方先污染后治理模式的超越

人类的现代化道路是一个艰难探索的过程。在这条道路上，人类也为现代化付出了高昂的代价。西方发达国家的现代化普遍走的是“先污染后治理”的道路，遭遇过严重的生态环境问题。自工业化初期，伦敦在很长的一段时间内都遭受烟雾污染，1952 年发生的烟雾事件一度导致 4000 多人死亡。1930 年，比利时马斯河谷工业区排放的大量污染物致使大量人畜死亡。1943—1970 年间洛杉矶多次发生的烟雾事件，导致多人死亡，全市超 60% 的人口也因此患病。20 世纪 50

年代末日本发生的水俣病、骨痛病等环境公害问题，直到1970年以后，才开始得到治理。许多情况下，发达国家将污染源迁往发展中国家，实行污染转移。事实表明，西方发达国家采取的“先污染后治理”的方式，一度在全球范围内积累了大量的环境治理赤字，直到现在还未清偿这一赤字。事实也表明，西方发达国家是在人均GDP达到高水平时，才开始真正重视环保，从制度和政策上把环保纳入社会成本中，增强环保的执行力和对发展的约束性。

习近平总书记深刻指出：“世界上既不存在定于一尊的现代化模式，也不存在放之四海而皆准的现代化标准。”我国早在人均GDP水平还处于下中等收入阶段，没有完全摆脱贫困时，就开始将环保系统性地纳入发展规划的约束性指标体系。2012年党的十八大就提出要扭转生态环境恶化的趋势，把生态可持续发展作为现代化的重要支撑。2020年，我国向世界郑重承诺要在2030年前实现碳达峰、2060年前实现碳中和的发展目标。在党的二十大报告中，又列出专题予以强调，表明中国式现代化在人与自然的关系上，不是走“先污染后治理”的老路，而是开创“边发展边治理”的新路。

我国人口规模巨大的现代化及其后发性，凸显了我国将面临更强的资源环境约束。我国资源总量丰富，但从人均资源占有量看，人均耕地面积不到世界平均水平的二分之一，较宜居住的土地面积不足我国陆地国土面积的五分之一；人均淡水拥有量仅占世界平均水平的四分之一，且时空分布十分不平衡；人均森林面积仅占世界平均水平的五分之一，木材使用依赖进口；石油、天然气、铜等矿种人均储量远低于世界平均水平，对外依存度较高。人口多、人均资源少、环境承载力低的国情，决定了中国式现代化不能走西方发达国家大量消耗资源、肆意破坏生态环境的现代化老路，而要努力走人与自然和谐共生的现代化新路，有效减轻我国资源环境的压力。

中国式现代化是人与自然和谐共生的现代化。和谐共生体现出人与自然互动中的更高的自觉性和主动性。这种自觉性远远超越了西方国家在处理人与自然关系中的不自觉性和被动性。随着我国经济由高速增长转入高质量发展阶段，我们要避免西方发达国家的“环境库兹涅茨曲线”，即在经济发展的进程中，环境先是遭受工业污染，而后在付出了沉重的生态代价之后才得到治理①。我国的现代化决不能以牺牲环境、浪费资源作为发展的代价，要从长远角度出发，坚持可持续发展，确保人与自然和谐共生。由此推动形成“中国式环境库兹涅茨曲线”：在中低人均收入与低环境退化率水平上，较早进入拐点期和一段平台期后向右下方倾斜。

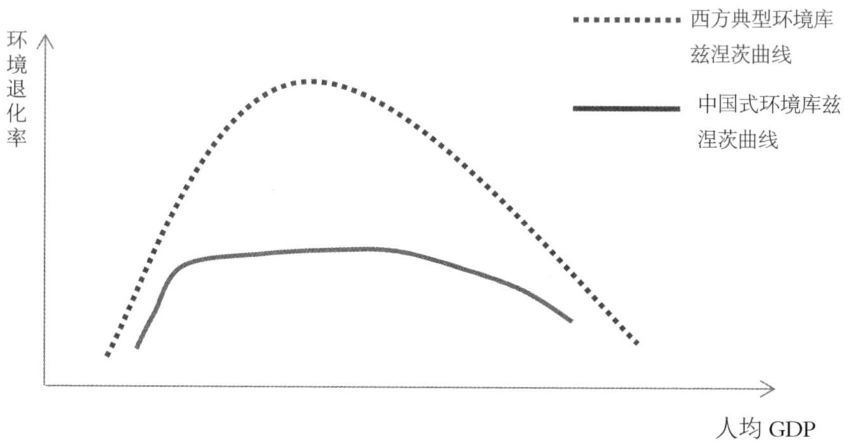

图 6–1　中国式环境库兹涅茨曲线与西方典型环境库兹涅茨曲线对比示意图

① 李国庆、陈琭：《走出“先污染后治理”困境，中国方案贡献世界》，https://baijiahao.baidu.com/s?id=1595324256927921126&wfr=spider&for=pc。

三、人与自然和谐共生是坚持系统观念的重要体现

系统观念是辩证唯物主义和历史唯物主义的重要思想方法。党的十九届五中全会提出“坚持系统观念”。党的二十大报告又进一步将“必须坚持系统观念”作为“六个必须坚持”的一个重要方面提出来。人与自然和谐共生彰显了坚持系统观念的科学方法，是习近平新时代中国特色社会主义思想的重要组成部分。

从系统的角度看，人与自然是生态文明系统的两个内在根本要素。生态文明系统的整体功能是人与自然相互联系、相互作用的结果。维护生态文明系统的稳定性、完整性和持续性，是人与自然的共同目的。人与自然同居一体，人依赖于自然存活，自然需要通过人来体现其价值。两者相互依存，相互维生，须臾不可分离。人类无止境地消耗自然资源，甚至破坏、伤害自然环境，在危及大自然的同时必然遭到它的报复。这就意味着，人与自然和谐共生，是唯一正确的选择。必须像保护眼睛一样保护自然和生态环境。

“生态兴则文明兴，生态衰则文明衰”，良好的生态质量是人类生存的基础，也是持续高质量发展的必要条件。必须坚持以人民为中心，以系统观念为科学方法指导，加强前瞻性思考、全局性谋划，把握好人与自然的系统性关系，整体性推进人与自然和谐共生，筑牢社会主义现代化强国的发展根基。

四、促进人与自然和谐共生，需要尊重、顺应、保护自然，走生产发展、生活富裕、生态良好的文明发展道路

人与自然和谐共生，内在地要求人类发展的利益应当扩展到其与

自然的关系中去。党的十八大以来，以习近平同志为核心的党中央大力推进生态文明建设，坚持实施人与自然和谐共生基本方略，主动践行绿色发展理念，坚决推进污染防治攻坚战，全党全国推动生态文明建设的自觉性和主动性显著增强，我国生态环境保护发生历史性、转折性、全局性变化。

党的二十大报告指出，“尊重自然、顺应自然、保护自然，是全面建设社会主义现代化国家的内在要求。”尊重自然、顺应自然、保护自然三者是一个有机联系的整体。尊重自然是前提，顺应自然是关键，保护自然是使命[①]。要尊重自然。人类在发展的同时要坚持人与自然共同体思想。随着人类的科技进步，不少人妄图盲目改造自然，肆意获取资源，无视自然规律，最终导致“生态衰则文明衰”。要顺应自然。人类应顺应自然界的基本规则，充分意识到人与自然之间密不可分的关系，才能正确地与自然和谐共生。要保护自然。习近平总书记指出“人因自然而生，人与自然是一种共生关系”“要像保护眼睛一样保护生态环境，像对待生命一样对待生态环境”。

人与自然共生共荣，人类的生产发展离不开一个健康的自然环境。能否统筹兼顾环境保护和国家发展，是我们当前面临的重大挑战，直接影响到中国式现代化能否实现。习近平总书记指出：“生态环境保护和经济发展是辩证统一、相辅相成的，建设生态文明、推动绿色低碳循环发展，不仅可以满足人民日益增长的优美生态环境需要，而且可以推动实现更高质量、更有效率、更加公平、更可持续、更为安全的发展，走出一条生产发展、生活富裕、生态良好的文明发展道路。”“我

① 常志刚：《生态优先　绿色发展》，《红旗文稿》2021 年第 4 期。

们要建设的现代化是人与自然和谐共生的现代化，既要创造更多物质财富和精神财富以满足人民日益增长的美好生活需要，也要提供更多优质生态产品以满足人民日益增长的优美生态环境需要。”这从理论和实践层面阐明了人与自然和谐共生的关系，进一步丰富和拓展了中国式现代化的内涵与外延，为同步推进物质文明建设和生态文明建设、促进人与自然和谐共生的现代化，指明了方向、提供了遵循。

目前，我国生态环境保护任务依然艰巨，推进美丽中国建设还需要付出长期艰苦努力。建设人与自然和谐共生的现代化，必须坚持节约资源和保护环境的基本国策，坚持节约优先、保护优先、自然恢复为主的方针，统筹产业结构调整、污染治理、生态保护、应对气候变化，协同推进降碳、减污、扩绿、增长，形成节约资源和保护环境的空间格局、产业结构、生产方式、生活方式，促进生态环境持续改善。由此，走上生产发展、生活富裕、生态良好的文明发展道路，夯实中华民族永续发展的绿色根基。

第二节　推进经济社会绿色低碳转型

经济社会是生态环境与自然资源的使用方和需求方。经济社会的发展理念与方式，直接关系生态环境的健康程度与自然资源的未来趋势。推进经济社会绿色低碳转型，构建环境友好型社会，是实现人与自然和谐共生的根本途径。

一、推进经济社会绿色低碳转型的必要性和紧迫性

习近平总书记指出，“杀鸡取卵、竭泽而渔的发展方式走到了尽头，顺应自然、保护生态的绿色发展昭示着未来。”大力推进经济社会绿色低碳转型是国际潮流所向，同时也符合我国的发展总方针。积极推进绿色低碳转型，就是明确要摆脱“先污染后治理”的陈旧模式，在保护生态环境的同时，形成绿色低碳的经济社会，以从根本上兼顾经济发展与生态环境保护，缓解两者的相互制约。

首先，推进经济社会绿色低碳转型是我国实现高质量发展的必由之路。党的二十大报告指出，“推动经济社会发展绿色化、低碳化是实现高质量发展的关键环节。”绿色作为五大新发展理念之一，是高质量发展的底色。高质量发展内在地要求经济社会尽快聚集起绿色发展新动能，不断满足人民日益增长的优美生态环境需要。

其次，推进经济社会绿色低碳转型是我国实现“双碳”战略的根本途径。我国向世界承诺 2030 年前实现二氧化碳排放达到峰值、2060 年前实现碳中和，意味着我国作为世界上最大的发展中国家，将完成全球最高碳排放强度降幅，用全球历史上最短的时间实现从碳达峰到碳中和①。我国作为全球最大的发展中国家，目前工业化、城镇化等进程仍未结束，且我国发展仍主要依赖化石能源，“碳达峰碳中和”目标任重而道远。这对经济社会绿色低碳转型提出了明确而紧迫的要求。

① 《碳达峰碳中和——中国的 2030 和 2060》，http://www.qstheory.cn/laigao/ycjx/2022-05/22/c_1128674463.htm。

二、推进产业、能源、交通运输等结构优化调整

通过经济结构的优化调整，从源头上推进发展方式转变，是推进经济社会绿色低碳转型的重要举措。

（一）产业结构优化调整

调整优化经济结构要抓住产业结构调整这个关键[①]。当前，我国产业结构仍以重化工为主。应当减少过剩和落后产能，增加新的增长动能[②]。要加快传统产业改造升级，严格依照“双碳”目标进行各项标准调整，降低现有的污染物排放量。要“大力发展绿色产业，壮大和培育绿色发展的新动能”[③]，加大我国光伏、风电产业等新能源产业的投入力度，进一步推动绿色产业结构优化升级。

（二）能源结构优化调整

当前，化石能源在我国经济社会终端能源消费中仍占据主要地位。高品质、高品位的化石能源是经济社会方方面面的标配。化石能源是碳和污染排放的主要源头。要推进能源结构优化调整，加强煤炭清洁生产和高效利用。在保障国家能源安全的前提上，要推动新型清洁能源与原有能源体系的有序衔接，逐步推动煤炭减量生产[④]。要积极推动传统煤电产业高质量发展。要大力发展风电、氢能、核能等新兴清洁能源，顺应未来绿色能源变革趋势，加快建设新能源发电基地，加

① 尹艳林：《加快发展方式绿色转型》，《经济日报》2022 年 11 月 7 日。

② 尹艳林：《加快发展方式绿色转型》，《经济日报》2022 年 11 月 7 日。

③ 赵辰昕：《让产业“含绿量”提升发展“含金量”》，http://www.gov.cn/xinwen/2023-02/02/content_5739638.htm。

④ 杨亚琳：《推进能源和产业结构优化调整　助力山西碳达峰碳中和》，《山西经济日报》2021 年 11 月 22 日。

快储能设施和智能电网建设，提升新能源占比。

（三）交通运输结构优化调整

这是“降碳减污”，推进绿色转型发展不可或缺的重要领域。2021 年 9 月《中共中央　国务院关于完整准确全面贯彻新发展理念做好碳达峰碳中和工作的意见》要求，“优化交通运输结构。加快建设综合立体交通网，大力发展多式联运，提高铁路、水路在综合运输中的承运比重，持续降低运输能耗和二氧化碳排放强度。”按此要求，我国应在现有铁路运输基础上，加强专用线路建设，推进大宗货物运输“公转铁”“公转水”“铁转水”。此外，还要积极开展绿色公路建设，持续推动用材绿色可再生化，加强道路周边绿化带建设。

三、加大资源节约集约利用

节约资源是我国的一项基本国策，是推动经济社会绿色低碳转型的一项重大任务。推进各类资源节约集约利用，要将节约集约原则作为土地使用的根本原则，提高耕地、工业用地利用强度和绿色低碳化转型力度，从根本上杜绝土地浪费。各项建设要少占地、不占或者少占耕地，珍惜和合理利用每一寸土地[①]。要加强水资源使用的合理性，通过“精打细算”从宏观微观各层面合理分配水资源[②]。要从工艺、技术、装备等方面加强工业领域节能和效能提升。要强化建筑、交通节能改造。加强商品、快递包装的绿色化、减量化和循环化治理。加快构建生产生活废弃物集中处理和资源化利用。

---

① 《节约集约利用土地规定》，http://www.scio.gov.cn/xwfbh/xwbfbh/wqfbh/39595/41764/xgzc41770/Document/1664918/1664918.htm。

② 陈思：《坚决落实“四水四定”用好管好水资源》，《中国水利报》2021 年 11 月 18 日。

要根据我国现有国情，确保用地按照相关政策进行，坚决遏制耕地“非农化”，严格管控“非粮化”。调整建设用地结构，降低工业用地比例，推进城镇低效用地再开发和工矿废弃地复垦，严格控制农村集体建设用地规模[①]。随着农村人口向城镇转移，农村住宅用地大量闲置，浪费惊人。要通过建立健全农村集体经营性建设用地入市制度和城乡统一、全国统一的建设用地市场，唤醒农村沉睡的土地资源，增加农民财产性收入。要合理制定覆盖全国的水资源节约集约使用标准，提高污水处理能力和处理标准，提升数字化监测能力，建立标准统一的网络共享平台。严格约束农业、工业水资源用途，强化规划和建设项目水资源论证，完善取水许可制度，暂停水资源超载地区新增取水许可，坚决禁止不合理用水需求，实现水资源循环利用。

四、大力发展绿色消费

绿色消费是各类消费主体在消费活动全过程贯彻绿色低碳理念的消费行为[②]，也是推动生产方式绿色低碳转型的源动力。

随着我国生态文明建设的大力推进，中央和地方促进绿色消费的相关措施相继出台，社会公众的绿色消费意识也日渐增强[③]。多数消费者对有利于减少污染、保护环境的行为持支持态度，认为绿色消费对保护环境能起到一定作用。尽管如此，从整体来讲，我国发展绿色消费还面临不少困境。一是目前消费者的消费理念还无法达到绿色消

---

① 尹艳林：《加快发展方式绿色转型》，《经济日报》2022 年 11 月 7 日。

② 《国家发展改革委等部门关于印发〈促进绿色消费实施方案〉的通知》，http://www.gov.cn/zhengce/zhengceku/2022-01/21/content_5669785.htm。

③ 叶榅平：《“双碳”目标下促进绿色消费面临的挑战及法治应对》，https://mp.weixin.qq.com/s/HEIdgJ0o3FUg0fhpKLYdkw。

费的要求。消费者所掌握的相关知识不足以正确理解绿色消费，难以在日常生活中区分绿色商品与非绿色商品[①]。二是绿色消费品制造成本较高。相较于传统产品，绿色产品为了降低对环境的伤害，在选材、生产、销售等各个环节增加了成本，产品售价也相应有所上升。虽然我国人民生活水平、人均可支配收入都有了很大的提升，但中低收入人群仍占多数，直接影响了绿色产品的社会消费水平[②]。三是绿色消费法律制度体系不完善。目前我国在推动绿色消费方面主要依赖有关政策，但具体的法律制度尚不能与政策相匹配，治理体系存在制度缺陷[③]。相关法律法规的缺失致使绿色产品消费的市场秩序没有法律依据，执法者难以规范管理。

为此，扩大绿色消费，一是要加强绿色消费理念的培养。政府、主流媒体等官方机构要积极承担起全民绿色消费理念教育引导的责任，根据不同对象、不同生活背景，因材施教，提高全民绿色消费的知识水平、增强社会绿色消费意识[④]。二是健全绿色产品优惠税收政策。要提升对绿色产品的税收支持力度，对绿色和非绿色产品实行差别税率，平衡因适应绿色低碳生产而提高的成本价格[⑤]。例如，对生产绿色产品实施减免税等政策，从成本上减轻企业的经营压力，降低绿色产品售价。三是完善“双碳”目标下的绿色消费法律制度。当前

---

① 徐盛国、楚春礼、鞠美庭等：《“绿色消费”研究综述》，《生态经济》2014 年第 30 期。

② 李创、侯亚真：《我国绿色消费发展现状及实现路径研究》，《中国集体经济》2021 年第 22 期。

③ 叶榅平：《“双碳”目标下促进绿色消费面临的挑战及法治应对》，https://mp.weixin.qq.com/s/HEIdgJ0o3FUg0fhpKLYdkw。

④ 刘伯雅：《我国发展绿色消费存在的问题及对策分析——基于绿色消费模型的视角》，《当代经济科学》2009 年第 31 期。

⑤ 李创、侯亚真：《我国绿色消费发展现状及实现路径研究》，《中国集体经济》2021 年第 22 期。

应大力推进绿色消费立法，确保其中涉及的各方权利义务关系纳入法制轨道，形成促进绿色消费的长效机制，通过立法来确保政策实施的有效性。要坚持以绿色生活方式作为法律的指导思想，完善现有法律法规体系，推动绿色消费法律实施[①]。

第三节　持续加大环境污染防治

党的十八大以来，以习近平同志为核心的党中央全面加强生态文明建设和生态环境保护的统筹谋划。其中，在推动环境污染防治方面，开展了一系列措施实、力度大、效果显著的工作。污染防治攻坚战取得阶段性重大成果，人民群众的幸福感、获得感明确增强。但我国面临的环境污染问题仍不可轻视，污染防治工作仍不可松懈，必须持续推进环境污染防治。

一、我国环境污染防治仍处攻坚阶段

持续改善生态环境质量，是深入打好污染防治攻坚战的核心目标，而良好生态环境正是实现中华民族永续发展的内在要求，是增进民生福祉的优先领域，是建设美丽中国的重要基础[②]。

我国近年来加大对环境保护重视程度，坚持精准、科学、依法防污、治污，污染防治攻坚向纵深推进，生态环境质量持续改善。2021

① 叶榅平：《“双碳”目标下促进绿色消费面临的挑战及法治应对》，https://mp.weixin.qq.com/s/HEIdgJ0o3FUg0fhpKLYdkw。

② 金观平：《污染防治攻坚战走向深入意义重大》，http://www.gov.cn/zhengce/2021-11/09/content_5649868.htm。

年，全国地级及以上城市细颗粒物（PM2.5）平均浓度比 2015 年下降 34.8%，优良天数比例上升 6.3 个百分点。全国地表水Ⅰ—Ⅲ类断面比例上升至 84.9%，劣Ⅴ类水体比例下降至 1.2%，长江干流全线连续两年达到Ⅱ类水体，黄河干流全线达到Ⅲ类水体。全国土壤环境风险得到有效管控，约 1/3 行政村深入实施农村环境整治[①]。全面禁止"洋垃圾"入境，实现固体废物"零进口"目标。

尽管我国污染防治效果显著，但目前环境污染治理仍然在路上。2021 年 11 月发布的《中共中央 国务院关于深入打好污染防治攻坚战的意见》明确提出，"到 2025 年，生态环境持续改善，主要污染物排放总量持续下降，单位国内生产总值二氧化碳排放比 2020 年下降 18%，地级及以上城市细颗粒物（PM2.5）浓度下降 10%，空气质量优良天数比率达到 87.5%，地表水Ⅰ—Ⅲ类水体比例达到 85%，近岸海域水质优良（一、二类）比例达到 79% 左右，重污染天气、城市黑臭水体基本消除，土壤污染风险得到有效管控，固体废物和新污染物治理能力明显增强，生态系统质量和稳定性持续提升，生态环境治理体系更加完善，生态文明建设实现新进步。到 2035 年，广泛形成绿色生产生活方式，碳排放达峰后稳中有降，生态环境根本好转，美丽中国建设目标基本实现"。该《意见》还提出了量化目标，比如，到 2025 年，全国重度及以上污染天数比率控制在 1% 以内；县级城市建成区基本消除黑臭水体，京津冀、长三角、珠三角等区域力争提前 1 年完成；长江流域总体水质保持为优等。

实现这些目标，将涉及诸多领域，需触及一些深层次矛盾，甚至

① 孙金龙：《促进人与自然和谐共生》，《环境保护》2023 年第 51 期。

要啃一些硬骨头。这要求污染防治攻坚仍需深入开展。

二、持续深入打好蓝天、碧水、净土保卫战

清洁的空气、干净的水、洁净的土壤，是污染防治攻坚的关键目标，也是核心指标。要系统谋划，持续深入打好蓝天保卫战。在大气污染防治方面，要调整优化能源结构、产业结构、运输结构、用地结构。优化升级天然气等环境基础设施建设，推进取暖清洁绿色化，推动高污染行业的重点绿色改造升级，开展挥发性有机物深度治理，深化重点区域大气污染联防联控，进一步降低 PM2.5 浓度，推进大气环境质量改善。在水污染防治方面，要坚持污染防治和生态扩容两手发力，扎实推进碧水保卫战。消除城市黑臭水体，减少污染严重和不达标水体。提高城市地下水整治力度，确保居民饮用水稳定安全。扎实推进河长制、湖长制。加快工业、农业、生活污染源和水生态系统整治。推进重点河流生态环境监察工作。在土壤污染防治方面，要加强土壤污染源头的管控，加强固体废物和新污染物治理，推动治理技术的改革创新，绿色高效减少高危废物的危害，深入开展重点行业重金属污染防治①。

三、加快发展固废资源化利用产业

固体废物是指在生产、生活和其他活动中产生的丧失原有利用价值或者虽未丧失利用价值但被抛弃或者放弃的固态、半固态和置于容器中的气态的物品、物质以及法律、行政法规规定纳入固体废物管理

---

① 《2023 年中国持续深入打好蓝天、碧水、净土保卫战》，https://baijiahao.baidu.com/s?id=1758087132550196822&wfr=spider&for=pc。

的物品、物质[①]。部分固体废物中含有一定的有毒有害物质，会渗入土地并在土壤中迅速扩散，改变土壤的性质和结构，影响土壤中的微生物生长，会通过食物链危害食用者的身体健康[②]。部分企业将固体废物直接倾倒于江河湖泊等水体资源中，会使水资源受到污染，不仅危害水生动植物的生存环境，污染的水体也直接影响到水产行业的可持续发展，造成严重的经济损失。在潮湿炎热的气候环境下，固体废物可能发生分解，产生二氧化氮、硫化氢等有毒有害气体，造成空气污染，并会对人体造成伤害。

固废的危害是明显的，但它也有充当资源的一面。在生态文明建设中，固废资源化利用是兼顾打赢污染防治攻坚战与经济发展的重要力量。近年来，我国固废资源化利用技术水平不断提高，所谓固废，实际上是放错地方的资源。要加强固废资源化利用的宣传和政策支持力度，使之成为环保产业发展的重要组成部分。

第四节　推动生态环境保护和修复的常态化发展

生态环境作为一个有生命力的系统，是资源能源和生态产品的供应方。生态环境自身的平衡对经济社会发展至关重要。需要重视并有效推动生态环境的保护和修复。

---

① 《中华人民共和国固体废物污染环境防治法》，http://www.gov.cn/xinwen/2020-04/30/content_5507561.htm。

② 王莉果、乔明：《固体废物污染对环境的危害及其防治对策》，《环境与发展》2018 年第 30 期。

一、生态环境平衡与经济社会发展衔接不足问题

习近平总书记指出："生物多样性既是可持续发展基础，也是目标和手段。我们要以自然之道，养万物之生，从保护自然中寻找发展机遇，实现生态环境保护和经济高质量发展双赢。"生态环境平衡与经济社会发展的协调是当今可持续发展的必要条件，是人与自然的平衡，也是生态系统和经济系统之间的动态平衡[①]。

我国人口规模巨大的现代化与经济社会快速发展，凸显环境容量的有限性与生态系统的脆弱性。这表现为：一是环境投资占比较低。一个国家对生态保护的投资占同期国内生产总值（GDP）的比例是平衡协调生态环境保护和经济社会发展的重要指标。我国生态环境保护投入过低，与经济社会发展不协调。新冠疫情期间，一些地方为了保民生，开始减少对生态环保的投入。二是重化工业发展与新型城市化扩张，对自然资源过度开发，对生态环境的压力持续加大。由此导致不少地方的生态出现土地沙化石漠化、水土流失、湿地减少、生物多样性遭到破坏等突出问题，严重影响生态系统平衡和生态产品供给。三是水、空气、土壤等领域污染物的排放，已造成生态环境自然恢复与修复的困难。此外，多元化、市场化的生态补偿机制仍在探索之中，尚未形成更为有效、完善的体系。如何促进生态环境自身平衡，将是长期的重大课题。

---

① 林道辉、沈学优、刘亚儿：《环境与经济协调发展理论研究进展》，《环境污染与防治》2002 年第 2 期。

二、提升生态系统基于自然恢复的自我修复能力

实践证明，忽略生态的自我修复，过分注重人工治理，会消耗大量的人力、物力和财力，对我国的经济社会发展产生一定的影响。加强生态的自我修复能力不仅顺应了我国国民经济快速发展和人民生活水平显著提高后对改善和提高环境质量的迫切需要，同时也改善了单靠人工治理难以遏制的生态恶化局面[①]。过去许多年，严重的环境污染不仅对人类的生命和健康构成威胁和损害，而且对整个生物界也都构成了威胁和损害，也导致生态系统的自我修复能力大幅减弱。

要遵循生态环境的自然发展规律，找寻生态效益、经济效益和社会效益的最佳平衡点，为生态系统自我修复创造一个良好的发展环境。应坚持山水林田湖草沙系统治理，降低人类行为对生态系统可能造成的负面影响，全面提升自然生态系统质量和稳定性。科学推进森林、草原、湿地、耕地等为重点的国土绿化与生态保护修复，不断提升碳汇能力。结合中长期生态修复目标，推进经济发展成果反哺自然，以国家重点生态功能区、生态保护红线、自然保护地等为重点，有序安排生态系统保护和修复重大工程、生物多样性重大工程，加强生物安全管理，增强生态系统基于自然恢复的自我修复能力。要选择适应性强、自我修复能力好的生物及其优良品种加以推广，增强生物的自我修复能力[②]。严守危险废物、尾矿库、重金属、化学品等领域的风险防控底线，强化环境风险预警防控与应急。在运用约束性指标和政策

① 何崇莲：《生态自我修复的重要地位及其修复途径》，《发展》2008 年第 12 期。

② 张宏、韩敏玉:《论生态的自我修复能力与环境保护》,《中国环境管理》2001 年第 5 期。

手段的基础上探索更多运用激励性措施，加大中央政府对重点生态区和重点领域转移支付力度，鼓励流域上下游、生态受益地和保护地等采取“飞地经济”、产业合作等多种形式进行横向补偿。对主动保护生态的行为给予奖励。

三、促进生态价值转换为经济价值

我国社会主要矛盾已经转化为人民日益增长的美好生活需要和不平衡不充分的发展之间的矛盾。实现人民对美好生活的向往需要经济发展，同时也离不开适宜的生态环境。实现“绿水青山就是金山银山”生态价值转换，才能在经济发展的同时，为人民群众创造更加美好的生活环境，更为优越的生活条件①。

初步分析起来，目前生态价值转换为经济价值面临如下突出问题。一是两者转换的理念尚未普及。尽管人们已经对生态价值和经济价值的转换产生了一定的认识，但“重发展、轻保护”的理念仍在不少地方留存，特别是随着工业化、城镇化的提速，人们忽视了生态价值存在的经济价值，甚至将两者完全对立起来，造成生态价值的浪费②。

二是生态价值深度挖掘程度不足。目前在挖掘生态价值转换为经济价值的过程中，不能有效地将生态环境、生态产品、生态产业高效有机地融合发展，缺乏统一的谋划，造成资源和资产、生态优势难以

① 周密：《推进“绿水青山就是金山银山”生态价值转换研究》，《商展经济》2022年第12期。

② 秦昌波、苏洁琼、王倩等：《“绿水青山就是金山银山”理论实践政策机制研究》，《环境科学研究》2018年第31期。

最大限度地转化为发展优势[①]。

相应地，促进生态价值转换为经济价值，至少有如下两个基本路径。一是提高理论宣传力度。要加强“绿水青山就是金山银山”的思想意识，经济发展对环境保护不是对立的，要通过已有的案例进行宣传，让全社会充分理解保护生态环境，构建绿色生产体系，是实现发展与保护的内在统一，形成生态价值、经济价值相互转换，更好地满足人民群众在生态环境等方面日益增长的需要，共同享受良好的生态环境带来的红利[②]。

二是加强创新驱动能力。要提高各领域绿色发展创新力，以数字技术引领绿色低碳发展，着力提升传统产业的绿色化水平。通过培育绿色新产业、新业态，推动绿色消费、绿色制造，把绿色生态价值转化为新旧动能转换的重要内容，使之成为吸引高端产业、高端人才的基础，从而实现经济价值的持续提升。

第五节　完善生态环境治理体系

2019 年 10 月召开的党的十九届四中全会提出了要坚持和完善生态文明制度体系，促进人与自然和谐共生的战略部署，为我国生态环境治理体系的现代化建设指明了发展方向，也丰富了体系内涵。

---

① 林道辉、沈学优、刘亚儿:《环境与经济协调发展理论研究进展》,《环境污染与防治》2002 年第 2 期。

② 张云飞:《“绿水青山就是金山银山”的丰富内涵和实践途径》,《前线》2018 年第 4 期。

一、完善生态环境治理体系取得的重要进展

完善的生态环境治理体系，是推进国家治理体系和治理能力现代化的内在要求，是生态环境保护工作推进的基础支撑之一，也是推动形成生态环境保护合力的有效途径[①]。党的十八大以来，以习近平同志为核心的党中央从实践出发，不断丰富和发展我国的生态文明建设，将其视为中华民族永续发展的根本大计。2015 年，党中央、国务院先后印发实施《关于加快推进生态文明建设的意见》《生态文明体制改革总体方案》。党的十九大明确提出，构建政府为主导、企业为主体、社会组织和公众共同参与的环境治理体系。党的十九届四中全会将生态文明制度体系建设作为坚持和完善中国特色社会主义制度、推进国家治理体系和治理能力现代化的重要组成部分并作出安排部署[②]。这些决策部署为推动完善我国生态环境治理体系做出了历史性、框架性顶层设计。

二、完善生态环境治理体系面临的突出问题

（一）法律体系尚需完善

首先，法律法规可操作性不强。尽管随着对生态环境治理的重视，我国出台了《环境保护法》《大气污染防治法》《固体废物污染环境防治法》《野生动物保护法》《矿产资源法》《森林法》等近 30 部与环保、资源相关法律，同时制定了 60 多部涉及环境保护的法规，

---

① 张瑞琛：《着力健全现代环境治理体系——提高生态环境治理体系和治理能力现代化水平》，https://mp.weixin.qq.com/s/I6zEh0NoQvtygySvql4OTQ。

② 生态环境部党组：《构建现代环境治理体系 为建设美丽中国提供有力制度保障》，https://www.mee.gov.cn/ywdt/hjywnews/202006/t20200624_785933.shtml。

再加上地方政府、人大出台的规章制度、地方性法规约600多项[①]，但法律条例一般强调原则性，缺乏针对性，语言不够明晰，执行方式不精确，从而导致有法但难以有效执行，削弱了法的权威。其次，缺乏全面完整的法律体系。我国的生态治理相关法律尚不系统、不全面，也没有形成一个综合性整体。不同法律的制定凸显浓厚的部门立法色彩，缺乏立法高度，不能统筹全局，与中国生态文明建设和中国特色生态环境治理体系建设大战略的要求无法匹配。

（二）行政管理行为过度干涉

目前我国在生态环境治理问题上过于强调运用行政手段，政府在治理过程中存在越位，管理实效性不足，造成治理效果不佳。例如，大力推动环境保护相关税费的征收，尽管初衷是降低污染排放企业的排污总量，但企业宁可缴纳环境保护相关税费，也不愿减少污染排放量，实际环保效果远低于预期。此外，为了达到“双碳”目标，少数地方政府利用行政手段，采取“运动式”减碳、拉闸限电等手段，简单粗暴地达到“治理”目的，造成不良社会影响。

（三）指标体系尚需完善

完善的生态环境治理体系需要有一套指标体系，以准确衡量治理面临的状况，评估治理效果。目前我国在能源消耗、污染治理等领域的指标，不仅相互间衔接不够，而且较为落后，难以正确反映我国生态环境的污染程度和保护成果。例如，目前我国高度重视大气污染治理，对大气污染物排放量高的企业的评估，仍沿用通用的《大气污染物综合排放标准》。这个标准是20世纪90年代发布实施的，已与当

① 生态环境部党组：《构建现代环境治理体系 为建设美丽中国提供有力制度保障》，https://www.mee.gov.cn/ywdt/hjywnews/202006/t20200624_785933.shtml。

前经济环境、工业化程度严重不符，致使难以监督落实治理[①]。

三、完善生态环境治理体系的对策建议

（一）完善法律体系，加强执法可操作性

要逐步建立完善的法律体系，确保法律法规的易操作性。要加强各职能部门之间的沟通，在推进生态环境治理体系建设的同时，不断完善现有法律体系中的空缺，提高法律条文的可操作性。要设立相关财政金融政策工具，研究制定“碳中和专项法”等法律法规，从而减低能耗损失、提高生态环境保护力度。

（二）强化政府、市场、社会三者协作与激励

发挥新型举国体制优势，用好“揭榜挂帅”“赛马”机制，持续推动绿色低碳新材料、新技术、新装备攻关，加快示范和推广。增加必要的污染防治投入，充分调动各地方各部门的积极性，增进工作实效性。要通过加大市场经济手段来加强环境治理，在合理行政管理的同时，加强经济层面的激励，从奖惩两面推动环境治理工作有序开展。把绿色低碳发展与生态环境保护纳入国民教育体系，加快培育全民参与意识。完善公众和社会组织参与机制和制度，推动形成生态环境保护多元化治理格局。

（三）加大指标体系建设力度

要完善生态平衡综合指标体系建设，特别是设计环境保护、节能减排的约束性指标管理。依据自然资源资产负债表，并结合国际通用的《2012 环境经济核算体系中心框架》，调查核算我国资源总量并

① 《大气污染防治法执法检查报告直击六大问题》，http://www.npc.gov.cn/npc/c722/201807/f5107efdd5f84902a1964caed8e0e709.shtml。

以此建立环境活动账户特别是完善负债账户，建立更为全面系统的环境经济核算体系，为资源环境和经济之间的关系提供可靠信息支持，并有助于我国制定相关可持续发展政策。此外，设置一系列有针对性、激励性的指标，更好反映生态的平衡情况。要逐步与国际通用标准相协调，完善碳汇调查监测核算体系[①]。

第六节 加强生态环境保护国际合作

生态环境是人类生存和发展的基础。生态环境保护国际合作是构建人类命运共同体的重要保障。我国作为全球生态环境保护的重要参与者、贡献者、引领者，需以建设性姿态，坚持共同但有区别的责任原则，参与全球生态环境治理。

一、我国是全球生态环境保护的重要参与者、贡献者、引领者

党的十八大以来，中国在大力推动生态文明建设的同时，积极务实开展生态环境国际合作，在推动全球环境治理、应对气候变化合作等方面贡献力量，受到国际社会高度称赞。我国已与 100 多个国家开展了生态环境合作与交流。我国一直坚定践行多边主义，努力推动构建公平合理、合作共赢的全球环境治理体系[②]。在气候变化、生物多样性、危险化学品、海洋等领域，我国已签约或签署加入的国际公约、

① 綦鲁明、张永军：《促进人与自然和谐共生》，国经中心 2022 年重大课题《提高国家发展规划综合平衡研究》。

② 孙金龙：《促进人与自然和谐共生》，《环境保护》2023 年第 51 期。

议定书等有数十项。在《蒙特利尔议定书》《生物多样性公约》《斯德哥尔摩公约》等多边环境公约上做出了自身的积极贡献[①]。我国还积极推动应对气候变化《巴黎协定》达成、签署、生效和实施，对世界宣布我国碳达峰碳中和的目标，充分展现大国担当。

二、推动绿色“一带一路”建设，打造区域环境保护合作平台

绿色“一带一路”的建立，标志着绿色发展成为“一带一路”建设的总体要求，同时也部署了绿色基础设施、绿色能源、绿色交通、绿色产业、绿色贸易、绿色金融、绿色科技、绿色标准和应对气候变化等绿色发展重点领域合作，对推进国内外绿色项目合作发展等重点任务提供了重要依据和行动指引[②]。

“一带一路”建设与联合国可持续发展的目标紧密契合，而推动“一带一路”的绿色高质量发展，有助于全球的生态环境治理[③]。为此，要落实推动《关于推进绿色“一带一路”建设的指导意见》和《“一带一路”生态环境保护合作规划》，不断提升“一带一路”沿线国家的绿色化水平。要充分发展国际联盟和生态环保大数据服务平台作用，开展一批生态环保合作项目，将绿色发展目标确定为区域高质量发展内容。结合“一带一路”国家周边的地缘政治变化，强化战略布局，开展重点战略和关键项目环境评估，提高生态环境风险防范与应对能

① 徐庆华：《中国环境保护国际合作历程与展望》，《环境保护》2013年第41期。

② 张继栋：《让绿色成为推进共建“一带一路”高质量发展更加鲜明的底色》，https://baijiahao.baidu.com/s?id=1728578421722149809&wfr=spider&for=pc。

③ 李乐、周波、郑军：《“十四五”生态环境保护国际合作的趋势分析与对策建议》，《环境保护》2020年第48期。

力，确保重点地区和重点项目生态环境安全[①]。

三、积极参与引领全球环境治理体系变革

在人类享受高速发展所带来的财富增长、生活便利的同时，也带来生态环境污染，造成全球范围内的生态危机。面对全球范围内的生态环境治理问题，“任何一个国家都没有足够的力量独自对付整个生态系统受到的威胁。对环境安全的威胁只能由共同的管理及多变的方式和机制来对付”。因此，各国（组织）通过谈判、协调等方式，制定了一套治理体系，共同保护全球的资源与生态环境的发展[②]。

尽管全球环境治理体系建立已久，但各方矛盾仍旧存在，严重影响了环境治理的成效。一是各方责任缺失。在全球环境治理过程中，部分发达国家不能履行自己的责任义务，不愿承担一定的资金、技术援助。有些发展中国家、不发达国家为了自身的快速发展，仍坚持“先发展后治理”的理念，置身于全球环境治理之外。二是治理约束力缺失。目前，尽管在全球治理的过程中形成了一定数量的公约与协议，但都没有一个具有监督、执法的司法机构，以至于各国可根据各自国情，不履行曾签订的条约，降低全球合作治理的整体效率。

因此，未来的全球环境治理体系，一是应着力细化各方责任。继续坚持“共同但有区别的责任”的原则，通过调查各国的能源结构、资金和技术等治理条件，估算各国污染物排放总量，对比各国的工业化程度，构建相对公平的评测标准。在此基础上，进一步科学地区别

① 郑军：《“十四五”生态环境保护国际合作思路与实施路径探讨》，《中国环境管理》2020年第12期。

② 叶琪：《全球环境治理体系：发展演变、困境及未来走向》，《生态经济》2016年第32期。

各国之间不同的责任，制定一个各国普遍可接受的责任标准。

二是应着力强化全球环境治理的约束力。世界各国应致力于建立通用的全球治理法律法规，用高昂的违约成本要求各国遵照约定条款，实现全球环境治理的目标。要通过联合国等国际组织，制定专业的监督机构和国际法庭，对违反环境治理协议的国家地区进行合法、公开的判决，确保法律制定的有效性。

第七章

中国式现代化是走和平发展道路的现代化

从世界历史角度来看，1500 年以后的人类历史本质上是世界各国和各地被先后卷入现代化大潮的历史。[①] 五百多年来，现代化发展从英国的一枝独秀到西方的群体性领先，从北美的强势崛起再到苏联的社会主义探索，似乎西方的现代化理论和路径是各国实现现代化的唯一成功模式。但是，从二战后世界各国现代化的发展路径及发展走向看，二战后独立的发展中国家借鉴西方式现代化经验鲜有成功者。在进入 21 世纪后特别是 2008 年国际金融危机后，面对当今世界百年未有之大变局，西方式现代化的弊端日益显现，其借鉴意义日益黯淡。而中国式现代化日益展现蓬勃生机，为世界各国现代化发展开辟了一个崭新路径和时代选择。

中国式现代化经历了漫长而曲折的发展历程。最早可以追溯到五四运动前后，中国知识分子开始探讨中国现代化道路问题，随后抗

---

① 王鸣野：《世界现代化的一般规律及国别特征》，《人民论坛》2023 年第 6 期。

日战争爆发，关于中国现代化问题的讨论销声匿迹。[①] 中国对现代化道路的探索最终寄托于中国共产党，寄托于新生的人民政权。经过几代中国共产党人的接续奋斗，终于探索出了一条既立足于自身国情，又兼顾对人类文明发展进程的关照，以和平发展、合作共赢为特色的现代化新路径。中国式现代化不仅是中国强国建设、民族复兴的正确道路，也为世界特别是为广大发展中国家独立自主迈向现代化树立了典范，成为中国和世界各国人民共同践行全球发展倡议、全球安全倡议、全球文明倡议，构建人类命运共同体的康庄大道。[②]

习近平总书记在庆祝中国共产党成立 100 周年大会上的讲话和党的十九届六中全会通过的《中共中央关于党的百年奋斗重大成就和历史经验的决议》提出“中国式现代化道路”重大论断。党的二十大报告指出中国式现代化是走和平发展道路的现代化。[③] 习近平总书记在学习贯彻党的二十大精神研讨班开班式上发表重要讲话再次强调，走和平发展道路是中国式现代化科学内涵之一。这不仅深刻表明和平发展道路与中国式现代化关系密不可分，而且向世界宣示通过中国式现代化实现中华民族伟大复兴是和平崛起、和平发展，与世界发达国家和发展中国家实现共同发展是中国式现代化道路的根本取向。因此，以辩证思维对两者关系进行探讨，是深刻理解中国式现代化及和平发展道路的题中之义。本章试图回答一下为什么说“走和平发展道路”是中国式现代化的鲜明特征之一？具体而言，要回答的是“走和平发

---

① 罗荣渠：《现代化新论——世界与中国的现代化进程》，北京大学出版社 1993 年版，第 1—3 页。

② 李君如：《为什么中国有底气推动构建“人类命运共同体”》，http://rdcy.ruc.edu.cn/zw/qsyj/rlmygtt10zn/rlmygttsznztlb/df48b58829a84087a439080536f551b7。

③ 本书编写组：《党的二十大报告辅导读本》，人民出版社 2022 年版，第 21 页。

展道路”和“中国式现代化”的内在逻辑与内在关系。

第一节　走和平发展道路的中国式现代化是顺应时代发展潮流的战略选择

2014年，习近平主席在德国发表演讲时指出：“走和平发展道路，是中国对国际社会关注中国发展走向的回应，更是中国人民对实现自身发展目标的自信和自觉。这种自信和自觉，来源于中华文明的深厚渊源，来源于对实现中国发展目标条件的认知，来源于对世界发展大势的把握。”[①] 回望历史，“亲仁善邻、协和万邦”是中华民族对外交往的文化底色；放眼当下，和平与发展仍然是时代的主题。走和平发展道路的中国式现代化既传承悠久中华文明，又顺应当今时代发展潮流，代表着中国的根本利益，是对世界发展大势和历史正确方向的准确把握，是思想自信和实践自觉的有机统一，是根据历史经验、时代发展潮流及我国根本利益所作出的战略选择。

一、中华民族是爱好和平的民族，走和平发展道路是中华文明的历史传承和外交传统

中华文明是中国式现代化的底色。中华民族历来是爱好和平的民族，崇尚和平、反对战争、人心和善的思想深植于中华文明之中。在5000多年的中华文明发展过程中，“天下大同”“协和万邦”等观

① 习近平：《论坚持推动构建人类命运共同体》，中央文献出版社2018年版，第89页。

念和传统在中国代代相传，深深根植在中国人的精神中，融合在对外交往的实践里。“仁爱之心”“和而不同”“天下为公”等思想是中国对和平的追求在对外交往中的理念遵循。面对国家间的矛盾和冲突，中华民族秉持“兼爱非攻，慈爱为政”的传统，崇尚“非攻”思想，追求和平、和睦、和谐的坚定理念，反对战争和侵略。历史证明，中华民族的血液中没有侵略他人、称王称霸的基因。中华民族的对外交往史是一部在“和合”“和谐”等观念指导下构建共生安全体系的历史。唐朝中国政府以丝绸之路促进中国与亚欧各国之间的文化、经济和政治交流；明朝中国政府与外国的海上贸易强调和平、互利和合作，与各国和合共生。近代以后基于中国被侵略、殖民、压迫的痛苦历史教训，中国人民最迫切、最深厚的愿望是消除战争，实现和平。因此，中国坚持走和平发展道路，不是权宜之计，不是外交辞令，更不是主观想象或拍脑袋的产物，而是从历史、现实、未来的客观判断中得出的结论。[①] 走和平发展的中国式现代化道路与中华文化和对外交往历史一脉相承，既立足自身的文化传统，又是中国人民从近代以后的苦难史所得出的必然结论，同时也代表着中国特色大国外交战略的根本道路取向，向世界表明共建和合共生世界秩序的重要理念。

走和平发展的中国式现代化道路是新中国外交实践的经验传承。自新中国诞生之日起，中国外交逐步形成了一条既维护国家利益又秉持国际道义的和平发展道路，并在实践中取得了令世界瞩目的成就。新中国成立之初，由中国、印度、缅甸首倡的和平共处五项原则不仅成为中国外交的基本准则，也被国际社会所广泛接受，成为推动国际

① 《习近平外交演讲集》第一卷，中央文献出版社 2022 年版，第 118 页。

关系构建的基本原则。改革开放后，中国确立和奉行独立自主的和平外交政策，明确外交工作的核心是为国家现代化建设创造有利外部环境。中国签订《中日和平友好条约》、与美国正式建立外交关系和积极参与不结盟运动，向世界作出了永远不称霸、永远不搞扩张的庄严承诺，向世界宣示了中国要在和平中发展的道路取向。进入新世纪，中国走和平发展道路的方针没有变。党的十六大、十七大、十八大报告都强调中国将始终不渝走和平发展道路，这是中国政府和人民根据时代发展潮流和自身根本利益做出的战略抉择，和平发展是中国特色社会主义的必然选择。党的十九大将“维护世界和平与促进共同发展”写入中国共产党章程，并列为中国共产党的三大历史任务之一。进入新时代新征程，以习近平同志为核心的党中央继承新中国成立以来的外交经验，努力为实现中华民族伟大复兴中国梦的奋斗目标营造和平发展的国际环境，将世界的机遇转变为中国的机遇，将中国的机遇转变为世界的机遇，努力寻求与世界的良性互动和互利共赢。并将走和平发展道路的现代化作为中国式现代化五个特色之一，这一定性既顺应时代发展潮流，又创新了传统现代化的价值理念和行为方式，为世界的持久和平做出了理论与实践贡献。

二、和平与发展仍然是时代主题

时代主题是制定国家战略的基础，和平与发展的时代主题决定了中国式现代化是走和平发展的现代化。和平与发展的时代主题最早是邓小平同志于上世纪七八十年代对“时代主题”的战略判断。和平与发展时代主题的提出，为中国融入国际社会、参与国际治理提供了战略指导。[①]然而，在百年未有之大变局下，大国竞争加剧，乌克兰危机等局部冲突此起彼伏，气候变化、恐怖主义、新冠疫情等非传统安全与传统安全影响交织叠加，和平与发展的时代主题遭遇严峻挑战。但从根本上说，大国竞争加剧、局部战争与冲突、霸权主义与强权政治并不能改变当今世界和平与发展的时代主题，无论世界局势如何变幻，和平与发展是人类长期追求的目标，求和平、谋发展、促合作、图共赢仍然是世界各国人民的共同愿望，当前时代的主题仍然是和平与发展。习近平总书记在党的二十大报告中指出，“和平、发展、合作、共赢的历史潮流不可阻挡，人心所向、大势所趋决定了人类前途终归光明”。[②]

走和平发展道路的中国式现代化源于对时代主题的正确认知。在中国式现代化道路提出之前，世界现代化一共有掠夺式现代化和依附式现代化两种类型。但在 21 世纪和平与发展的时代主题之下，掠夺式现代化以掠夺外部资源和市场来完成资本原始积累的模式失去发展空间，而依附式现代化以出让国家核心利益来换取依附地位的模式则会产生政治上的不确定性。中国式现代化既没有走西方国家掠夺式现代化的老路，也没有走东南亚地区依附式现代化路径，而是在深刻认知和平与发展时代主题的基础上，在探索和实践中逐步形成了一条自主性、内生型与和平性有机融合的现代化道路，这既顺应了时代发展的主题、时代潮流和世界人民的合理关切，也为致力于实现现代化的国家与民族提供了道路上的最新选择。

---

① 肖晞：《中国和平发展道路：文化基础、战略取向与实践意义》，《国际观察》2015 年第 4 期。

② 本书编写组：《党的二十大报告辅导读本》，人民出版社 2022 年版，第 54 页。

三、和平发展是新时代中国特色大国外交的道路取向

首先，自党的十八大以来，历次党代会报告中都明确了中国将始终不渝走和平发展道路的道路取向，坚定奉行独立自主的和平外交政策。党的二十大将弘扬和平、发展、公平、正义、民主、自由的全人类共同价值，推动建设持久和平、普遍安全、共同繁荣、开放包容、清洁美丽的世界等内容写入党章。中国是世界大国当中，唯一将“坚持和平发展”写入宪法的国家。中国以党代会报告及修改宪法和党章的方式，向世界郑重宣示了中国已经将坚持走和平发展道路上升为国家意志，中国将始终不渝地坚持走和平发展道路的道路取向。

其次，中国特色大国外交的核心在于推动构建人类命运共同体，而走和平发展的中国式现代化道路是实现这一目标的重要途径。党的二十大报告外交工作部分的题目是“促进世界和平与发展，推动构建人类命运共同体”，这表明中国共产党将和平发展道路与构建人类命运共同体紧紧联系在一起。走和平发展道路的中国式现代化是推动构建人类命运共同体的重要途径，构建人类命运共同体是中国式现代化和中国特色大国外交的历史使命，是在新的动荡变革期回答世界之变、时代之变、历史之变的中国方案。当前中国特色大国外交正经历由“发展中大国”向“发展中强国”、由“边缘”向“中心”、由弱向强、由地区性强国向有全球性影响的大国的转变，正经历由量到质的转变。[①] 在推动构建人类命运共同体的目标下，中国特色大国外交不论是向世界宣介中国式现代化道路经验，还是阐释中国式现代化道

① 王帆：《中国特色大国外交：缘起、成就与发展》，《当代世界》2017 年第 7 期。

路内涵，抑或是诠释其最终目标，都必须以和平和发展为道路取向，呼吁世界各国共同推动构建人类命运共同体。

最后，走和平发展道路的中国式现代化融入中国特色大国外交的实践过程中。和平与发展不仅是实现中国特色大国外交的根本途径，还是中国式现代化的价值遵循。立足于新时代国际形势的变化，走和平发展道路的中国式现代化在外交思想和外交实践中也进一步拓展。一方面，以和平发展为取向的中国特色大国外交在新时代催生出了新思想。和平与发展理念贯穿以世界秩序观、国家责任观和国家利益观为代表的中国特色大国外交新思想内涵。① 另一方面，中国式现代化所遵循的和平与发展理念还具体体现在外交实践过程之中。新时代中国外交维护以联合国宪章为宗旨的国际体系和国际秩序，改革完善国际机制并提供新的国际公共产品，摒弃现有秩序中的不合理部分，促进国际秩序朝向公平正义、公正合理、和合多元、开放包容的方向前进。

四、走中国和平发展道路的中国式现代化的内涵及特点

首先，走和平发展道路是中国式现代化的重要内涵。现代化的重要动力在于由现代生产方式发展而来的新的发展环境、新的发展机制和新的发展手段等。② 而形成现代化动力则要求打破国与国之间的彼此孤立状态，经济全球化成为不可逆转的时代潮流，人类部分地域、国别、种族形成命运共同体，携手共同面对全球风险。中国共产党顺应经济全球化的时代潮流，始终关心人类前途命运，秉持和平与发展

---

① 秦亚青：《中国特色大国外交的思想内涵》，《领导科学》2017 年第 28 期。

② 丰子义：《现代化的理论基础——马克思现代社会发展理论研究》，北京师范大学出版社 2017 年版，第 54 页。

的理念，积极探索和平发展新模式，倡导共商共建共享的全球治理观，推动建设一个持久和平、普遍安全、共同繁荣、开放包容、清洁美丽的世界。中国对现代化道路的艰难探索，始终伴随着对坚持走和平发展道路的理论和实践创新，并成为中国式现代化的应有之义。

其次，走和平发展道路是中国式现代化的鲜明特点。2018 年，习近平总书记在中央外事工作会议上指出："坚持以相互尊重、合作共赢为基础走和平发展道路"，[①] 为中国走好和平发展道路指明方向和路径，也揭示了中国式现代化的鲜明特点。中国式现代化道路既顺应 21 世纪的时代主题，没有走西方战争、殖民、掠夺的老路，又没有为了快速实现工业化，陷入对西方国家的依附，而是选择了一条以工农业产品"剪刀差"为基础的和平性和内生型的发展道路。在这种模式下，中国快速完成社会主义工业化的资金积累，探索建立了一套完整的工业体系。改革开放后，中国又积极融入世界市场，经历几代中国人民勤劳、智慧、奋斗的基础上，探索出一条和平发展、合作共赢为特色的现代化道路。在当今世界局势大发展大变革大调整中，中国式现代化道路以和平发展为特色，主动营造和平发展的良好环境，塑造和平发展的国际格局和世界秩序，更好地促进中国与世界的共同发展。

① 习近平：《论坚持推动构建人类命运共同体》，中央文献出版社 2018 年版，第 538 页。

第二节 走和平发展道路是中国式现代化的内在要求和鲜明特征

中国式现代化是走中国特色社会主义的现代化，是中国共产党带领中国人民掌握自身命运，求发展、谋富强的根本之道。走和平发展道路为中国式现代化提供了良好的内外部环境，是中国现代化建设取得历史性成就的重要原因，更是中国式现代化不同于别国现代化道路的鲜明特征。与此同时，面对百年变局，坚持走和平发展道路也是全面建设社会主义现代化国家的必然选择，是中国式现代化道路的内在要求。无论国际形势如何变化，无论自身如何发展，中国走和平发展道路的决心和信念永不动摇。中国的现代化，必将是既发展自身又造福世界的现代化。

一、中国式现代化是社会主义的现代化，走和平发展道路是中国特色社会主义的本质要求

中国式现代化本质上是走中国特色社会主义道路的现代化。社会主义制度决定了中国式现代化的基本性质和未来走向。习近平总书记在党的二十大报告中将“坚持中国特色社会主义道路”作为中国式现代化的重大原则。[①] 坚持中国特色社会主义是中国式现代化与西方现代化的根本区别，深刻指明了中国式现代化的根本性质和

① 本书编写组：《党的二十大报告辅导读本》，人民出版社 2022 年版，第 21 页。

发展方向。中国式现代化作为中国特色社会主义的重要组成部分，其发展道路、理论体系、文化基础都与科学社会主义的原则要求一脉相承。中国特色社会主义为中国式现代化建设指明了发展方向，分析了发展规律，巩固了制度保障。在新时代的征程中，毫不动摇坚持、与时俱进发展中国特色社会主义，不断丰富中国特色社会主义的实践特色、理论特色、民族特色和时代特色，是全面推进中国式现代化的必由之路。

中国特色社会主义为中国式现代化提供和平稳定的国际环境。随着现代化建设的深入推进，现代化任务更加艰巨，以和平发展道路为本质的中国特色社会主义能够为中国式现代化向前发展提供良好的外部环境。当前，中国式现代化前进的道路并非一片坦途。从国际上看，国际局势动荡不定，世界百年未有之大变局加速演进，世纪疫情影响深远，逆全球化思潮抬头，单边主义、保护主义明显上升，世界经济复苏乏力，乌克兰危机延宕升级，世界变乱交织。从国内来看，我国发展仍面临不少的深层次矛盾，发展不平衡不充分问题还比较突出，管党治党仍然面临一些较为紧迫的棘手难题。我国现代化发展进入战略机遇和风险挑战并存、不确定难预料因素增多的时期，各种“黑天鹅”“灰犀牛”事件随时可能发生，需要应对的风险挑战、防范化解的矛盾问题比以往更加严峻复杂。越是伟大的事业，越充满风险挑战，越需要和平稳定的环境。改革开放以来，中国既通过维护世界和平发展自己，又通过自身发展维护世界和平，中国特色社会主义制度已经形成了以和平发展道路为本质，涵盖党的领导和政治、社会、文化、军事、外交、生态文明等领域的严密完整科学制度体系，其中在国际上就表现为一条致力于谋求合作共赢的和平发展之路，为中国式现代化的持续推进营造出和平稳定的有利环境。这不仅是对国际社会关注中国发展道路取向的积极回应，更体现着中国特色社会主义实现自身发展目标的制度自信和制度自觉。

二、中国式现代化是共产党领导的现代化，走和平发展道路是党带领人民探索现代化的经验总结和根本追求

中国式现代化是共产党领导的现代化。党的二十大报告指出："中国式现代化，是中国共产党领导的社会主义现代化，既有各国现代化的共同特征，更有基于自己国情的中国特色。"[①] 从创立之初起，中国共产党就是一个胸怀天下，为人民谋幸福，为民族谋复兴、为人类谋进步、为世界谋大同的政党。中国式现代化就是在中国共产党的领导下，以坚持走中国特色社会主义道路为方向指引，以经济建设为中心，以全面建设社会主义现代化国家为目标，逐步实现国家富强、民族振兴和人民幸福的现代化过程。建党百余年来，中国共产党在经历新民主主义时期、社会主义革命和建设时期、改革开放和社会主义现代化建设新时期后，在中国特色社会主义新时代不断实现理论和实践上的创新突破，深化对中国式现代化的内涵和本质的认知，概括形成了中国式现代化道路。[②] 历史经验和实践效果证明，中国共产党是中国式现代化理论和实践的创立者、倡导者和领导者，更是中国式现代化各项事业的统领者、开拓者和践行者。

走和平发展道路是党带领人民探索现代化的经验总结和根本追求。走和平发展道路，是由中国共产党性质宗旨和我国社会主义制度

---

① 本书编写组：《党的二十大报告辅导读本》，人民出版社 2022 年版，第 20 页。

② 郭广银：《中国共产党探索中国式现代化的历史逻辑》，《红旗文稿》2023 年第 5 期。

性质所决定的。[1] 从毛泽东思想、邓小平理论、“三个代表”重要思想、科学发展观到习近平新时代中国特色社会主义思想，都蕴含着对中国式现代化走和平与发展道路的深入探讨。毛泽东思想描绘出了四个现代化蓝图和社会主义建设中的十大关系，包含着对和平发展道路的初步探讨；中国特色社会主义理论体系提出了“中国式现代化”概念、“三步走”战略、处理社会主义现代化中的若干重大关系和探索现代化规律，明确提出中国式现代化是走和平发展道路的现代化；习近平新时代中国特色社会主义思想又对现代化展开系统性阐释，提出原创性论断，明确走和平发展道路的现代化是中国式现代化的五个显著特征之一。[2] 坚持走和平发展道路，既是百年来中国共产党带领人民探索现代化经验的总结，又是以习近平新时代中国特色社会主义思想为指导的中国共产党的根本追求所在，为人类对现代化的探索作出了重要贡献。

三、中国式现代化是发展中国家的现代化，走和平发展道路符合中国国际地位定位和国情发展阶段

中国是世界上最大的发展中国家，社会主义初级阶段的基本国情决定了中国式现代化道路是一条发展中国家的现代化道路。习近平总书记在中国共产党与世界政党高层对话会上作主旨讲话时指出：“一个国家走向现代化，既要遵循现代化一般规律，更要立足本国国情，具有本国特色。什么样的现代化最适合自己，本国人民最有发言权。

① 习近平外交思想研究中心：《中国式现代化是走和平发展道路的现代化》，http://dangjian.people.com.cn/n1/2023/0214/c117092-32623305.html。

② 辛向阳：《中国共产党的领导与中国式现代化》，《马克思主义研究》2022年第10期。

发展中国家有权利也有能力基于自身国情自主探索各具特色的现代化之路。”[①] 中国式现代化，不仅打破了“现代化 = 西方化”的迷思，也进一步拓展了发展中国家走向现代化的路径选择，为人类对更好社会制度的探索提供了中国方案。在现代化进程中，发达国家和发展中国家的现代化有着不同的逻辑和推进方式。历史上虽然有很多发展中国家都尝试建设现代化，但没有一个发展中国家通过照搬发达国家现代化模式、依赖外部力量获得成功。中国式现代化结合自身国情，摆脱对西方的依附和对他国的掠夺，用几十年时间走完西方几百年才走完的工业化、城市化道路，为发展中国家开辟了一条成长于传统现代化道路之外的全新路径。

走和平发展道路的现代化源于对实现中国发展目标条件的准确把握。走和平发展道路的现代化途径不仅符合中国的国际地位定位，也适应中国国情发展阶段。现阶段，中国已经是世界第二大经济体，突破了现代化发展过程中“稳定”和“发展”之间的悖论，找到了一条既保持经济快速发展，又维持国内政治稳定的和平发展道路。但中国的综合实力和国际影响力同发达国家之间还有较大差距，我国仍处于并将长期处于社会主义初级阶段的基本国情没有变，我国是世界最大发展中国家的国际地位没有变。因此，中国走和平发展道路的现代化既能适应本国国情，继续在和平与发展中谋求自身发展；又符合中国的国际定位，通过发展中国家的自身发展更好地维护世界和平与发展。

---

① 新华社：《携手共绘人类社会现代化新图景——习近平总书记在中国共产党与世界政党高层对话会上的主旨讲话引发国际社会热烈反响》，http://www.gov.cn/xinwen/2023-03/16/content_5746989.htm。

第三节　走和平发展道路是实现中国式现代化的实践路径

和平与发展是当今时代的主题，也是人类永恒的追求。中国式现代化是走和平发展道路的现代化，和平发展是全面建设社会主义现代化国家的必然选择。中国仅用几十年时间就取得了现代化建设的辉煌成就，一个重要原因就是牢牢把握和平与发展的时代主题，牢牢把握住了世界发展大势和历史的正确方向，坚持走和平发展道路。我们坚定站在历史正确的一边、站在人类文明进步的一边，高举和平、发展、合作、共赢旗帜，在坚定维护世界和平与发展中谋求自身发展，又以自身发展更好维护世界和平与发展。在中国共产党的正确领导下，中国破除了阻碍国家和民族发展的思想与体制障碍，探索出了一条和平与发展的现代化新道路，既为自身实现高质量发展开辟了光明的前景，也为广大发展中国家实现和平发展的现代化道路提供了中国方案。

一、以自身发展促进世界和平与发展

中国始终是通过改变自己、发展自己来影响世界的。中国在实现自身现代化与发展的同时，也促进了世界和平与发展。中国以其快速的经济增长和长期社会稳定，以其政治的稳定性和和平发展政策的确定性，成为世界经济重要的稳定器、增长极和动力源。首先，中国的和平发展战略为实现中国式现代化提供了重要保障。中国始终遵循“大道之行，天下为公”的价值追求，秉持“世界好，中国

才能好；中国好，世界才更好”的发展理念，在自身发展的同时努力为世界创造更多的共同发展机遇。中国坚决反对霸权主义、强权政治和冷战思维，创造性提出并积极践行全球发展倡议、全球安全倡议以及全球文明倡议，在维护世界和平与发展方面持续发挥着重要作用。中国坚持和平发展战略，强调和平共处、合作共赢的原则，致力于在国际社会中维护世界和平与稳定。这为中国实现自身现代化创造了有利的外部环境和条件，为中国推进全球治理改革与完善提供了中国智慧和中国方案。同时，中国的和平发展战略也是中国对外开放的基础，使中国得以与全球各国建立更加广泛、深入的伙伴关系和合作路径，进一步促进了中国现代化进程。

其次，走和平发展的中国式现代化道路为世界和平与发展注入强大正能量。中国充分发挥负责任大国作用，坚持多边主义，坚持联合国在国际体系中的核心地位，坚持开放性与包容性，促进国际社会共同塑造更加公正合理的国际新秩序。中国深化同周边国家的互利合作，努力使自身发展惠及周边国家。中国坚持和平发展、开放发展、合作发展和共同发展，明确表示欢迎各国搭乘中国发展的“顺风车”，以推进“一带一路”等国际倡议为包括发展中国家在内的世界各国提供发展机遇。中国通过自身的发展和提供发展援助等方式，旨在推动全球共同发展，缩小南北差距、贫富差距，帮助发展中国家加速发展，从而实现全球发展的平衡。此外，中国还以全球发展合作为手段不断完善全球治理体系，提出应对全球治理变局、解决逆全球化的中国方案，为世界和平稳定作出重要贡献。中国走和平发展的现代化道路，必将不断为世界和平与发展注入强大正能量。

二、坚定奉行独立自主的和平外交政策

独立自主的和平外交政策在中国式现代化进程中具有深厚历史背景、实践价值和重大时代意义。首先，独立自主的和平外交在中国有着悠久的历史传统，是中国现代化进程中的重要组成部分。中华文明之所以能够成为人类历史上唯一一个绵延5000多年而未曾中断、历久弥新的伟大文明，与独立自主的民族精神、和合共生的文化传统息息相关。其次，新中国成立以来，独立自主的和平外交政策为实现现代化创造了良好的政治条件和外部环境。最后，进入新时代，独立自主的和平外交政策被赋予新的时代意义和思想内涵，指引中国式现代化道路不断向前发展。新时代是一个需要坚持独立自主、实现和平发展的时代。新时代独立自主和平外交政策，是服务实现中华民族伟大复兴与推动构建人类命运共同体的有机统一，是坚定维护国家核心重大利益与促进国际公平正义的有机统一，是中国坚持走和平发展道路与推动各国共同走和平发展道路的有机统一。正是独立自主的和平外交政策理念的不断创新，推动中国式现代化的实践路径不断健全完善。在百年奋斗历程中，中国共产党始终坚持独立自主原则，并科学运用于中国革命、建设和改革的伟大实践中。坚持独立自主是中国共产党领导人民成功走出中国道路的关键，中国道路是实现中华民族伟大复兴、创造人类文明新形态的必由之路。

三、坚持在和平共处五项原则基础上同各国发展友好合作

和平共处五项原则以及在此基础上与各国共同发展的友好合作关系，为中国式现代化如何实现不殖民不扩张的现代化提供了正确路径。

60 多年来，历经国际风云变幻，和平共处五项原则作为一个开放包容的国际法原则，集中体现了主权、正义、民主、法治的价值观。[①]和平共处五项原则不仅成为我国对外政策的基石，更有力维护了广大发展中国家权益，为中国实现现代化创造良好外部环境，更是对其他发展中国家实现现代化梦想的理论贡献和行动指南。

中国式现代化必须坚持和平共处五项原则基础上与各国开展友好合作。习近平主席指出，和平共处五项原则的精髓，就是所有国家主权一律平等，反对任何国家垄断国际事务。[②]和平共处五项原则集中体现了新型国际关系的本质特征，是一个相互联系、相辅相成、不可分割的统一体，适用于各种社会制度、发展水平、体量规模国家之间的关系。和平共处五项原则摒弃了弱肉强食的丛林法则，壮大了反帝反殖力量，加速了殖民体系崩溃瓦解，为和平解决国家间历史遗留问题及国际争端开辟了崭新道路。从理论层面上看，和平共处五项原则是中国式现代化理论下国家间友好合作的指导原则，是对世界现代化理论内涵的重大理论贡献。从现实意义上看，和平共处五项原则为中国式现代化的有效落实提供环境保障。

四、坚定奉行互利共赢的开放战略

在实现中国式现代化的进程中，中国必须坚定奉行互利共赢的开放战略。互利共赢的开放战略一方面有利于维护开放型世界经济，营造更好的国际环境；另一方面，也有利于促进国内进行深层次体制机

① 《习近平外交演讲集》第一卷，中央文献出版社 2022 年版，第 151 页。

② 《习近平外交演讲集》第一卷，中央文献出版社 2022 年版，第 151 页。

制改革，不断提高发展质量和发展活力。[①] 而中国式现代化道路，就是一条坚定奉行互利共赢的开放战略的道路。

首先，实施互利共赢开放战略是中国式现代化道路的内在要求。开放和合作是推动经济发展和繁荣的必由之路。中国深知中国式现代化离不开经济全球化和国际贸易。中国一方面积极适应全球化，坚持全球化正确发展方向，践行共商共建共享的全球治理观，坚持真正的多边主义，参与全球治理体系改革和建设，推动世界贸易组织、亚太经合组织等多边机制更好发挥作用，扩大金砖国家、上海合作组织等合作机制的影响力，将中国式现代化的发展成果惠及全球。另一方面，中国主动承担大国责任，在立足扩大内需发展的同时，不断提高对外开放水平，引进高质量的外资和技术，提高对外贸易的规模和质量，高质量建设“一带一路”，构建面向全球的高标准自由贸易区网络，推动建设开放型世界经济，引领全球经济复苏。可以说，在全球化不断深入发展的背景下，中国式现代化的内在要求就是坚持实施互利共赢的开放战略。

其次，实施互利共赢开放战略是推动人类社会向前发展的历史逻辑。人类现代化进程的发展规律已经表明，开放合作将带来发展进步，封闭保守必然落后挨打，任何国家和民族的复兴都需要沿历史逻辑向前发展。从党的十八大提出的“构建开放型经济新体制”，到十九大提出的“全面开放”，再到二十大强调的“高水平对外开放”，“开放”已成为新时代全面深化改革、推动高质量发展、加快构建新发展格局的重要途径。

---

① 姚枝仲：《奉行互利共赢开放战略推进高水平对外开放》，《财经智库》2022 年第 7 期。

最后，实施互利共赢开放战略也是发展中国式现代化道路的重要途径。中国式现代化要想实现经济持续稳定发展，需要形成以国内大循环为主体、国内国际双循环相互促进的新发展格局。互利共赢的开放战略能够凸显中国国际经济合作和竞争新优势，同时激活国内市场发展动力与资源的有效配置。因此，坚定奉行互利共赢的开放战略是中国在国际上推进高水平对外开放，建设多元平衡、安全高效的全面开放体系的重要途径，有利于促进构建国内新发展格局，构建高质量国民经济循环。

五、始终做世界和平的建设者、全球发展的贡献者、国际秩序的维护者

中国式现代化是统筹国内国际两个大局的现代化，不仅关注中国国内如何发展，同时关注世界如何发展。长期以来，中国在国际事务中不断表达出愿意与其他国家一道为世界和平、全球发展和国际秩序作出贡献的意愿。中国始终做世界和平的建设者、全球发展的贡献者、国际秩序的维护者，以中国式现代化为桥梁和纽带，把中华民族伟大复兴与全人类的前途命运紧密连结起来，赋予了中国式现代化崇高的时代使命。中国式现代化的成就和贡献，不仅是历史性的，也是世界性的。无论国际形势如何变化，无论自身如何发展，都永不称霸、永不扩张、永不谋求势力范围，中国始终都是维护世界和平的坚定力量。

首先，实现中国式现代化需要中国始终做世界和平的建设者。中国式现代化发展需要和平稳定的国际环境，只有和平稳定的国际环境才能为中国式现代化提供成长机遇。为此，中国一方面坚持人类是不可分割的安全共同体，坚定维护国际和地区的稳定，先后参加提出了

一系列维护国际与地区和平外交政策和机制，相继发布《全球安全倡议概念文件》《关于政治解决乌克兰危机的中国立场》和《关于阿富汗问题的中国立场》等文件，与国际社会一道践行全球安全倡议，破解全球安全困境，推动阿富汗、朝核、伊核、乌克兰危机、非洲之角、中东等热点问题的解决；另一方面，中国秉持和平共处五项原则，坚决维护国际和地区的和平稳定。中国通过主持和平谈判，参与维和行动和打击恐怖主义等国际行动，为促进世界和平作出了重要贡献。

其次，中国式现代化道路要求中国始终做全球发展的贡献者。在探索中国式现代化的过程中，中国始终凝聚全球繁荣发展合力，推动构建全球发展命运共同体。在 2016 年 9 月举办的二十国集团领导人杭州峰会上，中国支持多边贸易体制，首次把发展议题置于全球宏观政策协调的突出位置，反对一切形式的贸易保护主义，保障全人类的共同福祉。2021 年 9 月，习近平主席在第 76 届联大一般性辩论时提出了全球发展倡议，强调发展是解决一切问题的“总钥匙”。2022 年 11 月，中国在国际发展合作署正式成立全球发展促进中心，这是中国为落实全球发展倡议，深化国际发展合作的一项重要举措。从探索符合自身国情的发展道路，到改革开放，从减贫脱贫，到国际抗疫合作，中国共产党在为人民谋幸福的同时，也为世界和平与发展作出重要贡献。

最后，中国式现代化道路要求中国始终做国际秩序的维护者。在走中国式现代化道路过程中，中国始终维护以联合国为核心的国际体系、以国际法为基础的国际秩序，支持联合国在国际事务中发挥核心作用，坚定维护国际关系基于联合国宪章的基本准则，维护多边主义、公平正义以及国际法治，反对霸权主义和强权政治。中国旗帜鲜明地主张坚持真正的多边主义，不断推动以人类命运共同体为核心的全球治理体系建设。中国提出“一带一路”国际合作倡议、全球发展倡议、全球安全倡议与全球文明倡议，并提出与一系列多领域命运共同体，从全球层次、地区合作层面、双边关系层面、应对全球性挑战的功能领域层面推动人类命运共同体建设。旨在通过共商、共建、共享、共赢的方式，推动世界各国共同构建人与自然生命共同体、地球生命共同体、全球发展共同体、全球安全共同体和全球文明共同体等。

第四节　走和平发展道路的中国式现代化的重要世界意义

走和平发展道路的现代化，是中国共产党百年奋斗中坚持胸怀天下，始终关注人类前途命运重要历史经验的集中体现。中国式现代化造福中国、利好世界，不仅使中国在短短几十年时间内成为“世界现代化的增长极”，也创造人类文明新形态，为人类和平与发展的崇高事业作出巨大贡献。中国的发展是世界和平力量的增长，是全球发展新机遇的增长。中国共产党始终以世界眼光关注人类前途命运，从人类发展大潮流、世界变化大格局、中国发展大历史正确认识和处理同外部世界的关系，既为中国人民谋幸福、为中华民族谋复兴，又为人类谋进步、为世界谋大同。

一、走和平发展道路的中国式现代化超越了西方对外扩张掠夺的现代化模式，构建了人类社会现代化发展新图景

中国共产党领导人民成功走出中国式现代化道路，与奉行扩张主

义、霸权主义的西方现代化发展模式具有根本性区别。中国式现代化道路是一条和平发展之路、合作共赢之路、开放包容之路。中国沿着这条道路不断向前迈进，摒弃了以侵略、剥削、压迫为特征的西方现代化弊端，也突破了部分发展中国家受制于西方的困境，为人类社会现代化发展构建新图景。

首先，中国式现代化是建立在和平发展的基础之上的。相比于西方国家在进行现代化过程中的殖民扩张和霸权主义行为，中国式现代化秉持和平共处五项原则，不认同不接受“国强必霸”的陈旧逻辑，始终坚持和平发展的理念，从不对其他国家进行扩张或者干涉。回顾历史，西方各国在追求现代化过程中存在一些难以克服的痼疾，既有对殖民地的直接掠夺和压榨、西方国家之间为争夺财富和权力而发动的战争，也有西方国家通过现代化暴力手段打开东方市场。尽管这一过程给西方国家带来了利益，助力了其自身发展，但给其他国家带来了深重的痛苦和灾难。[①]中国的现代化发展从来不是以扩张和征服为目的，而是在实现自身现代化的基础上，积极为全球和平发展做出贡献。[②]中国式现代化既要实现国强民富，也要维护世界持久和平、共同繁荣发展。和平发展的理念，不仅符合当今时代潮流，也建立起世界各国信任和合作的重要基础。中国把自身的现代化进程同世界的发展统一起来，顺应历史前进的逻辑，弘扬和平、发展、公平、正义、民主、自由的全人类共同价值，在平等互惠基础上发展与各国的友好关系，彰显出古老中华文明的智慧和当代中国的责任担当，展现了中国愿与世界共同发展的开放胸襟。

---

① 孙吉胜:《中国式现代化助力构建人类命运共同体》,《国际问题研究》2022年第6期。

② 胡文丽：《中国式现代化的世界意义》，《国际问题研究》2022 年第 6 期。

其次，中国的现代化超越了单一的发展模式，注重社会全面进步。传统的西方现代化发展模式通常注重经济发展，将 GDP 增长作为主要目标，忽视了社会发展的全面性。这种发展模式导致一些社会问题的出现，例如贫富差距扩大、环境污染等。相比之下，中国在发展过程中兼顾经济和社会的双重发展，并将人民的福祉置于首位。中国采取的现代化发展模式注重经济建设、政治建设、文化建设、社会建设和生态文明建设"五位一体"的全面发展战略，致力于促进人的全面发展和社会的全面进步。[①] 这种全面发展的现代化模式能够更好地满足人民的发展需求，超越了西方传统发展模式，顺应人类社会发展规律，构建了人类现代化发展新图景。

二、走和平发展道路的中国式现代化打破了"历史终结论"与"文明冲突论"，开辟了人类文明新形态

随着世界现代化进程的不断深入，西方现代化模式种种弊病日益显现，但美西方仍然没有放弃主导世界现代化格局的初衷，强行推销自己的价值观和发展模式。过去以战争和破坏为手段的直接殖民难以为继，就改为间接"经济殖民"。同时披上新自由主义、"历史终结论""文明冲突论"等意识形态外衣。而走和平发展道路的中国式现代化模式，打破了"历史终结论""文明优越论"和"文明冲突论"，取得了一系列经济、政治、文化方面的成果，为人类文明开辟了新的形态。

首先，中国式现代化摒弃西方国家所谓的"普世价值"观，保持

---

① 习近平：《把握新发展阶段，贯彻新发展理念，构建新发展格局》，http://www.gov.cn/xinwen/2021-04/30/content_5604164.htm。

了政治稳定和社会进步。从世界历史看，近代以来，西方现代化在“普世价值”的鼓吹下被奉为走向现代化的唯一模式。[①] 然而，借鉴和模仿西方现代化模式的后发国家大多均未能跨过“中等收入陷阱”，有的还引发了多种社会矛盾和冲突，造成社会危机。[②] 中国不仅注重经济发展，还积极发展社会事业和改善人民生活，推进社会主义和谐社会建设，加强人权保障和推进全过程人民民主，保证了政治的稳定，从而使得经济和社会得以全面、健康、可持续地发展。中国式现代化始终以弘扬全人类共同价值为道路指引和价值引领，扬弃和超越了“普世价值”，为引领 21 世纪人类文明进步时代潮流和发展方向，为推动人类文明重建，提供了凝聚人类思想共识、化解文明冲突的中国方案。中国式现代化的成功实践为世界各国人民摆脱贫穷与动荡、追求和平与发展提供了宝贵经验，为人类文明的发展贡献了中国智慧，提供了迥异于西方现代化的另一种现代化模式，打破了只有西方资本主义道路才能实现现代化的神话，破解了发展中国家实现现代化的难题。中国式现代化的成功实践证明，世界上既不存在定于一尊的现代化模式，也不存在放之四海而皆准的现代化标准，各国历史条件和国情不同，决定了各国选择发展道路的多样性。[③]

其次，走和平发展道路的中国式现代化不仅是一种发展模式，更是对文明模式的重大创新。这种创新主要表现在以下几方面。第一，

---

① 谢韬：《当“普世价值”遇上全人类共同价值》，《国际问题研究》2022 年第 5 期。

② 林毅夫：《经济发展与转型：思潮、战略与自生能力》，北京大学出版社 2008 年版；林毅夫：《百年未有之大变局下的中国新发展格局与未来经济发展的展望》，北京大学学报（哲学社会科学版））2021 年第 5 期。

③ 新华社：《中国式现代化创造人类文明新形态——三论深刻领会习近平总书记在学习贯彻党的二十大精神研讨班开班式重要讲话》，http://www.gov.cn/xinwen/2023-02/11/content_5741106.htm。

中国式现代化倡导的是文明共存而非文明冲突。[1]在现代化发展的过程中，中国始终坚持文化自信，坚持在现代化过程中保持自身文化的独特性，同时也注重吸收和借鉴其他文化的优点，进行文化融合。坚持文明多样性的理念指引中国式现代化反对任何形式的文化冲突和文化对抗。这种对文化多元性的尊重和促进，不仅有助于构建和谐世界，也有助于丰富全球文化的多样性。第二，中国式现代化注重传统文化的继承和发展。中国式现代化既继承自博大精深的中华文明，包涵中华民族深层的精神追求与中华民族独特的精神标识，又发展出符合中国国情，具有中国特色的文明形态。习近平总书记在学习贯彻党的二十大精神研讨班开班式上发表重要讲话强调，“中国式现代化，深深植根于中华优秀传统文化，体现科学社会主义的先进本质，借鉴吸收一切人类优秀文明成果，代表人类文明进步的发展方向，展现了不同于西方现代化模式的新图景，是一种全新的人类文明形态”。[2]第三，中国不断推动文化交流与多元文化平等对话。中国历来注重文明交流互鉴，推崇“和而不同”的文明观。[3]在 2023 年 3 月 15 日举行的中国共产党与世界政党高层对话会上，习近平主席首次提出全球文明倡议，提出“尊重世界文明多样性”等四个倡导，从根本上回答了“我们究竟需要什么样的现代化？”“如何构建人类文明新形态”等一系列时代之问，以中国式现代化的创新实践探索，超越了西方“二元对立”和“零和博弈”的思维方式，打破了西方利用话语霸权树立起的

① 习近平：《携手同行现代化之路——在中国共产党与世界政党高层对话会上的主旨讲话》，https://www.fmprc.gov.cn/zyxw/202303/t20230315_11042301.shtml。

② 《习近平在学习贯彻党的二十大精神研讨班开班式上发表重要讲话》，http://www.gov.cn/xinwen/2023-02/07/content_5740520.htm。

③ 吴志成：《人类命运共同体理念的中华文化基础》，《政治学研究》2023 年第 1 期。

“西方文明中心论”，创造了人类文明新形态，为促进人类文明进步提供了思想引领和精神动力。

三、走和平发展道路的中国式现代化为推动建设新型国际关系，推动构建人类命运共同体提供了新机遇与新路径

当今世界正处于百年未有之大变局，准确把握和平与发展的时代主题，在中国式现代化道路下，推动构建人类命运共同体，对于我们在世界百年变局的迷雾中沉着冷静、保持战略定力、敢于斗争具有重要意义。党的二十大报告把推动构建人类命运共同体作为中国式现代化的本质要求之一，以中国式现代化为桥梁和纽带，把中华民族伟大复兴与全人类的前途命运紧密连结起来。推动构建人类命运共同体，赋予了中国式现代化崇高的时代使命。

走和平发展道路的中国式现代化为推动建设新型国际关系提供了有益探索。中国坚持和平发展，倡导国家间的和平相处和共同发展。一方面，中国将和平发展作为发展的战略方向，维护国际和平与安全。党的十八大以来，中国推动构建相互尊重、公平正义、合作共赢的新型国际关系，积极同各国发展平等、开放、合作的全球伙伴关系，构建全球伙伴关系网络，不断寻求扩大同各国利益的汇合点，在国与国交往中坚持对话而不对抗、结伴而不结盟、包容而不排他的原则，成为名副其实的世界和平的建设者。中国式现代化道路始终指引中国坚持多边主义，支持联合国的作用和维护国际法治。这为世界各国提供了新的发展机遇和经验，也为全球治理提供了新的思路，为推动构建开放、包容、平等、合作的新型国际关系提供了有益探索。另一方面，中国式现代化通过推动经济全球化与国家间合作，形成了新的合作模

式。在经济全球化和多极化的背景下，中国以互利共赢的方式与世界各国进行合作，积极推动建立多边贸易体制和自由贸易区，如中国与东盟、中日韩自贸区等。这些合作机制为各国提供了新的发展机遇，促进了区域乃至全球的经济繁荣和发展。与此同时，中国积极参与国际组织和多边机制，为解决全球性问题提供了有力的支持和合作，为全球治理提供了中国智慧和中国方案。中国式现代化始终推动经济全球化和国家间合作向前发展，推动构建新型国际关系进程。

中国式现代化也为构建人类命运共同体提供了有益的经验和借鉴。第一，中国式现代化指引我们在构建人类命运共同体过程中要始终坚持走和平发展道路。中国式现代化除了具有各国现代化的共同特征外，必须注重彰显自己的特色和内涵，不仅要着眼于国内，也要放眼于人类的未来。构建人类命运共同体就是要构建持久和平、普遍安全、共同繁荣、开放包容、清洁美丽的世界，这也是中国式现代化的本质要求。[①] 第二，中国式现代化要求我们在构建人类命运共同体过程中要始终坚持国际合作和共赢发展。在党的十九届六中全会审议通过的《中共中央关于党的百年奋斗重大成就和历史经验的决议》中，将坚持胸怀天下，始终关注人类前途命运列为中国共产党百年奋斗的一条重要历史经验。中国积极倡导国际合作和共赢发展，通过“一带一路”倡议、金砖国家合作机制、中非合作论坛、上海合作组织等多边机制，推动各国加强互利合作，实现共同发展。中国同时倡导多边主义和全球治理体系改革，推动国际秩序朝着更加公正合理的方向发展。例如，在气候变化、全球贸易、粮食安全等领域，中国始终积

① 孙吉胜:《中国式现代化助力构建人类命运共同体》,《国际问题研究》2022年第6期。

极参与国际合作，为推动全球治理作出了重要贡献。第三，中国式现代化也要求我们在构建人类命运共同体过程中坚持弘扬全人类共同价值，推动文明交流互鉴。弘扬全人类共同价值、推动不同文明间的平等对话和交流有助于加深人们对不同文化之间的理解和认知，从而为构建人类命运共同体提供了更广阔的空间，人类命运共同体理念也得到了越来越多国家和国际组织的支持和认同。中国式现代化的成功经验证明了和平发展和文明交流的重要性，展示了人类文明多样性的新形态。这也为全球治理和人类文明进步提供了新的思路和发展方向。

第八章

推进中国式现代化是一个系统工程

党的十八大以来，以习近平同志为核心的党中央根据新时代发展的新特点、新任务，提出了一系列治国理政、改革发展的新思想、新举措，做出了全面深化改革、全面依法治国、全面从严治党、全面建成小康社会的新部署，经济体制、政治体制、文化体制、社会体制、生态文明体制改革取得重大进展；提出了创新、协调、绿色、开放、共享发展的新理念，全面建成小康社会和扶贫攻坚目标圆满实现；提出了共建“一带一路”、构建人类命运共同体、全球发展倡议、全球安全倡议、全球文明倡议，为全球发展与治理提供了中国方案。习近平总书记和以习近平同志为核心的党中央把马克思主义与中国实际相结合推向了新的发展阶段，形成了习近平新时代中国特色社会主义思想。系统观念作为一种科学的认识论和方法论，是习近平新时代中国特色社会主义思想的重要组成部分，是我们在复杂多变的国内外形势下做出正确决策的锐利思想武器。我们要按照党的二十大报告的要求：“必须坚持系统观念”。“善于通过历史看现实、透过现象看本质，把握好全局和局部、当前和长远、宏观和微观、主要矛盾和次要矛盾、特殊和一般的关系，不断提高战略思维、历史思维、辩证思维、系统思维、创新思维、法治思维、底线思维能力，为前瞻性思考、全局性谋划、整体性推进党和国家各项事业提供科学方法。”

第一节 系统观念体现唯物论和辩证法的重要内涵

2020 年党的十九届五中全会提出“坚持系统观念”，这是总结党的十八大以来各方面的实践经验在思想方法上做出的新概括，是我们党坚持辩证唯物主义和历史唯物主义认识论、方法论的新提升，是应对国内外各种复杂局面，把党和国家各项事业推向新阶段、实现新目标的新要求。

辩证唯物主义和历史唯物主义是马克思主义的哲学基础，是指导和支配我们思维方式和实践活动的世界观和方法论。中国共产党作为一个拥有 9800 多万党员的大党，正在从事前无古人的建设中国特色社会主义的伟大事业，提高全党的马克思主义水平，坚持用正确的世界观和方法论来分析判断形势，做出正确决策，指导各项工作，是不断夺取新胜利的根本保证。

按照唯物辩证法的观点，世界是物质的，各类物质是相互联系并不断运动的，各种不同运动存在着一定的规律性，这种规律性能够被认识和掌握，并被用于改造人的主观世界和客观世界。正确地认识世界是改造世界的前提条件。正确的决策来自对事物的本质和主客观条件的正确分析和判断。如何获得对事物的正确认识？这就成为顺利推进伟大事业和圆满完成重要任务首先要解决好的问题。

党的二十大进一步明确了到2035年基本实现现代化，到本世纪中叶建成富强民主文明和谐美丽的社会主义现代化强国的目标，这是十四亿中国人民共同推进的伟大事业，是人类社会迄今为止规模最大、最复杂的社会系统工程。上世纪80年代初，邓小平同志提出著名的现代化建设分三步走的战略部署，前两步目标已圆满实现。1997年党的十五大提出两个百年奋斗目标，第一个百年目标也已实现。现在，全党全国人民正集中力量确保到2035年使人均国内生产总值达到中等发达国家水平，基本实现现代化。从现在起到2035年还有13年时间，这是实现中华民族伟大复兴的关键时期。之所以说是关键时期，一是因为未来13年必须完成产业升级任务，许多国家都因未能实现产业升级而长期徘徊在中等收入国家行列。由于前40多年我们能够引进的技术基本都已引进，未能引进的都是国外企业不会转让的核心技术，所以我们必须主要依靠自主创新来实现产业升级，这是一场历史性的决定国运的科技攻坚战。二是需求不足将成为制约未来13年经济增长的主要矛盾，在出口受国际因素影响不可能持续大幅增长、投资率也不可能长期保持目前明显偏高水平的情况下，消费将成为拉动经济增长的主要动力，而消费的增长受到居民收入增长率和收入分配结构的制约。这个问题能否解决，又取决于缩小城乡收入差距和调整国民收入分配结构能不能迈出实质性步伐。三是外部环境不确定性因素增多，美国把中国确定为主要打压对象，推行产业链去中国化和美中经济脱钩，极力挑动台海、南海冲突，维护我发展战略机遇期的难度加大。面对艰巨任务和复杂环境，我们要如期实现预定目标，必须提高全党的认识能力、思维能力、决策能力、应变能力，学会用系统观念分析形势、把握全局、破解难题，从而带领全国人民胜利度过这 13 年的关键时期，到 2035 年基本实现现代化。中国有句古语，行百里者半九十。为了中华民族伟大复兴，我们盼望和奋斗了一百多年，在接近成功的时刻，我们必须加倍努力，科学决策，稳妥应对，确保第二个百年奋斗目标圆满实现。

系统观念体现了唯物论和辩证法的重要内涵，属于唯物主义认识论和方法论的范畴，是认识世界、改造世界的科学思维方式。

系统观念的基本观点就是把物质世界的任何事物都看成一个系统，任何一个系统都由若干子系统或若干要素构成。也就是说，系统是自然界物质的普遍存在形式。系统及其要素相互联系、相互依存，并处在不断运动和转化过程中。系统及其要素的运动和转化具有一定客观规律性，人类认识了这种客观规律，就可以发挥主观能动性，利用和把握客观规律，促进系统和要素朝着有利于自己的方向转化，利用客观规律为人类服务。在物质和意识的关系上，物质第一、意识第二，意识是物质在人头脑中的反映。人的意识要准确反映物质构成、形态、运动方式和变化规律，就需要进行深入地调查研究和系统分析，要借助现代科学技术提供的手段，包括微观分析和宏观数据，借助计算机的定量分析手段，使定性分析与定量分析结合起来，使人对物质的认识更加精准和全面。

系统观念的基本思想方法，就是把研究和处理的对象当作一个系统，分析系统的结构和功能，把握系统、要素、环境三者之间的变化规律，探讨优化系统的途径。如能借助现代工程学，把系统论与信息论、控制论结合起来，在采集有关系统的完备信息数据的条件下，就可以将系统及其要素的运动和转化规律编制成数学模型，利用数字孪生技术，把社会工程、经济工程转变为可在计算机、大数据、云计算上操控、调节的系统，通过自变量的变化引起因变量的转变，通过要素或子系统的变化引起目标系统的转变，从而使目标系统达到最优状态。

我国著名科学家钱学森是控制论的原创者，他把控制论应用于火箭发射的实践，取得了成功。生前，他多次提出把系统论、控制论应用于国家管理，实现宏观经济和社会管理的定量化、科学化、精准化。在泛在、高效、大容量无线宽带网络已经建成，超级计算机和云计算、数据库和人工智能已经出现的今天，科学精准地认识客观世界，利用客观规律能动地改造世界，已经不再是梦想，而具有现实可能性。利用现代科技手段辅助宏观经济决策和国家管理，从而提高宏观决策的科学性和宏观调控的效率，也具备了现实可能性。例如，中科院专家利用卫星遥感数据预测粮食产量，为国家粮食安全管理提供重要参考。

第二节　系统观念是具有基础性、科学性的思维方式

系统观念作为一个哲学命题，随着自然科学进步和经济发展逐步完善起来，并日益受到人们的重视。特别是数字经济的快速发展，人们越来越多地把经济活动数字化，把数字经济化，在数字化过程中提高了对物质世界的认识能力，打开了过去无法认知的领域，开阔了眼界，拓展了人的主观认知和能动性。正如习近平总书记所总结的："系统观念是具有基础性的思想和工作方法。"学会用系统观念分析问题、解决问题，成为新时代每一个领导干部必备的科学素养，成为各项工作能够提高效率、事半功倍的重要方法。

当代系统科学的发展，已经形成许多专门知识。按照学科领域划

分，可分为自然系统、社会系统和思维系统；按照范围划分，有宏观系统、微观系统；按状态划分，有平衡系统、非平衡系统、近平衡系统和远平衡系统；按人类干预情况划分，有自然系统、人工系统；按层次划分，有总系统、子系统等。仅以生命科学为例，如果把人体视为一个总系统，子系统就包括骨骼、肌肉、血液、呼吸、神经、消化、生殖等系统，一步步深入观察研究，直到细胞、蛋白质、基因等。人类之所以能成为一个高智能动物，与各个微观层面的系统及其结构和作用密切相关。如果把宏观经济视为一个总系统，其子系统的层级、结构、关系、作用等会更加复杂。再把 2035 年基本实现现代化视为一个社会系统工程，引入自变量和因变量，探讨各个子系统和要素之间的函数关系，研究如何确保目标的实现，其复杂性更是超乎想象。利用现代科技手段，把宏观经济决策建立在定性分析与定量分析相结合的基础之上，有助于提高决策的精准度，减少盲目性和片面性。

用系统观念分析形势、指导工作，应把握好它的整体性、关联性、动态性、开放性、适应性。

整体性即系统是一个完整的统一体，其内部的每个子系统和要素都是这个整体不可或缺的一部分，每个部分都有自己的功能，在解决整个系统的问题时必须了解每个部分是否正常，注意局部对全局的影响；在解决局部问题时，要了解整个系统的运行规律和发展趋势，从局部和整体的结合上寻找解决问题的办法。要善于用对立统一规律来分析矛盾，善于抓住主要矛盾和矛盾的主要方面，找到问题的症结所在，通过解决主要矛盾和矛盾的主要方面促成矛盾的转化。尽可能化不利因素为有利因素，为矛盾的解决创造良好的外部环境。

关联性即总系统与子系统之间、各个子系统之间以及作为研究处理对象的系统与其他相关系统之间都会存在千丝万缕的联系，在分析研究对象时，必须充分弄清他们相互之间的影响，不能头疼医头、脚疼医脚。比如解决“三农”这个老大难问题，如果仅仅从农业农村本身来查根源、找办法，往往不得要领、事倍功半。如果从城乡关系入手，就很容易找到打开“三农”问题之锁的钥匙。如果仅从财政支农资金上寻找发展农业农村的资金来源，可能会觉得问题无解，但如果从市场机制上想办法，从建立全国统一、城乡统一的要素市场的角度考虑问题，资金可能会源源而来。

动态性即系统不是静止的，而是随时随地在发展变化着。研究解决系统问题，要从动态的观点、发展变化的观点来观察分析，并且要积极想办法促成事物内部和外部各方面影响因素的变化，创造事物向有利方面转化的条件。例如，美国对中国的敌对和打压政策，看似来势汹汹，实则外强中干，主要是美国政府和议会的一伙代表军工集团利益的右翼分子上蹿下跳。而企业界、学界和美国人民的大部分并不认为中国是他们的敌人，况且美国政府“杀敌八百、自损一千”的对华政策，带来了自身困难和矛盾的加剧。所以，对待美国反华政策，我们既要进行有理、有利、有节的斗争，也要保持定力，不能被美国反华分子带节奏，归根到底是要做好我们自己的工作，保持中国经济的持续、较快、高质量发展，用中国发展的巨大成就粉碎美国剥夺我发展权的图谋。

开放性即系统对内对外都应当是开放的，除了个别必须封闭运行的系统外，都要通过开放吸取外部积极影响，推动系统朝着有利的方向转化，以达到预期目标。封闭意味着故步自封、停滞不前，封闭意味着必然落后。中国近代的闭关锁国，使我们看不到工业革命给人类社会带来的变化，一次次错失了发展机遇。同样，今天美国对我国的封锁、包围、打压，只有用更加开放的办法才能打破。因为毕竟美国代表不了世界，对中国的打压不得人心，多数国家和人民不愿意选边站。经过冷战的教训，发展国际合作、实现共同发展，是全球各国的人心所向。美国把中国的现代化作为打压中国的理由，越来越失去人心。实现中华民族伟大复兴是任何势力阻挡不了的。

适应性即系统对外部环境和内部协调有自适应能力，需要有一个适应过程。新的系统的出现，要有一个磨合过程。一般来说，随着时间的推移，系统内部会产生一定的凝聚力、向心力，在熟悉外部环境后会产生相应的自我完善的修复能力。当然，这要在人工干预的条件下发生。新体制在建立之初，应当关注其运行中出现的问题，及时加以微调，使之逐步发挥出最大的潜能。社会主义市场经济体制是人类社会上一个崭新的前所未有的体制，应当在运行过程中逐步完善。

对于人工系统来说，建立信息反馈系统即自修复机制极为重要。必须将系统运行过程中产生的各类信息，特别是不正常运行的信息，及时采集、汇总，把修正的信息及时反馈到系统运行控制中心，以矫正系统运行状态，确保系统的顺利运转。这就如同火箭发射后，在运行过程中必须根据目标的变化，及时调整火箭的运行方向和状态，以确保达到目标要求。在宏观经济调控系统和社会系统中，建立完备、灵敏、有效的反馈机制，形成有效的自修复系统，是改革开放和宏观调控获得成功的关键。

第三节 全面推进经济政治文化社会生态领域改革发展

2013 年党的十八届三中全会做出的《中共中央关于全面深化改革若干重大问题的决定》指出："全面深化改革的总目标是完善和发展中国特色社会主义制度，推进国家治理体系和治理能力现代化。必须更加注重改革的系统性、整体性、协同性，加快发展社会主义市场经济、民主政治、先进文化、和谐社会、生态文明，让一切劳动、知识、技术、管理、资本的活力竞相迸发，让一切创造社会财富的源泉充分涌流，让发展成果更多更公平惠及全体人民。"这段激动人心的文字高度精炼地概括了全面深化改革的目标、方法、要求和必须达到的理想状态，对全党全国人民以极大鼓舞。

2019 年党的十九届四中全会对坚持完善社会主义制度、推进国家治理体系和治理能力现代化做出了全面部署，强调中国特色社会主义制度是党和人民在长期实践中形成的科学制度体系，我国国家治理一切工作和活动都依照中国特色社会主义制度展开，我国国家治理体系和治理能力是中国特色社会主义制度的集中体现。国际共产主义运动的历史证明，无产阶级夺取政权不容易，巩固政权更不容易。苏联在政权建立初期国内外反动势力的围攻下没有失败，在希特勒法西斯的疯狂进攻下也没有失败，却在 69 年后帝国主义和平演变下垮台了。东欧社会主义国家无一幸免。出现历史的悲剧有多种原因，其中，国家治理体系和治理能力的腐败无能无疑是一个重要原因。

马克思主义关于科学社会主义的理论主要是对无产阶级夺取政权

后建立的新的社会制度的构想。由于缺乏实践经验，马克思、恩格斯不可能对如何完善社会主义国家治理体系、提高国家治理能力，以巩固和完善社会主义制度做出详细具体描述。列宁逝世过早，也没有来得及对国家治理体系和治理能力问题进行更多的实践探索和理论总结。

党的十八大以来，以习近平同志为核心的党中央站在历史和全局的高度，推进“四个全面”战略布局，即全面建成小康社会、全面深化改革、全面依法治国、全面从严治党；党的十九届五中全会与时俱进地将“全面建成小康社会”转变为“全面建设社会主义现代化国家”。同时，对推进新时代“五位一体”总体布局做出了全面部署，即经济建设、政治建设、文化建设、社会建设和生态文明建设“五位一体”，全面推进。提出实现国家治理体系和治理能力现代化的目标，由党的十九届四中全会进行充分讨论并做出专项决定，从而填补了马克思主义关于科学社会主义理论的一个空白，是对科学社会主义理论的重大创新和发展，是马克思主义与中国实际相结合的又一最新成果，是习近平新时代中国特色社会主义思想的重要组成部分，是把系统观念应用于国家治理的集中体现。学习习近平新时代中国特色社会主义思想，落实习近平总书记关于治国理政的重要论述，认真推进国家治理体系和治理能力现代化，对于不断巩固和永续发展中国特色社会主义，做到千秋万代不变色，具有十分重要的现实意义和历史意义。

全面深化改革是经济持续发展的动力源泉，是推进国家治理体系和治理能力现代化的主要途径，是巩固和发展中国特色社会主义的根本举措，也是系统观念在改革领域的具体运用。

经济体制改革是政治、文化、社会、生态文明体制改革的基础，在一定程度上决定和影响着政治、文化、社会、生态文明体制改革的进程。改革首先从经济体制开始，通过改革收入分配体制和调整所有制结构，形成了经济发展的动力机制，增强了经济发展的活力，出现了生产力大发展的局面；通过深化宏观经济管理体制改革，完善宏观经济调控体系，建立起经济运行的平衡机制，为经济持续健康稳定发展提供保障。随着经济体制改革的成功，为政治、文化、社会、生态文明体制改革创造了条件，并提出了配套改革的要求。进入 21 世纪之后，政治、文化、社会、生态文明体制改革逐步提上日程，并陆续展开。全面深化经济体制改革，必须按照党的十八届三中全会《决定》要求，进一步探索公有制实现方式，深化国有企业改革，建立中国特色现代企业制度，鼓励非公有制经济发展；完善以按劳分配为主、按劳分配与按要素分配相结合的分配制度，在实现全体人民共同富裕方面取得更为明显的实质性进展；发挥市场对资源配置的决定性作用和更好发挥政府的作用，提高资源配置效率。通过深化经济体制改革，不断释放经济发展的潜力和活力，确保 2035 年基本实现现代化，到本世纪中叶建成富强民主文明和谐美丽的社会主义现代化强国。

全面深化政治体制改革，必须完善党的领导制度，发挥党在各项事业中的领导核心作用。要完善人民代表大会制度，健全民主协商制度，落实人民对国家重大事务的知情权、参与权、监督权，提高人民群众对国家发展规划和重大政策制定的参与度。政治体制改革是其他各项改革的保证，包括社会主义民主制度建设、法治中国建设、权力运行制约和监督体系建设等，可将各项成熟的改革转变为法律固定下来，并通过民主制度和权力运行体系，确保法律的准确执行和新体制的顺利运行，提高上层建筑和生产关系的运行效率，不断解放和发展生产力。

全面深化文化体制改革，必须坚持以建设社会主义文化强国、增强文化软实力为目标，坚持中国特色社会主义文化发展道路，培育和践行社会主义核心价值观，巩固马克思主义在意识形态领域的指导地位，坚持把社会效益放在首位、社会效益和经济效益相统一。要按照政企分开、政事分开原则，推动政府部门由办文化向管文化转变，推动党政部门与所属的文化企事业单位进一步理顺关系。建立党委和政府监管国有文化资产的管理机构，实行管人管事管资产管导向相统一。建立健全现代文化市场体系，构建现代公共文化服务体系。提高文化开放水平，积极吸收借鉴国外一切优秀文化成果，引进有利于我国文化发展的人才、技术、经营管理经验。中国共产党具有文化创造传统和能力。新文化运动为党的成立进行了舆论准备，引入了马克思列宁主义。依靠成功的翻身做主人的文化运动，动员了全国人民加入和支持共产党领导的民族民主革命，建立了新中国。在建设社会主义现代化国家的进程中，我们一定能继承和发扬党的优良传统，创造出灿烂辉煌的中国特色社会主义文化，不仅鼓舞中国人民，而且必将吸引世界人民。

全面深化社会体制改革，是把发展成果更多更公平惠及全体人民的需要。当前存在社会事业发展滞后于经济发展的突出问题，原因在于社会体制改革滞后于经济体制改革。加快推进社会体制改革，需要从以下几方面着手。

一是要加快教育、科技、人才管理体制改革。要贯彻落实党的二十大精神，坚持教育优先发展、科技自立自强、人才引领驱动，加快建设教育强国、科技强国、人才强国，坚持为党育人、为国育才，全面提高人才自主培养质量，着力造就拔尖创新人才，聚天下英才而用之。要办好人民满意的教育，全面贯彻党的教育方针，落实立德树人的根本任务，培养德智体美劳全面发展的社会主义建设者和接班人。完善科技创新体系，健全新型举国体制，强化国家战略科技力量，优化配置创新资源，优化国家科研机构、高水平研究型大学、科技领军企业定位和布局，提升国家创新体系整体效能，形成具有全球竞争力的开放创新生态。加快实施创新驱动发展战略，坚决打赢关键核心技术攻坚战。深入实施人才强国战略。加快建设世界重要人才中心和创新高地，着力形成人才国际竞争比较优势，努力培养造就更多大师、战略科学家、一流科技领军人才和创新团队、青年科技人才、卓越工程师、大国工匠、高技能人才。真心爱才、悉心育才、倾心引才、精心用才，求贤若渴，不拘一格，把各方面优秀人才集聚到党和人民事业中来。

二是完善分配制度。坚持按劳分配为主体、多种分配方式并存，构建初次分配、再分配、第三次分配协调配套的制度体系。努力提高居民收入在国民收入分配中的比重，提高劳动报酬在初次分配中的比重。坚持多劳多得，鼓励勤劳致富，促进机会公平，增加低收入者收入，扩大中等收入群体。完善按要素分配政策制度，探索多种渠道增加中低收入群众要素收入，多渠道增加城乡居民财产性收入。加大税收等调节力度，保护合法收入，调节过高收入，取缔非法收入。积极发展公益慈善事业。

三是实施就业优先战略。健全政府促进就业的责任制度，完善扶持创业的优惠政策。统筹城乡就业政策体系，消除影响平等就业的不合理限制和就业歧视。推动解决结构性就业矛盾，支持和规范发展新就业形态，加强灵活就业和新就业形态劳动者权益保障。

四是健全社会保障体系。健全覆盖全民、统筹城乡、公平统一、安全规范、可持续的多层次社会保障体系。完善基本养老保险全国统筹制度，发展多层次、多支柱养老保险体系。实施渐进式延迟法定退休年龄。推动基本医疗保险、失业保险、工伤保险省级统筹。落实异地就医结算，建立长期护理保险制度。加快建立多主体供给、多渠道保障、租购并举的住房制度。

五是推进健康中国建设。建立生育支持政策体系，降低生育、养育、教育成本。实施积极应对人口老龄化国家战略，发展养老事业和养老产业，推动实现全体老年人享有基本养老服务。深化医疗卫生体制改革，促进医保、医疗、医药协同发展和治理。深化以公益性为导向的公立医院改革，规范民营医院发展。加强重大疫情防控救治体系和应急能力建设，有效遏制重大传染性疾病传播。

全面深化生态文明体制改革，推动绿色发展，促进人与自然和谐共生，是全面建设社会主义现代化国家的内在要求。必须牢固树立和践行绿水青山就是金山银山的理念，加快发展方式绿色转型，深入推进环境污染防治，持续打好蓝天、碧水、净土保卫战，提升生态系统多样性、稳定性、持续性。建立生态产品价值实现机制，完善生态保护补偿制度。积极稳妥推进碳达峰碳中和。加强煤炭清洁高效利用，加快规划建设新型能源体系。健全碳排放权市场交易制度。积极参与应对气候变化全球治理。

第四节　中长期发展目标要与短期发展目标紧密结合

实现国民经济的现代化是一个长期的过程，必须按照客观经济规律办事，做到循序渐进，切忌急于求成。改革开放前的 30 年，我们在经济发展上出现的主要问题，就是急于求成，“左”的指导思想成为主体性错误，结果欲速则不达，使经济发展没有取得预想的成就。出现这类问题，归根到底是在思想方法上没有使我们的思想认识符合客观实际，做到实事求是，一切从实际出发。

我们制定了国民经济和社会发展的中长期规划，其中包括五年规划和远期目标展望，同时制定了年度计划又称年度宏观调控目标，目的就是要把中长期发展目标同短期发展目标有机结合起来，从而引导经济持续健康均衡发展。改革开放以来，我们已经连续制定和实施了九个五年规划，在不同时期根据经济发展的阶段性特点，制定了不同的发展目标、发展战略、发展重点、方针政策和具体举措。同时，每年都制定了宏观调控目标，包括经济增长速度、投资总额、社会消费品零售总额、财政收支、货币发行、就业、物价、国际收支等指标，作为年度宏观调控的依据。通过中长期发展规划与年度宏观调控目标的有机结合，保持了经济的稳定增长，这是 40 多年来经济发展取得巨大成就的关键。

在不同发展阶段，我们总会遇到不同的矛盾和问题。2021 年底和 2022 年底分别召开的中央经济工作会议，在分析经济形势时都把“需求收缩、供给冲击、预期减弱”作为经济运行中的突出矛盾。出现这些问题，固然与连续三年新冠疫情影响有关，但实际上在新冠疫情之前这些问题已经出现。投资的增长速度特别是民间投资的增长速度已连续多年下降，消费的增长由于住房和汽车的部分城市限购也已经连续多年处于疲软状态。作为需求总闸门的货币发行即M2的增长速度比十年以前大幅下降。这是导致需求收缩的根本原因。实现产业结构升级和低碳发展是一个长期的战略任务，需要付出艰苦努力。在新的清洁可再生能源供给能力尚未形成之前，原有的化石能源不能急于退出，前年一度出现煤炭和电力供给短缺，就是煤炭生产能力退出过急过多的结果。由于把长期任务短期化，把持久战打成攻坚战，导致能源供给冲击。在需求收缩、供给冲击的情况下，经济增速不断下滑，下行压力不断加大，导致企业和居民对经济增长的预期减弱，信心不足。这又进一步制约了投资和消费的增长，使经济下行压力进一步加大。所以，近几年在宏观经济运行中出现“需求收缩、供给冲击、预期减弱”的突出问题，究其原因是在经济工作中没有处理好长期和短期的辩证关系，把应当在十年或十五年干完的事情压缩在几年内完成，忽视了先立后破这一原则。也就是说，在新技术新产品尚未具备对传统技术和传统产品的完全替代能力之前，不能过早地把传统技术和传统产品淘汰掉。淘汰落后技术和落后产品，应当循序渐进，只能在确保供给稳定和经济稳定的前提下进行。经济运行中出现的突出矛盾，充分表明我们的干部学习和应用唯物辩证法的重要性，在处理长期和短期、供给和需求、政府和市场、速度和质量等问题上，只有坚持实事求是、从实际情况出发，才能做出正确的决策，从而确保经济的持续健康稳定发展。

第五节 实现高质量发展需要完善宏观调控体系

国民经济体系是一个完整的复杂的系统。保持国民经济的平稳健康运行，需要坚持系统观念，健全宏观经济调控体系。这就要求对反映经济运行状况的各种信息进行系统全面采集、分析、监控，并建立即时信息反馈机制。要根据经济运行情况，运用财政、金融、价格等政策工具，适时适度地对经济运行进行调控，不断提高宏观调控的前瞻性、针对性、有效性，以保持宏观经济的良好运行状态。

推动国民经济实现质的有效提升和量的合理增长，是宏观调控的重要任务。为了圆满完成这一任务，应当把经济社会发展视为一项宏大的系统工程，综合考虑多方面因素予以合理调控。目前，我国发展的不平衡、不充分问题仍然突出，推进高质量发展还有许多卡点和瓶颈，科技创新能力还不够强，重点领域的改革还有不少硬骨头要啃。针对经济运行中存在的突出问题，宏观调控的一项重要任务是保持总需求与总供给的大体平衡，从而为经济增长提供均衡、持续、强劲的拉动力，实现经济的平稳增长。经济总量的增长与质量的提升是紧密结合、不可分离的。总量的增长要靠需求来拉动，质量的提升需要结构的调整优化来实现。经济质量的提升，必然会体现在价值的提高上，因此最终必然表现为国内生产总值规模的扩大。而缺乏质量的经济增长，最终会因难以为继而导致经济泡沫化，不可能真正把总量做大。要通过增量的调节，实现质量的提升；通过质量的提升，促进经济增长。

要重视提高宏观调控的前瞻性，对供给侧结构性改革有一个明晰的规划，同时把扩大内需同结构调整有机结合起来，着力提高全要素生产率，使年度调控措施同中长期结构调整目标保持一致。对经济运行中可能出现的问题和外部冲击要有应对预案。

要重视提高宏观调控的针对性，找准制约经济持续稳定增长的症结所在，抓住释放国内需求潜力和优化结构的着力点，综合运用各种调控手段精准发力。当前，消费需求疲软是经济循环中的堵点，而导致消费疲软的原因主要在于居民收入增长速度减缓，大宗商品的购买受到这样那样的政策限制，农村市场的巨大潜力尚未释放出来，发展型消费由于供给不足受到抑制。宏观经济政策应从解决这些实际问题入手，出台一系列的调控措施。消费市场活跃起来，就会像打通人的任督二脉，整个经济循环就会活跃起来。

要提高宏观调控的有效性，坚持问题导向、目标导向、结果导向，推动跨周期调节和逆周期调控政策的有机结合。要根据对调控成效的动态评估，及时调整政策工具、政策组合和调控力度，进行适时适度调控，确保实现预期目标。宏观调控不是要代替和削弱市场的作用，而是要运用市场机制，通过宏观政策和经济杠杆引导微观经济活动，以起到“四两拨千斤”的作用。政府的宏观调控如能同市场机制结合起来，可以达到事半功倍的效果；政府的宏观调控如果背离市场机制，则可能事倍功半，甚至南辕北辙，事与愿违。

应继续把改善民生作为宏观调控的出发点。在近几年的宏观调控中，我们围绕改善民生，降低投资率、提高居民消费率，使投资与消费严重失衡的局面有所改变，既提高了人民的消费水平，增强了人民的获得感，又扩大了消费对经济增长的拉动作用，取得了一定成效。

但是应当看到，消费在国内生产总值使用结构中比重明显偏低的问题仍未根本解决，提高居民消费率仍有较大空间。我国目前正处于从生存型消费向发展型消费、享受型消费升级的阶段，人们对医疗、健康、教育、休闲、旅游、信息、文化、社会保障、公共服务等消费需求旺盛。特别是农村居民的购买力亟待提高，目前城乡居民收入差距仍在2.5∶1，城市已经饱和的消费品农村仍无钱购买，农村的公共服务水平远远落后于城市，农村消费市场潜在需求巨大，需要通过乡村振兴把潜在需求转变为有效需求。要按照《中共中央 国务院关于建立健全城乡融合发展体制机制和政策体系的意见》，建立城乡要素自由流动、平等交换的市场机制，促进城乡协调发展。要加快农业现代化、乡村建设步伐，推进农民工市民化、特色小镇和县城建设，激活农村蛰伏的发展潜能，释放出我国经济增长最大新动能。

要把供给侧结构性改革、推动产业结构优化升级作为宏观调控的重要任务。进一步加快战略性新兴产业发展，推进新型基础设施建设。对芯片等关键零部件和“卡脖子”技术，应采取新型举国体制，组织产业联盟，充分满足资金需求，实行协同攻关。加快建设泛在、安全、高效的移动网络，为发展人工智能、工业互联网、物联网、区块链和数字经济提供支撑。大力发展和推广风能、光伏等清洁可再生能源。推广煤炭清洁高效利用技术。通过政策引导和市场机制，尽快把环保产业打造为国民经济的一大支柱产业。我国高铁网、高速公路网已居全球首位，与发达国家相比，通用航空业明显落后。应把发展通用航空业作为军民两用产业的重点，突破有关空域管理等体制限制，使之尽快发展成为一个万亿元级的大产业。此外，城市群内的轨道交通、城市地下管廊、海绵城市、水利设施、冷链物流等工程，也应鼓励投资发展。

搞好宏观调控需要各个杠杆形成合力。过去40多年，我们不断改进宏观调控，从而有效克服了前20年经济周期性大起大落的困扰，实现了平稳持续发展。其中一条重要经验，就是在党中央统一领导下，各部门密切配合、形成合力。宏观调控主要围绕年度经济增长速度、货币发行量、财政收支、居民收入、投资规模、物价、就业、国际收支等，搞好综合平衡。各项调控指标由国务院协调各部门反复讨论确定，经全国人大会议批准后，具有法律效力，各部门分工负责，确保调控目标的实现。对产业升级的重大任务，要采取积极措施推进。在科技创新上发挥新型举国体制优势，需要有强有力的组织措施，明确责任到人，不能流于口号。要坚持自立自强、锲而不舍、舍得投入。切实把党领导经济工作的制度优势转化为治理效能，必须全面做好改革发展稳定各项工作，把提高宏观调控的前瞻性、针对性、有效性，作为对国家治理体系和治理能力现代化的检验。继续实施积极的财政政策和稳健的货币政策。财政政策要更加注重结构调整，支持基层保工资、保运转、保基本民生。货币政策要灵活适度，保持流动性合理充裕，货币信贷和社会融资规模的增长要适应经济发展需要，降低社会融资成本。财政政策、货币政策要同消费、投资、就业、产业、区域等政策形成合力，引导资金投向带动力强的先进制造、民生建设、基础设施短板等领域，促进产业和消费“双升级”。

第九章

构建新发展格局是实现现代化的保证

党的十九届五中全会审议通过的《中共中央关于制定国民经济和社会发展第十四个五年规划和二〇三五年远景目标的建议》（以下简称《建议》），提出了到 2035 年基本实现社会主义现代化远景目标，标志着我们在全面建成小康社会、实现第一个百年奋斗目标后，开启了全面建设社会主义现代化国家的新征程。《建议》提出的奋斗目标是未来一个时期中国共产党带领全国人民的奋斗纲领。从现在起到 2035 年还有 13 年时间。在当前百年未有之大变局下，我们要运用系统观念，把 2035 年基本实现现代化作为一项系统工程，把各个行业的改革发展分别视为子系统，把构建新发展格局作为系统运行的总体战略思想，精心实施，加倍努力，确保《建议》提出的各项目标如期实现。

第一节　构建新发展格局是实现新目标的保证

《建议》提出 2035 年的远景目标，包括我国经济实力、科技实力、综合国力将大幅跃升，经济总量和城乡居民人均收入将再迈上新的大台阶，关键核心技术实现重大突破，进入创新型国家前列；基本实现新型工业化、信息化、城镇化、农业现代化，建成现代经济体系；基本实现国家治理体系和治理能力现代化；建成文化强国、教育强国、人才强国、体育强国、健康中国；广泛形成绿色生活方式，碳排放达峰后稳中有降，生态环境根本好转，美丽中国建设目标基本实现；人均国内生产总值达到中等发达国家水平，中等收入群体显著扩大，基本公共服务实现均等化，城乡区域发展差距和居民生活水平显著缩小；平安中国建设达到更高水平，基本实现国防和军队现代化；人民生活更加美好，人的全面发展、全体人民共同富裕取得更为明显的实质性进展。

2035 年基本实现社会主义现代化，是一个宏伟的鼓舞人心的目标，同时也是实事求是的目标。邓小平同志在 1987 年 4 月 30 日会见西班牙工人社会党副总书记、政府副首相格拉时，提出了现代化建设分三步走的战略构想：第一步在 80 年代翻一番，解决人民的温饱问题。第二步到本世纪末，再翻一番，进入小康社会。第三步，在下世纪用 30 年到 50 年再翻两番，达到中等发达国家水平，基本实现现代化。邓小平同志还说："要证明社会主义真正优越于资本主义，要看第三步，现在还吹不起这个牛。我们还需要五六十年的艰苦努力。"党的十五大、十八大、十九大分别提出了两个一百年奋斗目标，第一个一百年，是到中国共产党成立 100 年全面建成小康社会；第二个一百年，是到新中国成立 100 年建成富强、民主、文明、和谐、美丽的社会主义现代化强国。现在，第一个百年奋斗目标已圆满实现。

党的二十大重申了实现第二个百年奋斗目标分两步走的战略安排，提出到 2035 年我国人均国内生产总值迈上新的大台阶，达到中等发达国家水平，基本实现社会主义现代化。提出这个目标是有充分依据的。目前中等发达国家人均 GDP 的下限大体为 2 万美元，今后 13 年年均增长速度按 1.5% 计算，2035 年应达到 2.46 万美元。2022 年我国人均 GDP 为 1.27 万美元，2035 年人均国内生产总值要达到和超过 2.46 万美元，人均 GDP 的年均增长速度必须达到 5% 以上。考虑到人口增长因素，GDP 的年均增长速度应不低于 5.5%。这是一个硬指标。从当前的经济增长趋势看，达到这样的增长速度，是完全能够做到的。

我国经济发展仍处于工业化、城市化的中后期阶段，2022 年人均 GDP 世界排名第 65 位，已经超过 1.22 万美元的世界平均水平，距离世界银行划定的 1.32 万美元的高收入经济体门槛只差一步之遥，预计今年即可跨入高收入国家行列。从世界各国现代化的历史来看，有两个关键节点。一个是人均 GDP1.2—1.3 万美元即从中等收入向高收入阶段跨越的时期，只有完成产业升级，才能实现这个跨越。多数国家在这个阶段长期徘徊，只有少数国家完成了这一跨越。对于这个关键节点的跨越，我们即将完成。在跨越这个节点之后，还要稳定一个时期，只有在人均 GDP 达到 2 万美元、进入中等发达阶段之后，才能说真正跨越了中等收入陷阱。第二个节点，就是 GDP 总量达到美国的 70% 左右。美国为了维持世界霸主地位，不允许其他国家的经济实力接近自己。即使目前美国人均 GDP 是中国的 6 倍，美国也不允许。历史上，日本、苏联的 GDP 总量都曾经达到过美国的 70% 左右，但由于美国的极力打压，均以失败告终。我国 GDP 总量目前也已达到美国70%左右，并正在遭受美国无所不用其极的疯狂打压。未来十年，将是中美博弈的关键时期。我们能不能战胜美国的封锁围攻，保持经济的持续稳定发展，不仅关系中国人民的前途命运，而且关系世界历史的走向。面对美国不断升级的野蛮挑衅，我们要在中国共产党的坚强领导下，保持定力，妥善应对，练好内功，扩大开放，以经济社会发展的更大成就粉碎美国反华分子的狂妄野心。

应当看到，由于我国人口众多，人均水平较低，经济增长的空间仍然很大。只要能够通过深化改革把需求潜力挖掘出来，把蛰伏的经济增长潜力释放出来，就能对经济增长形成强大拉动力。从日本和亚洲“四小龙”的经验来看，在人均GDP达到1.9万美元之前，都属于快速增长期。当超过1.9万美元之后，经济增长速度才明显下降。他们能够做到的事，我们也应该能够做到。如果在这之前我们的增长速度掉下来了，只能证明我们的体制和政策出了问题。建立以国内大循环为主体的发展格局，就是要求我们主要从扩大国内需求上寻找发展的动力，支撑未来13年经济的持续健康发展。如果不出意外，预计2028年中国GDP总量将超过美国，回到世界第一的位置。进一步发展，人均GDP超过2万美元，我国就稳定地进入高收入国家行列，我们的生产力水平、综合国力和人民生活水平就能跨上一个新的大台阶，为实现第二个百年奋斗目标奠定更为坚实基础。

实现未来13年的目标，关键是“十四五”后三年要解决好需求收缩这个突出矛盾，把三年新冠疫情期间耽误的时间抢回来，2023年经济增长速度能够出现一个强劲回升。《建议》强调“十四五”时期要统筹推进经济建设、政治建设、文化建设、社会建设、生态文明建设总体布局，坚定不移贯彻创新、协调、绿色、开放、共享的新发展理念，坚持稳中求进工作总基调，以推动高质量发展为主题，以深化供给侧结构性改革为主线，以改革创新为根本动力，以满足人民日益增长的美好生活需要为根本目的，统筹发展和安全，加快建设现代化经济体系，加快构建以国内大循环为主体、国内国际双循环相互促进的新发展格局，在质量效益明显提升的基础上实现经济持续健康发展。

加快构建以国内大循环为主体、国内国际双循环相互促进的新发展格局，是适应国内国际形势发展变化做出的重大战略决策，是实现未来一个时期经济持续健康高质量发展的根本举措和重要保证。新发展格局新在什么地方：

首先，新发展格局提出了重视经济循环的要求，经济循环是一个社会再生产过程的概念，包括生产、分配、流通、消费四个环节。社会再生产各个环节的畅通，是再生产过程得以顺利进行的前提条件。我国正处于追赶发达国家的快速发展阶段，顺利地均衡地进行扩大再生产，是加快实现现代化的必要条件。所以，维护经济良性循环，不仅要搞好供给和需求之间的平衡和协调，还要注重保持生产、分配、流通、消费四个环节之间的平衡和协调，其中哪个环节堵塞，形成瓶颈约束，社会再生产就不能顺畅地进行下去，这就对宏观调控提出了新的更高要求。例如分配这个环节，包括国民收入的初次分配和再分配，都应根据公平与效率兼顾的原则，避免个人、地区、行业之间收入的差距过大，政府、企业、劳动者之间的分配比例必须合理，否则，就会影响消费和投资的合理增长，制约社会再生产规模的不断扩大，进而阻碍经济的正常增长。

其次，新发展格局强调以国内大循环为主体，就是要充分利用我国人口众多、地域辽阔、超大规模市场的优势，实现国内经济的良性循环，并通过深化改革，推动经济结构转换升级，释放出经济增长的巨大潜力，主要通过国内需求规模的扩大，拉动经济持续增长，降低对出口的依赖。

第三，强调国内国际双循环相互促进，就是重视发展开放型经济体系，充分利用国内国外两个市场、两种资源，促进国内经济增长。改革 46 年来，我们坚持以开放促改革、促发展，国民经济由封闭半封闭状态转变为全方位、多层次的开放型经济体系。2022 年，我国货物进出口总值 42.07 万亿元，同比增长 7.7%，连续 6 年保持全球第一货物贸易国地位。全年货物贸易项下 RMB 结算规模近 8 万亿元，同比增长 37%。全年 RMB 跨境支付系统处理业务 440 万笔，金额 96.7 万亿元，同比分别增长 31.68% 和 21.48%。对外贸易的快速增长，带动了产业升级、就业扩大和居民收入提高，有力地促进了经济发展。回顾对外开放的历程，我们实现了五大转变：对外贸易从加工贸易为主转变为一般贸易为主，加工贸易占对外贸易的比重从最高时的 70% 以上，已降为 2022 年的 20.1%；出口从资源和劳动密集型产品为主转变为以技术和知识密集型产品为主，机电产品占出口的比重提升至近 6 成；资本流动经历了从“引进来”到“走出去”的转变，2022 年利用外资 1891.3 亿美元，对外直接投资 9853.7 亿元，对外投资逐步接近利用外资额；在产业的开放上，从制造业率先开放，到服务业开放，形成了全面开放格局；在地域开放上，从沿海城市率先开放，扩大到内地城市和沿边城市开放，从设立经济特区、经济技术开发区到自由贸易试验区、自由贸易港，有序梯次推进，逐步形成全方位、多层次的外向型经济体系，为经济发展不断注入活力。中央提出构建以国内大循环为主体、国内国际双循环相互促进的新发展格局，是对前 40 多年对外开放和经济发展经验的总结，是在新形势下对处理好内外经济关系提出的新的战略要求。

构建新发展格局，在未来一个时期的发展中，具有重大现实意义。

一是有利于我们集中精力解决好国内问题，把自己的事办好。在经济发展新阶段，我们面临着许多亟待解决的供求总量、经济结构和经济体制方面的问题：经济运行存在着需求收缩、供给冲击、预期减弱的突出矛盾；发展不平衡不充分问题仍然突出；重点领域关键环节改革任务仍然艰巨；创新能力不适应高质量发展要求；农业基础不稳固；城乡、区域发展和收入分配差距较大；生态环保任重道远；民生保障存在短板；社会治理还有弱项。这些问题影响着国内经济的良性循环。把国内大循环作为主体，可使全党全国的注意力集中到解决这些矛盾和问题上。通过解决这些改革和发展中的矛盾和问题，促进经济的高质量发展。

二是有利于使广大人民从经济发展中更多获益。以国内大循环为主体，要求我们必须把更多的资源投入国内市场，首先满足国内的需要，促进国内经济实现创新、协调、绿色、开放、共享发展。只有国内经济的更好更快发展，才能为人民收入和消费水平的迅速提高提供强大物质保障，真正实现以人民为中心，一切从人民出发，一切为了人民。实现国内大循环的畅通，意味着要千方百计减少中间产品的占用，缩短流通时间，提高流通效率，扩大最终消费品在社会总产品中的比重。这就可使广大人民的消费水平能够随着经济发展得到更快提高。

三是有利于破解美国政府推行的美中经济脱钩图谋。从特朗普政府开始，美国对中国采取了打压、封锁、围堵政策，妄图中断中国现代化进程。美国对从中国进口商品征收高关税，限制高科技产品对中国出口，甚至举全国之力打击中国高科技企业，目的在于剥夺14亿多中国人的发展权。对于美国政府的霸道行径，必须给予有理有利有节的斗争。建立以国内大循环为主体的经济格局，主要通过扩大内需和提高自立自强科技创新能力，实现我国经济的持续健康高质量发展，是粉碎美国政府对中国经济蛮横无理攻击的最有效手段。美国的人均GDP是中国的6倍，人均消费额是我国的4倍，只要我们通过改革调整好收入分配结构，着力增加中低收入者的收入，使广大人民的潜在消费需求转变为有支付能力的现实需求，就能形成拉动经济增长的强大动力，把强劲的增长势头保持下去。从中美贸易结构来看，美国经济对中国经济的依赖程度高于中国对美国的依赖程度，中国从美国进口产品的可替代性高于美国从中国进口产品的可替代性。美国政府对中国打贸易战、科技战，损失大于收益，最后必将作茧自缚。如果美国政府执迷不悟继续打下去，中国必将奉陪到底。建立以国内大循环为主体的新发展格局，正是为美中贸易战、科技战长期打下去做好充分的战略准备。

第二节　经济结构转换才能形成增长新动能

构建以国内大循环为主体的发展格局，扩大内需是一个关键，而扩大消费需求又是扩大内需的重中之重。因为消费既是社会再生产的目的和终点，又是新一轮社会再生产的起点。消费需求是推动生产力发展的动力所在。在不同的经济发展阶段，为了满足不同的消费水平的需要，形成了不同的产业结构或经济结构。而适应消费结构升级需要的经济结构的转换，就成为释放经济增长潜能的根本举措。回顾改革 46 年来经济发展的历程，正是由于在不同时期及时有效地调整了经济结构，才为不断扩大内需提供了条件，从而创造出经济发展的奇迹。

在“六五”“七五”时期，经济发展的主要任务是解决温饱问题，围绕实现这一目标，我们率先在农村改革，实行以土地家庭联产承包为基础的双层经营体制，允许发展乡镇企业，对发展轻纺工业采取鼓励政策。仅用十年时间，把消费资料搞上去了，一举结束了长期困扰我们的商品匮乏、供给短缺问题，带动了 80 年代经济起飞。

“八五”“九五”时期，围绕满足人民对住行用的需求，振兴电子机械、石油化工、汽车制造和建筑业，同步推进建立社会主义市场经济体制和国有企业建立现代企业制度的改革，为四大支柱产业的发展注入了强大活力。我们又用十年时间，把生产资料搞上去了，支撑了 90 年代经济的腾飞。

“十五”“十一五”时期，围绕解决基础设施落后问题，同时应对亚洲金融危机冲击，连续五年发行长期建设债券，集中用于能源、交通、通信、水利、大学扩招等建设，以体制转轨推进经济增长方式转变。仅用十年时间，就把高速公路网、高铁网、信息网搞到世界第一，创造了新世纪第一个十年高达两位数的黄金增长期，并为之后的发展奠定坚实基础。

“十二五”“十三五”时期，围绕消费升级推进经济结构调整，转变经济发展方式，改变经济增长过度依赖投资和出口驱动、过度依赖工业拉动、过度依赖物质资源消耗的状况，提高居民消费率，加快第三产业发展，鼓励技术进步和改善管理，消费、第三产业和科技进步对经济增长的贡献明显增强。同时全面深化经济、政治、文化、社会、生态文明体制和党的建设制度六大改革，贯彻创新、协调、绿色、开放、共享新发展理念，实施供给侧结构性改革，实现了经济持续健康高质量发展。

总结46年的发展经验，内需的不断扩大是拉动经济增长的主要动力源泉，必须把扩大内需作为战略基点。而内需的扩大主要来自适应市场需求变化的经济结构转换，经济结构的转换又主要靠改革来推动。从“十四五”时期到2035年，我们要实现新的发展目标，就要把改革作为构建新发展格局的关键环节，按照问题导向的要求，通过改革促进经济结构转换，包括对总供求结构、城乡结构、供给结构、需求结构、投资与消费结构、内需与外需结构、要素结构等方面扭曲性结构问题，加大调整优化力度，从而把蛰伏于各个领域的发展潜能激发出来，形成强大的持续均衡的经济增长新动能。

第三节　发挥改革在构建新发展格局中的关键作用

2021年2月19日，习近平总书记主持召开中央全面深化改革委员会第十八次会议并发表重要讲话，指出全面深化改革同贯彻新发展理念、构建新发展格局紧密关联，要完整、准确、全面贯彻新发展理念，扭住构建新发展格局目标任务，更加精准地出台改革方案，推动改革向更深层次挺进，发挥全面深化改革在构建新发展格局中的关键作用。会议强调，发挥全面深化改革在构建新发展格局中的关键作用，要做到五个围绕。

一、围绕实现高水平自立自强深化改革

“十四五”时期到2035年，是实现产业升级的重要时期。经过40多年的快速工业化，我国绝大多数工业品处于产能过剩状态，而少数高技术产品和关键零部件仍然依赖进口，成为“卡脖子”环节。中美之间的竞争，归根到底是科学技术的竞争。我们要打赢美中科技战，在产业发展上不再受制于人，必须加大科技研发投入，在基础研究、应用研究和新产品开发上取得一系列突破，特别是在可能引发第四次产业革命的若干重要科技领域，如量子科技、人工智能、航空航天、先进制造、生物技术、新能源、新材料等领域，力求率先取得突破，对国际领先科技由跟随、同步逐步转变为引领。针对美国政府对我禁售、封锁的科学技术和核心零部件，更要集中人力物力财力尽快予以攻克。中改委会议提出要“完善党对科技工作领导的体制机制，推动科技创新力量布局、要素配置、人才队伍体系化、协同化，发挥新型举国体制优势，坚决破除影响和制约科技核心竞争力提升的体制机制障碍，加快攻克重要领域‘卡脖子’技术，有效突破产业瓶颈，牢牢把握创新发展主动权。”我们要继承发扬“两弹一星”优良传统，一定要把这些重要部署落实到位，圆满完成中央提出的重大科技创新任务。

二、围绕畅通经济循环深化改革

流通是社会再生产的一个重要环节，包括市场交换、物资储运等。流通环节是否畅通，流通效率的高低，决定着社会再生产过程能否顺利进行，影响着全社会劳动生产率。改革以来，通过建立社会主义市

场经济体制，完善全国统一的大市场，建设现代交通运输设施和物流体系，我国流通成本大幅下降，但是与发达国家相比，流通成本仍然明显偏高。我国流通成本占 GDP 的比重高达 18% 左右，而发达国家一般在 10% 以下。疏通流通环节，降低流通成本，任务仍然艰巨，关键在于深化流通体制改革。中改委会议要求“在完善公平竞争制度、加强产权和知识产权保护、激发市场主体活力、推动产业链供应链优化升级、建设现代流通体系、建设全国统一大市场等方面推出更有针对性的改革措施来，促进各项改革融会贯通、系统集成。”随着我国交通物流体系的现代化和流通体制的不断完善，在“十四五”时期把全社会流通成本降低到 GDP 的 10% 左右是有条件的。

三、围绕扩大内需深化改革

今后 13 年，扩大内需的最大潜力来自农村，重点是解决发展的不平衡不充分问题。党的十九大提出我国社会主要矛盾已经转化为人民日益增长的美好生活需要和不平衡不充分的发展之间的矛盾。这个主要矛盾集中体现在城乡之间，体现在城乡之间发展的不平衡和农村发展的不充分。区域发展的差距本质上也是城乡之间的差距。因为东部地区与中西部地区相比，城市没有什么差距，主要是中西部的农村与东部农村相比，差距较大。中西部农村是我国农产品的主要供应地，是我国农村人口和输出农民工的集中地区，中西部农业农村的现代化，不仅决定着中国农业农村现代化的命运，也决定着中国现代化的命运。2035 年基本实现现代化，关键要看中西部农村的现代化水平，扩大内需的关键是提高农村的购买力。因此，如何加快中西部农村的发展，进而影响和带动全国农村的发展，应成为未来一个时期结构调整的重中之重。如果说前 40 多年我们已先后把消费资料、生产资料、基础设施和第三产业都搞上去了，那么农业农村就是剩下的一个“硬骨头”，在经济结构上啃下这个“硬骨头”，实现城乡协调发展，就能为未来 13 年经济增长提供最大的新动能。在全面完成脱贫攻坚任务之后，应适时地把工作重点转移到乡村振兴上来，特别是转移到加快中西部地区乡村振兴上来。

加快乡村振兴，关键是深化农村体制改革，通过实施城乡融合发展战略，以城带乡，带动农业农村发展。如果能在“十四五”乃至更长时间内致力于推动农业农村现代化，实施乡村建设行动，促进农民工市民化，发展特色小镇，使农村人口人均收入水平接近或赶上城市人均收入水平，将会释放出巨大的消费需求潜力和投资潜力，未来一个时期实现经济平稳健康高质量发展就有了可靠保证。中改委会议提出“加快培育完整内需体系，健全区域协调发展体制机制、城乡融合发展体制机制，加快推进以人为核心的新型城镇化，深化土地制度、户籍制度改革，建立健全巩固拓展脱贫攻坚成果同乡村振兴有效衔接机制，健全再分配调节机制，扎实推动共同富裕”。按照这一部署，我们要加快建立城乡一体化的要素市场体系，推动劳动力、资本、土地、技术等要素在城乡之间双向自由流动、平等交换。其中，农村土地制度改革是一个关键。承包地“三权分置”改革正稳步推进，通过土地经营权的流转，提高土地规模化、机械化、专业化水平，提高农业劳动生产率和土地产出率。宅基地“三权分置”改革也开始起步。党的十九届五中全会《建议》提出：“积极探索实施农村集体经营性建设用地入市制度”，“探索宅基地所有权、资格权、使用权分置实现形式”。2022 年 12 月中共中央、国务院印发的《扩大内需战略规划纲要（2022—

2035）》明确指出："推动经营性土地要素市场化配置。健全城乡统一的建设用地市场，合理调节土地增值收益。探索建立全国性的建设用地指标和补充耕地指标跨区域交易机制。加快培育发展建设用地二级市场"。所有这些规定，都为释放农村集体经营性建设用地和宅基地潜力指出了明确方向。深化土地制度改革，必将激活农村土地资本，吸引各类生产要素在农村集聚，从而释放巨大改革红利。

四、围绕实行高水平对外开放深化改革

以开放促改革、促发展，是多年来的成功经验。建立国内国际双循环相互促进的新发展格局，应继续扩大开放。特别是在美国政府企图对我国经济进行围堵、封锁的情况下，扩大开放更是应对之策。目前我国商品市场销售总额超过美国，已成为世界最大的市场，其意义大于 GDP 超过美国。因为市场是重要资源，买家是上帝。美国政府拒绝中国市场，将会使美国企业失掉许多商机，结果必然是失大于得，是一种愚蠢行为。中国倡导经济全球化和多边主义，必将赢得世界绝大多数国家的支持。随着我国自由贸易区、自由贸易港建设不断推进，扩大服务业对外开放步伐加快，外资进入更加便利，以及 RCEP 的实施，美国及其极少数追随国必然会发现，最终被孤立和遭受损失的是他们自己。我们要按照中央的决策，深化商品、服务、资金、人才等要素流动型开放，稳步推进规则、规制、管理、标准等制度型开放，完善市场准入和监管、产权保护、信用体系等方面的法律制度，加快营造市场化、法制化、国际化的营商环境，推动建设更高水平开放型经济新体制。2020 年以来我国利用外资总额超过美国，居世界第一位，对外进出口总额继续居全球首位，就是对中国对外开放政策的肯定和支持。

五、围绕推动全面绿色转型深化改革

中共中央关于“十四五”规划的《建议》，提出了推动绿色发展，促进人与自然和谐共生的目标，明确了加快推动绿色低碳发展、持续改善环境质量、提升生态系统质量和稳定性、全面提高资源利用效率四项任务。按照《建议》的部署，“十四五”时期应集中力量打好污染防治攻坚战，基本消除重污染天气，基本消除城市黑臭水体，推行垃圾资源化，推进土壤污染治理。全面完成这些艰巨任务，需要发挥我们的制度优势和政治优势，同时，必须按照《建议》提出的要求，建立生态产品价值实现机制，完善市场化、多元化生态补偿，也就是说，把市场机制的作用同政府的作用有机结合起来，使投资生态产品也能获得合理回报，构建绿水青山转化为金山银山的政策制度体系，形成能够把环保产业打造为支柱产业的有效机制。这是实现“十四五”绿色发展目标的根本途径。应根据生态产品的不同特点，分类施策，采用不同的价值实现方式。具体来讲，要从以下四个路径全面推进：

第一，对于不能通过市场交换实现其价值的生态产品，如清洁的空气、干净的河水、怡人的环境等，应由政府制定统一的排放标准和环境标准，严密检测、严格监管，把生态产品的成本纳入各市场主体的商品和服务成本之中，使大家拥有同等竞争条件。采用这种办法，可改变过去治理污染的企业吃亏、不治理污染的企业增加盈利的局面。把污染治理成本公平地计入产品成本，是不可交换的生态产品价值实现、避免产生新的污染的有效举措。

第二，对已经形成的存量污染物的治理，应运用政府与企业合作的模式即 PPP 模式加以解决。由于多年来在生态环境投入上欠账较多，造成大量污染物堆积、填埋或留存于大气、水体、土地之中。如固体废物包括建筑垃圾、工业固废、综合垃圾存量已超过 80 亿吨，大部分在地下填埋或露天堆积，不仅占用大量土地，而且对地下水带来污染威胁。一些湖泊和河流污染严重。尽快把存量污染物加以治理和资源化，应通过具有相应资质的造价公司，对每一项治理工程所需费用进行科学评估，政府制定相应的补偿政策，通过招投标，吸引国内外企业参与投资和治理。现在，我们已经拥有治理污染物存量的成熟技术和资本实力，关键在于运用好 PPP 模式，针对不同治理项目，制定合理的治理方案并吸引来投资企业。

第三，围绕实现碳中和目标，通过实施功能型产业政策，鼓励供给侧结构性改革。习近平主席向联合国做出了我国到 2030 年前碳达峰、2060 年前实现碳中和的庄严承诺，这是应对气候变化，保护人类共同的美好家园的重大行动。减少碳排放，涉及到生产、分配、流通、消费各个环节。必须努力推进清洁生产，发展环保产业，推进重点行业和重要领域绿色化改造。推动能源清洁低碳安全高效利用。凡是有利于降低碳排放和节能、减少污染的经济活动，包括生态修复工程，无论哪个产业或产品，无论采用何种方式，无论国有、民营企业或外资企业，都要根据其减排量，一视同仁地给予相应的财政补贴和奖励，都应优先批准其投资项目，优先提供建设用地和资金支持，享受各种优惠政策。

第四，围绕鼓励资源节约型消费方式，开展绿色生活创建活动，在需求端形成对经济社会发展全面绿色转型的强大拉动力。生态产品的价值能否实现，归根到底要看是否能满足人民的需求。要从小学开始，开设环境教育课程，逐步在全国人民中牢固树立绿色发展理念，养成保护生态环境的习惯，努力构建生态文明体系。杜绝食物浪费。发展绿色建筑。推行垃圾分类和减量化。鼓励使用可再生能源、低排量汽车和绿色出行方式。强化绿色发展的法律和政策保障，发展绿色金融，支持绿色技术创新。

经验证明，我们要在经济发展中解决一些结构性难题，把薄弱环节搞上去，必须建立一个有利于补短板的市场机制，这样，就能做到事半功倍。否则，单靠财政力量和政府号召，往往事倍功半，甚至长期得不到解决。同样，补上生态环境这个短板，当前最重要的是，根据环保产业具有公益性的特点，建立一个能够把大量资金吸引到环保产业的市场机制。

要破除把环境保护与经济发展对立起来的陈腐观念。不能认为强调保护环境必然制约经济发展。恰恰相反，环保产业正是现阶段亟待增加投入的新增长点。改善生态环境本身就是增加 GDP。我们发展经济的目的是为了满足人民对美好生活的需要，为人民提供清洁的空气、干净的水、美丽的环境，正是现阶段经济发展的突出任务。

第四节　发挥消费在扩大内需中的基础性作用

消费是人类从事生产活动的最终目的。正是由于不断提高消费水平的愿望，才刺激了生产的发展和人类文明的进步。改革以来，我国经济飞速发展，人民消费水平大幅提高。特别是最近十年，由于转变经济发展方式，调整投资与消费的比例，改变了过去主要靠投资拉动经济增长的局面，消费成为拉动经济增长的主要动力。从 2010 年到

2021 年，投资率由 47.0% 下降到 43.0%，最终消费率由 49.3% 提高到 54.5%，相当于 2021 年有 6 万亿元商品由过去用于投资或出口转变为用于居民消费，人民从经济增长中更多获益。但是，与发达国家相比，我们提高消费水平和居民消费率还有很大空间，就人均消费额来看，美国是我国的 4 倍。只要我们能够通过改革和调整国民收入分配结构等措施把消费的潜力不断释放出来，就能形成拉动经济增长的强大动力。《建议》提出“顺应消费升级趋势，提升传统消费，培育新兴消费，适当增加公共消费”，为未来扩大消费指明了方向。住房和汽车作为百万元级、十万元级的传统消费品，对整个消费市场具有决定性影响，是其他消费难以替代的，仍有较大提升空间。以每千人汽车保有量来看，美国是我国的 5 倍。《建议》提出推动汽车等消费品由购买管理向使用管理转变，就是要求现行为改善交通拥堵状况而采取的汽车限购的管理办法，转变为改善汽车使用环境和使用强度等管理办法，可让更多消费者圆自己的轿车梦。促进住房消费健康发展，要按照“只住不炒”的要求，增加住房供给，稳定住房价格，满足广大居民改善居住条件的需求。通过增加共有产权房、租赁房、新市民房供给等措施，满足新增大学毕业生、进城落户的农民工和低收入人群的住房需求。随着居民消费由生存型向发展型、享受型转变，对名牌商品和优质产品的需求增加，对绿色、健康、安全消费的要求增强。企业要积极创造更多名牌产品，努力满足消费升级的需求。要健全现代流通体系，发展冷链物流，促进线上线下消费融合发展。通过发展农村电商，解决了多年以来困扰我们的农产品销售难问题，同时也倒逼农产品的标准化，要求我们尽快建立食品原产地可追溯制度，并按照有机、绿色、无公害的不同质量等级，建立食品质量标识制度。随着居民消费水平的提高，服务消费将是未来消费的增长点，包括教育、医疗、社会保障、旅游健身、家政服务等在居民消费支出中的比重将不断增加。特别是适应老龄化社会迅猛到来产生的巨大需求，建立健全居家、社区、机构养老的完善的服务体系和对失能老人的照护制度，不仅是老龄人口安度晚年的需要，也是扩大就业的重要途径。在一些发达国家，社区服务从业人员占全社会从业人员的比重高达50%以上。做好这件事，必须把政府的作用和市场机制结合起来，通过制定统一的法规、政策和制度，明确统一的服务标准，加快培养护理队伍，吸引企业投入，为老龄人口提供多层次、多样化的服务。《建议》强调要开拓城乡消费市场，落实带薪休假制度，扩大节假日消费，培育国际消费中心城市，改善消费环境等，落实这些措施，将为形成强大国内市场，构建新发展格局提供有效支撑。

第五节 发挥投资对优化供给结构的关键作用

与作为最终需求的消费需求不同，投资需求属于中间需求，是为扩大最终需求储备供给能力的。今天我们能够享受不断提高的消费水平，就得益于前些年的投资。我国城乡区域差距较大，工业化、城市化的任务仍没有完成，“十四五”时期正处于跨越中等收入陷阱的关键时期，对投资的需求巨大，必须保持一定的投资强度。《建议》提出要“拓展投资空间”，“优化投资结构，保持投资合理增长”。投资的重点应放在以下几方面。

一是战略性新兴产业。《建议》提出：“加快壮大新一代信息技术、生物技术、新能源、新材料、高端装备、新能源汽车、绿色环保以及航空航天、海洋装备等产业。推动互联网、大数据、人工智能等同各产业深度融合，推动先进制造业集群发展，构建一批各具特色、优势互补、结构合理的战略性新兴产业增长引擎，培育新技术、新产品、新业态、新模式。”发展战略性新兴产业，面临的突出问题是技术障碍，要坚持创新在我国现代化建设全局中的核心地位，完善科技创新体制机制，强化国家战略科技力量，努力锻造一批像华为公司一样具有超强创新能力的企业，充当各个行业的领军企业。围绕提高技术向生产力的转化率，改革技术成果转化收益分配机制，探讨把更多职务发明收益留归创新者。鼓励企业把研发机构设在海外，择全球人才而用之，以开放促进创新。围绕培养创新型人才特别是创新领军人才，改革教育体制。

二是新型基础设施。主要涵盖三个方面：信息基础设施，包括5G、工业互联网、物联网、人工智能等；融合基础设施，即对传统基础设施加以智能化改造；创新基础设施，主要指支撑科学研究、技术开发、产品研制的具有公益属性的基础设施，包括一系列重大科技基础设施、科教基础设施、产业技术创新基础设施等。完成新型基础设施建设任务，需要巨额投资。钱从哪里来？主要应通过债券融资。我国资本市场发育不充分，通过股市融资在企业的资金来源中占比明显偏低，通过债券市场融资的比重则更低。当前发展政府和企业的债券市场面临着历史机遇：中国经济在摆脱三年新冠疫情后强劲复苏，世界各国投资者看好中国经济；人民币处于升值周期，投资中国政府和企业发行的长期人民币债券，具有较强的吸引力；中国具有全球最大的实体经济，正处于产业升级和数字化转型阶段，未来必将出现越来越多具有国际竞争力的跨国公司。通过发行长期人民币债券支持新型基础设施建设，不仅有利于完善资本市场功能，助力扩大内需，为经济发展增添后劲，而且有利于推进人民币国际化。新一轮基础设施建设完成后，我国经济将跨上一个新台阶，为基本实现现代化奠定坚实基础。

三是公共产品和公共服务。包括教育、医疗、社会保障、生态环境等领域的产品和服务，绝大部分属于公益性质或半公益性质。长期以来，由于这些产品和服务主要依赖财政投入，财力投入不足带来供给短板，发展长期滞后，不仅制约着社会进步，而且制约着经济发展。前些年推行政府与企业合作模式（PPP）进行公共产品和公共服务建设，取得了很大成绩，但是，由于在操作上存在一些疏漏，导致地方债务增加过快，到期偿还困难。应当总结经验教训，继续实施下去，不能因噎废食。关键是政府各有关部门要密切配合，投资主管部门主要负责优选项目，财政部门主要负责政策补偿，政策性银行和证券主管部门负责配套资金支持。切记不要由一个部门包打天下，更不能各行其是。随着老龄化时代的到来，对医疗、健康、养老的需求迅速增加，这就需要政府把行政立法、制定政策的职能与企业提供产品、服务的功能有机结合起来，建立完善的社会医疗保障体系。如全国现有失能老人 2000 万人、半失能老人 3000 万人，建立完善的失能半失能老人照护体系，既能满足这些老人的迫切需求，把子女解脱出来，又能创造大量就业岗位。根据日本的经验，一个照护师可照护两个失能半失能老人。我国建立健全照顾体系即可创造就业岗位 2500 万个，将为农村劳动力进入城市就业提供一个新渠道。

第十章

构建高水平社会主义市场经济体制

社会主义市场经济体制是中国特色社会主义的重大理论和实践创新，是社会主义基本经济制度的重要组成部分。改革开放以来，我国逐步建立和不断完善社会主义市场经济体制，激发了市场主体活力，为40多年经济持续快速发展创造了体制条件。当今中国已开启了社会主义现代化建设的新征程，对完善社会主义市场经济体制提出了新的更高要求。2020年5月，中共中央、国务院印发《关于新时代加快完善社会主义市场经济体制的意见》，明确了改革的重大任务：一是坚持公有制为主体、多种所有制经济共同发展，增强微观主体活力。二是夯实市场经济基础性制度，保障市场公平竞争。三是构建更加完善的要素市场化配置体制机制，进一步激发全社会创造力和市场活力。四是创新政府管理和服务方式，完善宏观经济治理体制。五是坚持和完善民生保障制度，促进社会公平正义。六是建设更高水平开放型经济新体制，以开放促改革促发展。七是完善社会主义市场经济法律制度，强化法治保障。当前和今后一个时期，要围绕建立高水平社会主义市场经济体制，加快推进各个领域改革。

第一节　构建更加充满生机活力的市场主体

市场主体是国家机体的基本细胞，只有市场主体充满生机活力，国家机体才拥有强大的生命力。企业是独立经营、自负盈亏的市场主体，企业建立现代产权制度和合理的产权结构，是提高企业活力的前提条件。随着企业管理体制改革的不断深化，我国已经形成了包括国有、集体所有、私有、外资所有和混合所有等多种所有制企业相互竞争、优胜劣汰的经济格局和市场机制。作为中国特色社会主义国家，我们将公有制为主体、多种所有制经济共同发展确定为社会主义初级阶段的一项基本经济制度。党和国家对不同所有制企业实行“两个毫不动摇”的政策，即毫不动摇地巩固和发展公有制经济，毫不动摇地鼓励、支持和引导非公有制经济发展。实践证明，“两个毫不动摇”政策充分调动了不同所有制企业的积极性，激发了各种经济主体市场活力，促进了经济快速发展和整体竞争力不断提高，表明我国在所有制方面的基本经济制度适应现阶段生产力发展水平，具有强大的生命力。当前要按照问题导向的原则，针对不同所有制企业存在的问题，采取切实有效的改革措施，加快建立中国特色现代企业制度，营造各类企业公平竞争环境，进一步激发市场主体活力。

一、加快推进企业混合所有制改革

混合所有制企业是伴随生产社会化出现的股权社会化、多元化经济。发展混合所有制企业，既符合我国公有制为主体、多种所有制经济共同发展的基本经济制度的要求，又创新和丰富了基本经济制度的有效实现形式，使基本经济制度能够发挥出更大的优越性。实践证明，在规范的股份制的基础上建立的混合所有制企业，能够充分发挥各方面的优势，迅速实现资本的集聚，有利于建立合理的企业治理机构，形成有效的股权激励和监督机制，避免企业被内部人控制，在各类产权结构中是发展最快、最有活力、经营效果最好的产权组织形式，是中国特色现代企业制度的发展方向。当前，要重点推进国有企业与民营企业实行混合所有制改革。除了原有企业实行混改之外，在新建企业和项目时，应按照党的十八届三中全会通过的《中共中央关于全面深化改革若干重大问题的决定》（以下简称《决定》）提出的“国有资本投资项目允许非国有资本参股”，鼓励国有经济吸收民营经济入股，发展混合所有制经济，增强国有企业发展活力和控制力，实现国有与非国有企业互利双赢、共同发展。

二、允许混合所有制企业实行员工持股

党的十八届三中全会《决定》指出：“允许混合所有制经济实行企业员工持股，形成资本所有者和劳动者利益共同体。”国资委文件规定，在混合所有制企业，国有控股的比例应不低于 34%，员工持股的比例应不高于总股本的 10%，为规范混合所有制和员工持股企业股权比例明确了原则。应当注意的是，企业在推进股权结构改革中，必须建立严格的公司管理制度，实行财务透明制度，加强对企业的审计监管，避免国有资产流失。允许混合所有制企业实行员工持股，对改变国有企业决策机制和运行机制至关重要。长期以来，国有企业产权管理不到位，企业吃国家大锅饭、职工吃企业大锅饭，职工作为国家

和企业主人翁的精神淡化虚化，国有资产运营效率不高。员工持股把企业经营效益与员工收入紧紧绑在一起，使员工从对个人物质利益的关心上来关心企业经营，真正成为企业的主人。而且不仅关心企业近期经营状况，更关心企业长远发展，从而使企业在经营决策上更加注重增加科技研发投入。华为等成功企业之所以能够把销售收入的15%甚至20%以上用于研发投入，使企业迅速成长为全球领先企业，其深层次原因就在于实行员工持股制。一般来说，员工持股制企业应包括核心层持股、骨干层持股和员工持股三个层次。核心层包括董事长、副董事长、总经理、副总经理、总工程师、总会计师等，约十几个人；骨干层包括二级公司经理、职能部门负责人和技术、管理骨干等，约几百人；员工层根据工龄和贡献决定，人数更多一些。管理层持股在任职期间和离任后5年之内不允许出售。职工能不能持股、持多少股，要根据员工对企业的贡献，由股东会决定。华为公司每年评选优秀员工，奖励对企业的认股权。公司实行员工持股，并不是人人有股，回到平均主义的老路上，而是要建立激励机制，奖勤罚懒。在高新技术企业，实行员工持股制显得尤为必要，这是建立创新型企业发展体制机制的前提条件。

三、完善以管资本为主的国有资产管理体制

国有企业建立中国特色现代企业制度，必须配套进行国有资产管理体制改革，实行以管资本为主的管理体制，落实企业的经营权、投资权、分配权、用人权，真正使企业成为独立经营、自负盈亏的市场主体。国有资产管理机构主要应根据国家发展战略、产业政策，对国有资本的配置结构进行调整。在当前美国政府对我进行打压、封锁的

情况下，应通过国有资本布局的调整，集中力量攻克“卡脖子”技术，尽快把薄弱环节搞上去，确保我国产业链、供应链的安全。要围绕发展重点产业和突破关键技术，发挥新型举国体制优势，以国有资本的引导性投入，吸引社会资本投入，组织产业集群，增强我国企业的整体竞争力。要适应新的国际形势和实现第二个百年奋斗目标的要求，完善国有资产管理体制，加强国有资产监管，改革国有资本授权经营体制，组建若干国有资本运营公司，支持有条件的国有企业改组为国有资本投资公司。国有资本投资运营必须服务于国家战略目标，更多投向关系国家安全、国民经济命脉的重要行业和关键领域，重点提供公共服务、发展重要前瞻性战略性产业、保护生态环境，实现双碳目标，支持科技进步，保障国家安全。

四、实行按劳分配与按要素分配相结合的分配制度

混合所有制企业实行按劳分配与按要素分配相结合的分配制度，是中国特色现代企业分配制度的基本特征。在这一分配制度下，企业员工既作为劳动者领取工资，又作为所有者拿到股本分红，有利于消除企业员工与企业投资者的利益矛盾，使企业投资者、管理者和员工形成利益共同体，凝聚成强大合力，共同把企业办好。坚持以按劳分配为主、以按资分配为辅的分配制度，使劳动者不仅能够享受到作为企业劳动力成本的报酬，也能分享到一部分企业利润。这是社会主义制度区别于资本主义制度的一个本质特征。比如，华为公司在分配上按劳分配与按资分配实行 3：1 的比例，即在员工收入中，按劳分配占 75%，按资分配占 25%，既调动了员工的积极性，也照顾到投资者的利益，体现了中国特色社会主义制度的本质特征。浙江省杭州市萧

山区航民村，把村办集体企业的股权按照村龄和贡献量化到每个村民，全村企业和土地经营收入统一实行按需分配、按劳分配和按资分配相结合的分配制度，大体上农产品分配按成人和儿童实行供给制，约占总收入的10%；按股分配约占总收入的20%；按劳分配即按照不同岗位领取的工资约占总收入的70%，这部分收入与外来务工人员同工同酬。华为公司和航民村的分配制度，适应了社会主义初级阶段的生产力发展水平，既突出了社会主义按劳分配为主的特征，也适度保留了资本主义的按资分配，在航民村还部分实行了共产主义性质的按需分配。这些分配方式都是基层干部群众在改革中从实际出发进行的创造，为社会主义阶段根本任务是发展社会生产力构建了强大的、灵活的动力机制。

五、加强农村集体所有制经济主体的规范管理

农村集体经济是我国社会主义经济体系的重要组成部分。我国实行农村土地等生产要素属于村集体所有的制度。农户拥有对土地的用益物权，包括对耕地林地的承包权、对宅基地的资格权，村委会拥有所有权，允许土地经营权和住房自愿有偿转让。如何处理好村民、村集体和村委会的关系，近年来各地探索出许多行之有效的模式。较为成功的模式是“农业合作社 + 现代企业制度”管理模式，将现代企业制度应用于农村集体经济管理，农户以土地承包权入股成为股东，土地经营权自愿有偿转让给公司或合作社，村民委员会相当于股东会，村党支部相当于董事会，党支部书记相当于董事长，村委会相当于经营班子，村委会主任相当于总经理。在这个模式下，重大事项由村民委员会讨论决定，党支部负责决策，村委会负责执行。该模式既充分

尊重和保护了农民利益，也加强了村级组织的执行能力，处理好了民主和集中的关系，规范了集体经济运行机制，促进了农村经济发展。现在普遍推行村支部第一书记由县级党委组织部任命和管理制度，加强了党对基层组织的领导，取得了较好效果。需要重视的是，必须充分加强对村支部书记和村委会主任的监督和管理，防止侵害农民权益、独断专行和内部人控制的情况发生，必须充分尊重农民加入村集体组织的意愿，必须充分尊重农民对土地承包权和住房的处置权，实行土地经营权和住宅使用权的自愿有偿转让，必须充分保护广大农民权益，严禁土地等生产要素由村集体所有变为村支书村主任所有。

六、对各类所有制企业实行一视同仁的政策

实行公有制为主体、多种所有制经济共同发展是国家的基本经济制度。建立良好的市场机制和政策环境，对不同所有制企业在投资项目审批、信贷投放、土地供给、税收政策等方面一视同仁、公平对待，保障各类市场主体享有公平竞争环境，是建立高水平社会主义市场经济体制的根本要求，是把两个毫不动摇落到实处的客观需要，是社会主义市场经济的基础性制度。从目前实际情况看，民营企业与国有企业相比，在政治待遇、司法办案、市场准入、招标投标、金融环境等方面，仍然受到许多不公平对待。对民营企业的地位和作用，需要进一步加深认识。要从根本上解决这一问题，必须按照党的二十大报告提出的“优化民营企业发展环境，依法保护民营企业产权和企业家权益，促进民营经济发展壮大”的精神，建立和完善政府对企业的管理体制，对不同所有制企业实行统一管理、公平对待，真正做到对企业不以所有制论英雄，而是以对国家对人民的贡献论英雄，对在科技创新、经济

发展和增加就业等方面做出贡献的企业，要一视同仁地给予鼓励和支持。

第二节 构建全国统一、城乡融合的要素市场体系

土地、人才、技术、资金、数据等是重要的生产要素，受要素市场管理体制改革滞后的影响，在区域和城乡之间，仍然不同程度存在着市场壁垒和政策障碍，阻挡了商品和要素的自由流动，导致土地等生产要素配置效率不高，制约了城乡和区域之间的均衡发展。必须加大改革力度，形成更加完善的要素市场体系，把蛰伏的经济发展潜力充分释放出来。

一、构建城乡融合、全国统一的要素市场体系

我国长期存在的城乡二元经济体制，导致城乡市场之间各类要素不能自由流动和等价交换，农村的劳动力、土地、资金等长期、大量、低价流向城市，支持了城市繁荣，而农村、农业的发展长期滞后于城市，城乡居民收入不断拉大，最近几年虽然有所缩小，但仍然高达2.35∶1。缩小城乡发展差距，实现乡村振兴，已成为2035年基本实现现代化面临的最突出的任务。同时，乡村振兴也将释放出经济增长最大的新动能，对于解决目前需求收缩矛盾，推动经济持续高质量发展具有不可替代的重大作用。

（一）加快农村土地承包经营制度改革

党的十八届三中全会《决定》指出："赋予农民对承包地占有、使用、收益、流转及承包经营权抵押、担保权能，允许农民以承包经营权入

股发展农业产业化经营。鼓励承包经营权在公开市场上向专业大户、家庭农场、农民合作社、农业企业流转，发展多种形式规模经营。”这是农村土地承包经营制度的一个重大突破。按照《决定》精神，农村土地公有制将实行三权分立：所有权归村集体，承包权归农户，经营权放开。所有权归村集体，不准自由买卖，就能避免中国历史上反复出现并引发农民起义的土地高度兼并。农户将承包权抵押后，如果失去了抵押物，债权方拿到的仍仅仅是土地用益物权。承包权归农户，农户对承包的土地拥有法人财产权或用益物权，就可获得土地转包收入即财产性收入。承包权有了交换价值，进城农民转让承包权的积极性就会提高。放开经营权，鼓励种粮大户、农业公司、合作社扩大土地经营规模，就可大幅度提高农业劳动生产率和土地产出率，农业现代化才能加快步伐。经验证明，土地集约化经营，田埂取消可增加耕地 5%；统一良种、深耕、灌溉、施肥、灭虫，单产可提高 30%。在黑龙江省，农民把土地交给国有农场托管，转包费超过自己耕种的纯收入。土地流转要严格遵循农民自愿原则，建立健全土地流转交易市场。要实行严格的土地使用监管制度，严禁土地撂荒，对撂荒土地者应收回土地承包权和经营权。

（二）加快农村住房制度改革

长期以来，我国城乡居民住房实行不同的管理体制，城市居民住房早已商品化，因而享受到城市化带来不动产增值的财富效应，而农民的住房至今仍未完全商品化，只允许在本村内转让，由于农村人口减少带来大量住房闲置，村内没有承接对象，使农民分享不到不动产增值带来的收益，城乡居民财产性收入差距扩大到 11∶1，成为城乡居民收入差距拉大的重要原因。党的十八届三中全会《决定》对农村宅基地和农民住房制度改革明确提出："保障农户宅基地用益物权，改革完善农村宅基地制度，选择若干试点，慎重稳妥推进农民住房财产权抵押、担保、转让，探索农民增加财产性收入渠道。"这为实现农村住房商品化提供了政策保障，是农村住房和宅基地制度改革的重大突破。有人担心农村住房商品化会冲击 18 亿亩耕地红线。世界各国经验证明，在城市化过程中，建设用地是减少的，耕地是增加的。因为城市化提高了土地利用的集约化程度。从我国的实际情况看，全国城乡建设用地 22 万平方公里，其中村庄建设用地达 17 万平方公里即 2.55 亿亩，城镇占用 5 万平方公里，农村人均占用的建设用地是城市的 3.5 倍。承认农村包括宅基地在内的住房的商品属性，允许其通过市场进行交换和配置，是集约节约利用农村土地资源的客观要求。根据宅基地改革试点县的经验，结合村庄整治推进这项改革，可使农村建设用地减少 50% 以上并使 30% 以上的原有建设用地转变为耕地。因此，推进宅基地制度改革，不仅不会冲击 18 亿亩耕地红线，相反可以增加几千万亩耕地。承认农民住房的商品属性，是实现生产要素在城乡之间双向自由流动的必然要求，是发挥市场对资源配置决定性作用的客观需要。改革开放已经 45 年了，由于否认农民住房是商品，严重损害了农民的利益。党的十九届五中全会通过的《中共中央关于制定国民经济和社会发展第十四个五年规划和二〇三五年远景目标的建议》，提出要建立城乡统一的土地市场。落实中央关于农村土地制度改革一系列文件精神，建立农村集体经营性建设用地入市制度，使农民能够享受到土地制度改革的红利，对缩小城乡收入差距，到 2035 年城乡同步基本实现现代化，具有十分重要的意义和极大的紧迫性。

（三）加快城乡户籍制度改革

农村大部分居民市民化是大势所趋。推进农村居民市民化的重要环节在户籍制度改革。为此需要全面放开建制镇和小城市落户限制，有序放开中等城市落户限制，合理确定大城市落户条件，适度控制特大城市人口规模。据测算，每增加一个城镇人口，需要增加基础设施投资 10 万元以上，每年增加 1000 万城镇人口，拉动城镇基础设施投资可达 1 万亿元以上。县城作为城乡连接点，可直接带动农村发展。要重视县城的基础设施、农产品加工业和服务业发展，鼓励生产力重点布局县城和小城镇，大力发展县域经济，创造更多就业机会，吸纳农民在本地就业，充分发挥出县城在扩大内循环和带动乡村振兴中的重要作用。

二、加快改革和完善科技体制

科技是立国之本。在当前日益复杂的国际形势下，科技已成为大国竞争的主战场。然而，我国科技体制仍不能完全适应形势发展的需要，必须采取切实有效改革措施，完善科技体制和机制，调动各方面积极性和创造性，加快实现高水平科技自立自强，适应国家高质量发展和国际竞争的需要。坚持创新在我国现代化建设全局中的核心地位，健全新型举国体制，强化国家战略科技力量，提升国家创新体系整体效能，形成具有全球竞争力的开放创新生态。要以国家战略需求为导向，积聚力量进行原创性引领性科技攻关，坚决打赢关键核心技术攻坚战，加快实施一批具有战略性全局性前瞻性的国家重大科技项目，增强自主创新能力。

推广深圳等地先进的科技创新经验。深圳改革开放 40 多年经济发展取得巨大成功，主要得益于科技创新。创新已经成为深圳经济增长的第一驱动力。深圳经验主要是经过多年坚持不懈的努力，形成了崇尚创新的文化氛围、鼓励创新的市场机制、宽容失败的社会环境、不拘一格的人才战略、面向全球的开放意识、一视同仁的扶持政策等。应当推广深圳的经验，抓紧建立鼓励企业增加研发投入的激励机制，提高广大科技人员创新积极性，加快科技成果工程化、产业化转化。

发挥企业研发投入和创新的主体作用。目前，我国已有一批创新型企业，其每年的国际专利申请量跻身世界前列，如华为公司2022年研发投入达1615亿元，研发费用率25.1%，国际专利申请量连续多年居世界前三位。我国企业包括国有企业在内，都应当学习华为重视科技创新的做法和经验，以高强度的研发投入争当全球技术领先企业，为打破美国的技术封锁作出贡献。

设立国家和省级产业技术研究院。江苏省借鉴韩国经验，设立省级产业技术研究院，在整合科技资源、引领经济创新发展中发挥了关键作用。建议国家和省级人民政府加快科技管理体制改革，设立产业技术研究院，引领经济创新发展。同时加快从过去科技管理的“监管者”角色向科技服务的“店小二”转变，发挥市场机制作用，建立符合市场经济的科技成果甄别筛选机制和优秀科技成果推广应用机制，以绿色化、智能化、数字化为引领，加快建设现代产业体系。

创新科创政策法规。美国《拜杜法案》规定，政府资助的科技成果，允许技术研发团队享受70%左右权益，该法案在美国科技成果转化中发挥了关键作用。建议我国尽快出台类似《拜杜法案》的法规，调动科技人员积极性和创造性，加快科技研发成果孵化和产业化应用。

三、加快改革和完善金融体制

金融是国民经济的血液。改革开放以来，我国金融发展总体上健康稳定，金融风险始终处于可控范围，截至 2023 年 4 月，我国 M2 总量已达 280 万亿元，外汇储备超过 3 万亿美元，已经成为世界金融大国。但我国金融体制改革滞后，资本市场发育不足，企业融资过度依赖银行贷款，导致融资成本高，潜藏着金融风险。党的二十大报告指出："深化金融体制改革，建设现代中央银行制度，加强和完善现代金融监管，强化金融稳定保障体系，依法将各类金融活动全部纳入监管，守住不发生系统性风险底线。"要按照党的二十大和党的十八届三中全会《决定》精神，采取有效措施加快金融体制改革。

放宽金融准入。允许具备条件的民间资本依法发起设立中小型银行等金融机构，允许民间资本进入金融领域，增加竞争主体，打破垄断经营，降低企业融资成本，是金融体制改革的首要任务。

改革金融监管体制。为了解决监管难度增加的问题，要建立地方性金融监管机构，完善监管协调机制，界定中央和地方金融监管职责和风险处置责任。加快利率市场化改革，在形成充分竞争格局的同时，制定金融体制改革配套方案，为利率市场化创造条件。

健全多层次资本市场体系。积极发展企业债券市场，为企业提供方便多样的融资工具，扩大直接融资规模，提高直接融资比重。这有利于降低企业运营成本，也有利于增加居民财产性收入，是当前金融体制改革的重要内容。要强化对股市的监管，完善股票发行注册制，发挥股市在筹集资金、企业评价和财富分配方面的功能。同时鼓励企业发展私募股权融资，通过多种渠道扩大企业股权融资。

改革外汇管理体制。我国外汇储备超过了 3 万亿美元，必须提高外汇储备使用效益。要通过有效利用外汇储备，扩大海外投资，利用全球资源和市场，打破发展瓶颈，增强创新能力，创造出口需求，转移过剩产能，缓解经济下行压力，支撑经济持续健康发展。要积极扩大人民币在国际贸易投资结算中的使用规模，加快实现人民币资本项目可兑换，稳步推进人民币国际化。为了防范资本项目放开后国外短期流动资金对国内的冲击，可研究开征托宾税。

加快发展供应链金融。银行与实体企业发展脱节，中小企业融资难融资贵，这是长期存在的问题。供应链金融克服了银行与企业信用不对称等问题，金融机构可以对企业放心贷款，企业也可以获得低成本资金，打破了金融与实体经济的藩篱，营造了金融与实体经济"双赢"发展环境。应当加大工作力度，尽快建立供应链金融体系和配套机制，优化信贷结构，尽快提高银行信贷资金使用效率，促进金融与实体经济融合共生发展。

四、积极推进教育体制改革

党的二十大报告提出："教育、科技、人才是全面建设社会主义现代化国家的基础性、战略性支撑。必须坚持科技是第一生产力、人才是第一资源、创新是第一动力，深入实施科教兴国战略、人才强国战略、创新驱动发展战略，开辟发展新领域新赛道，不断塑造发展新动能新优势。"要办好人民满意的教育，培养德智体美劳全面发展的社会主义建设者和接班人。坚持为党育人、为国育才，全面提高人才自主培养质量，着力造就拔尖创新人才，聚天下英才而用之。建设现代国民教育体系和终身教育体系，促进教育公平，实施素质教育，适应数字经济发展的需要，加快我国从人口大国向人力资源强国转变。

强化各级政府提供教育公共服务的职责。坚持公共教育资源向农村、中西部地区、贫困地区倾斜，缩小城乡、区域教育发展差距。

加大职业教育培训力度。职业教育发展滞后，技能型人才短缺，是我国人才结构中的突出问题。必须加快发展职业教育，努力使劳动者人人有知识、个个有技能。高等教育要注重增强学生的实践能力、创造能力和就业能力、创业能力。要学习借鉴发达国家先进经验，引进德国“双元制”人才教育体制，大力推进技能型人才培养。

鼓励发展智慧教育。加快发展智慧教育，对于优化国家素质教育体系、完善社会和家庭教育具有重要价值。必须加大政策力度，营造良好环境，鼓励智慧教育发展，使其在国家教育体制改革中发挥关键作用。

加大创新型人才培育。要把大学办成高水平研究型学校，成为创新型老师和创新人才的摇篮，建设为科技创新的重要基地。美国70%的基础研究成果来自大学。要鼓励以优厚待遇从全球选拔具有创新能力的师资。建立大学与风险投资的对接机制，鼓励大学教师、大学生创办高新技术公司，加快科技成果转化。加快大学教育从填鸭式、应试型教育向启发式、创新型教育转变，培养学生的创新思维和能力。

五、建立和完善数据要素市场管理体制

伴随新一轮科技革命的滚滚大潮，我国已经进入数字经济时代。数字经济是新经济的核心内容，是继农业经济、工业经济之后的主要经济形态，是以数据资源为关键要素，以现代信息网络为主要载体，以信息通信技术融合应用、全要素数字化转型为重要推动力，促进公

平与效率更加统一的新经济形态。近些年来，数字经济发展速度之快、辐射范围之广、影响程度之深前所未有，正推动生产方式、生活方式和治理方式深刻变革，成为重组全球要素资源、重塑全球经济结构、改变全球竞争格局的关键力量。国家数字经济“十四五”规划明确了发展数字经济的总体要求、目标任务和重点任务，指明了发展方向。

加快产业数字化。就是要加快传统产业数字化、网络化、智能化升级，用数字化赋能传统产业，提高经济增长质量，增强产业竞争力。

加快数字产业化。就是要加快发展数字经济产业园，促进数字经济集群化发展，鼓励基于数字信用体系的新型电商平台推广应用，做大做强做优龙头品牌数字企业。

实行数字化治理。就是要构建协调统一的数字经济治理框架和规则体系，构建起跨部门、跨地区的协同监管机制，形成政府主导、多元参与、法治保障的数字经济治理格局，增强政府数字化监管能力和治理水平。

促进数据价值化。就是要认可数据价值，探索数据资产定价机制，形成数据资产目录，逐步完善数据定价体系，培育规范的数据交易平台和市场主体，建立数据市场运营体系，促进数据要素市场流通，提升数据交易效率。

第三节 构建更加完善的宏观经济治理和法治体系

构建和形成更加完善的政府宏观经济治理和法治体系，是完善社会主义市场经济体制、促进经济长期可持续发展的重要条件。40 多年来，我国经济运行平稳、没有发生严重的大起大落，说明我国宏观治理模式是符合中国国情、行之有效的。党的二十大报告明确了完善政府宏观经济治理和法治体系的目标任务，指出要“健全宏观经济治理体系，发挥国家发展规划的战略导向作用，加强财政政策和货币政策协调配合，着力扩大内需，增强消费对经济发展的基础性作用和投资对优化供给结构的关键作用”。必须采取切实有效措施，认真加以落实。

一、构建更加科学的宏观调控体系

改革开放以来，我国政府围绕经济发展战略目标，在发挥市场对资源配置基础性作用的同时，综合利用财政政策、货币政策、产业政策、投资政策和行政手段对经济运行实行适当行政干预，逐步探索形成了反周期、逆周期宏观调控机制。但是，在执行宏观调控中也存在一些不足。主要表现在执行产业政策时有操之过急、顾此失彼的情况。比如，前些年在落实“双碳”目标中忽视能源有效供给，“一刀切”减煤导致煤炭供不应求和电力供应紧张；对房价调控不力导致金融风险滋生；对小额贷款等金融创新放管失度，前期任其野蛮生长、后期简单粗暴整顿导致群众财产损失；等等。必须按照党的二十大精神，坚持社会主义市场经济改革方向，抓住关键环节加大改革力度，进一步完善宏观调控机制，最大限度减少政府对微观经济活动的直接干预，更加尊重市场经济规律，充分发挥市场在资源配置中的决定性作用。同时，要更好发挥政府作用，有效弥补市场失灵，确保经济平稳增长和长期可持续发展。

二、完善楼市调控长效机制

价格由供需调节是市场经济的基本规律。我国经济体制实行市场化改革以来，对商品价格逐步走上市场化调节的路子，重要特征是放松商品价格管制，从计划经济时代对多数商品实行价格管控，逐步转变为只对部分关系国计民生的商品如电价、药价等实行价格管制，对机票、火车票价格实行指导价格机制，对绝大多数商品实行了完全市场定价。在这样的价格调控机制下，市场在资源配置中逐步发挥了主导作用，但也出现了一些不容忽视的问题，最为突出的是商品房价格过度市场化的问题。住房作为基础民生商品，应该对房价实行适度管控，这在发达市场经济国家也是普遍的做法。但我国对商品房价格在相当长一段时间实行完全市场化的机制，导致房地产成为暴利行业，商品房成为投资品，引来大量资金进入商品房领域建房和炒房，造成一线城市房价过高、闲置严重，导致经济泡沫化、金融风险加大等一系列问题。近年来，中央提出“房住不炒”的正确方针，为房价调控指明了方向。当前应当按照党的二十大精神，学习借鉴德国等国房价调控经验，构建符合中国特色的房价调控长效机制。德国房价调控模式就是：建立科学的地产价格独立评估机制，对地价房价房租等实行“指导价”制度。德国制定并实施《联邦建筑法》，各地成立了“房地产公共评估委员会”，负责制定当地具有法律效力的“基准价”或者“指导价”，《联邦建筑法》规定所有房地产交易有义务参照执行房地产指导价，但可在合理范围内浮动。德国最重要的是建立“执行威慑机制”使“指导价”能够依法有效执行，该国《经济犯罪法》规定，如果地产商制定的房价超过“合理房价”20%为“超高房价”，将构成违法行为受到处罚，超过 50% 则为“房价暴利”，将触犯刑法构成犯罪，出售者将受到更高罚款，甚至最高被判处 3 年徒刑。同时，德国还利用不动产税、房屋交易税、差价盈利税、房屋不动产税、出租房屋资本利得税等一系列税收政策，压缩炒房者进行“低买高卖”的利润空间，遏制房地产商、炒房者获取超额收益。

三、完善“放管服”改革

党的十八大以来，我国政府大力推进“放管服”改革，以“简政放权”“放管结合”“优化服务”为抓手，三管齐下为市场主体松绑减负，对行政监管机制进行优化创新，落脚于施政为民的行政本质，加快推进向服务型政府的角色转变，取得了显著的成效。现存审批事项数量大幅减少，以信用监管为基础的新型监管机制已基本成型，改革成果逐渐显现。党的二十大报告指出：“深化简政放权、放管结合、优化服务改革。……优化营商环境。”当前，要按照党的二十大精神，立足新发展阶段，按照贯彻新发展理念、构建新发展格局、推动高质量发展对“放管服”改革的新要求，进一步深化改革，将“放管服”改革作为法治政府建设的重点内容来抓。

加快推进“放管服”改革法治化建设。通过修改“行政许可法”、制定“行政程序法”等法律，将日益成熟的“放管服”改革成果用法治方式固定下来，在法治轨道上推进“放管服”改革，成为现代政府治理体系的重要内容。

科学履行政府行政职能。一是政府要切实转变角色，加快从过去对经济的管制角色向“店小二”服务角色转变。二是政府在宏观调控中要做到松紧有度、宽严适中，对建设项目除了对列为禁止类项目实行严格审批管控外，对于支持类项目如风光发电项目等要下放审批权限鼓励发展，尤其要鼓励新疆、青海、甘肃等地切实加大新能源基地建设力度。三是对新业态、新模式要从过去放任不管向全过程监管转变，既要鼓励创新、鼓励发展，也要充分利用行业标准等手段规范发展、防止野蛮生长，避免大起大落情况发生。

强化政府在关键领域的行政能力。今后一个时期，要将政府工作重心放到促进创新、协调、绿色、开放、共享发展上，切实转变经济增长模式，使经济发展效益惠及广大人民群众，实现经济持续健康发展。为此，要将新发展理念指标纳入政绩评价体系，作为考核各级各部门政绩的重要内容，形成有利于创新、协调、绿色、开放、共享发展的业绩考评和用人机制，切实强化各级各部门落实新发展理念的责任。

四、完善财税投资政策

财税投资政策是国家调控国民经济运行、促进经济持续健康发展的重要手段，在经济运行调节中具有举足轻重的作用。过去一段时间，我国在经济发展上过分强调效率优先、过分强调资本作用，税收没有很好发挥调节国民收入的作用，导致生产要素市场存在严重的暴利机制；地方政府盲目举债、负债规模过大；地方政府投资过多投向形象工程，浪费严重。这些问题制约了经济可持续发展，与新发展理念背道而驰，必须按照党的二十大精神，通过改革加以解决。

完善税收对生产要素交易的调节功能。对资产性收益按照累进制征税，严格控制土地、住房、矿权等生产要素交易过程中的暴利行为。

实行鼓励消费的政策。消费是生产的目的，是经济发展的动力，需求不足已经成为制约经济发展的主要矛盾。要建立和完善鼓励消费需求的政策体系，充分发挥财政金融在扩大内需中的重要作用，通过减税、贴息、资本金补助等形式，引导银行贷款和社会资金投向重点消费领域。鼓励银行按照扩大内需的方向，实行定向宽松政策，必要时对重点消费类项目实行点贷。

在公共服务类项目建设中推广特许经营权制度。我国目前养老院、幼儿园、停车场等公共产品和公共服务供给严重不足，原因在于公共服务类项目建设主要依靠财政投资，由于财力不足，造成公共事业发展严重滞后。建议实行特许经营权制度，通过财政补贴、土地开发权补偿等优惠政策，提高投资回报能力，吸引社会资金进入，迅速改变供给不足局面。

建立吸引社会资金投资环保产业的市场机制。我国水、空气、土地污染修复治理的难度很大，必须按照“谁污染、谁付费”原则，制定统一的排放标准、环境标准和排污收费标准，并严格监督执行。鼓励有资质的环保企业投资环保产业，并获得合理回报。

五、完善政府法治体系

法治社会是社会主义市场经济的基石。执法为民、依法执法、严格执法是人民政府的神圣职责。当前和今后一个时期，要落实党的二十大报告精神，按照“人民至上”和新发展理念的要求，尽快建立和完善符合中国特色社会主义市场经济要求的政策法规体系，切实做到依法执法和司法，为经济社会发展奠定坚实的法治基础。

建立符合新发展理念的政策法规体系。认真梳理现存法律、规章和政策，对不符合新发展理念的法律、规章和政策，该更新的要更新，该终止的要终止，坚决破除有悖于新发展理念的政策法规，创造有利于创新、协调、绿色、开放、共享发展的法规政策环境。

完善生态环保执法。在落实“双碳”目标、调整能源结构的过程中，要本着民生为本、人民至上的精神，严格按照“先立后破”的原则，妥善处置居民燃煤替代和淘汰燃煤锅炉等，保障能源有效供给和满足人民生产生活基本能源需要。

妥善处置小产权房。小产权房是村镇利用集体建设用地建设的住房，土地性质未变为国有建设用地，因此住房性质叫“小产权房”。前几年，全国各地大拆小产权房，引发老百姓的不满，严重影响党和政府在人民群众心目中的威望。应当按照照顾群众利益、适当增加补偿、避免财产损失的原则，妥善处置小产权房问题。对大多数小产权房准许“小产权”变为“大产权”后合法存在，对极少数占据国家生态保护红线区域的小产权房要在给予适当补偿后才能拆除，以达到妥善有序化解矛盾的目的。

第四节 建立更加完善的社会治理和民生保障体系

近些年来，随着经济持续快速发展和城镇化进程加快，我国各种社会矛盾集中爆发，维稳难度大，维稳成本高，对我国社会治理提出了严峻挑战。建立更加完善的社会治理和民生保障体系，是缓解社会矛盾十分紧迫的任务。要按照党的二十大精神，抓住关键环节加大改革力度，切实解决人民群众普遍关心的民生问题，创新社会管理体制，健全党委领导、政府负责、社会协同、公众参与的社会管理格局，确保社会平稳健康发展。

一、建立更加完善的民生保障体系

民生保障，指教育、就业、社会保障、医疗卫生、计划生育、住房保障、文化体育等领域的公共服务。党的十九届四中全会提出，坚持和完善统筹城乡的民生保障制度，满足人民日益增长的美好生活需要。为此，要通过收入分配制度改革，保障收入分配公平公正，让人民共享改革发展成果。要改革教育、就业、社会保障、医疗等体制机制，使各项公共服务与人民不断增长的美好生活需要和人口流动的社会状况相适应。要通过建立更加完善的民生保障体系，促进社会更加公平正义，满足人民日益增长的美好生活需要，使人民获得感、幸福感、安全感更加充实、更有保障、更可持续。

二、建立更加完善城乡统一的社会保障体系

为了适应农村土地制度和农村住房制度改革的需要，必须建立统筹城乡的社会保障体系，让定居城镇的农民与城市居民享有同等的就业、住房、上学、就医、低保权利，切实解决农村空巢老人和留守儿童问题。为了保证农民转市民后，国家社保基金支付能力不减弱，城市功能不受影响，可以考虑从农民住房转让和土地流转收益中扣除适当费用，用于充实城市配套设施建设资金和国家社保资金，以满足农民身份置换后的需要。

三、强化政府社会管理职能

提高社会治理能力是推进国家治理体系和治理能力现代化的重点。要推进社会领域制度创新，推进基本公共服务均等化，加快形成

科学有效的社会治理体制，打造共建共治共享的社会治理格局，确保社会既充满活力又和谐有序。要按照建设服务型政府的要求，深化行政管理体制改革，优化机构设置，更加注重履行社会管理和公共服务职能。以发展社会事业和解决民生问题为重点，优化公共资源配置，注重向农村、基层、欠发达地区倾斜，逐步形成惠及全民的基本公共服务体系。要改进服务方式，简化办事程序，规范行政审批事项。推行政务公开，加快电子政务建设，推进公共服务信息化。推进政事分开，支持社会组织参与社会管理和公共服务。

四、强化社区社会管理和服务

社区是城乡居民生活的基层单位，是政府社会管理与社区自治组织、民间组织自我管理的结合点，促进社会和谐的各项政策归根到底要落实到社区。只有全面开展城市社区建设，积极推进农村社区建设，实现社区的和谐，构建社会主义和谐社会才会有坚实的基础。要健全新型社区管理和服务体制，把社区建设成为管理有序、服务完善、文明祥和的社会生活共同体。要支持居（村）民委员会协助政府做好公共服务和社会管理工作，发挥驻区单位、社区民间组织、物业管理机构、专业合作组织在社区建设中的积极作用。要通过和谐社区建设，把构建社会主义和谐社会的重大任务真正落实到基层。

五、充分发挥社会组织的作用

建立完善的社会管理体系，必须有发达的社会组织，这是现代社会管理的需要。因为随着生产社会化和市场经济的发展，人们的经济社会活动越来越多，社会交往的范围越来越大，对社会服务提出了更高的要求，人们的社会行为和诉求也需要加以规范和表达。满足这些需求，仅靠政府是远远不够的，必须大力发展各类社会组织，包括律师、公证、会计、审计、资产评估等机构和行业协会、学会、商会、基金会等社会团体，并充分发挥其功能。对各类社会组织要坚持培育发展和管理监督并重，引导他们加强自身建设，提高自律性和诚信度，使之在构建和谐社会中发挥重要作用。

六、妥善处理社会矛盾

要适应我国社会结构和利益格局的新变化，统筹协调各方面利益关系，妥善处理社会矛盾。要形成科学有效的利益协调机制、诉求表达机制、矛盾调处机制、权益保障机制。拓宽社情民意表达渠道，健全社会舆情汇集和分析机制，完善矛盾纠纷排查调处工作制度，把人民调解、行政调解和司法调解结合起来，更多地采用调解和教育、协商、疏导等办法，把矛盾化解在基层，解决在萌芽状态。要着重解决土地征收征用、城市建设拆迁、环境保护、企业破产改制、涉法涉诉中群众反映强烈的问题，维护群众利益和社会稳定。

第十一章

推进高水平对外开放是实现现代化的必要条件

当前，我国正迈上全面建设社会主义现代化国家新征程、向第二个百年奋斗目标进军。党的二十大报告明确提出要“以中国式现代化全面推进中华民族伟大复兴”，要求“加快构建新发展格局，着力推动高质量发展”，“推进高水平对外开放”。2023 年 2 月 7 日，习近平总书记在中央党校发表重要讲话，提出“要不断扩大高水平对外开放，深度参与全球产业分工和合作，用好国内国际两种资源，拓展中国式现代化的发展空间”。党的二十大报告和习近平总书记重要讲话充分彰显出推进高水平对外开放对实现中国式现代化的重大意义，也为下一阶段我国加快推进高水平对外开放指明了方向。

第一节 新的历史阶段要求推进高水平对外开放

经济全球化时代，不断扩大对外开放是一个国家不断融入世界经济体系、参与全球分工、充分利用国际市场资源促进自身发展的必要环节。全球主要发达经济体发展历程表明，不断提高对外开放水平是推动实现现代化的必要举措。新的历史阶段，中国推进高水平对外开放是 40 多年改革开放政策的延续和发展，是应对百年未有之大变局的必要之举。

一、对外开放水平较高是发达经济体的一个普遍特征

开放发展对于一个国家摆脱封闭状态、加强对外交流、融入全球经济体系具有突出重要意义。回顾历史，经济全球化是一国对外开放的有力推手，经济全球化的历程一定程度上也是各国不断主动或被动扩大对外开放的过程。在这过程中，各国市场相互连结、相互融合，便利了商品交易、技术传播和人员往来，也促进了生产力发展与国家进步。例如，11—16 世纪，威尼斯共和国作为最富有和最成功的经济实体，“在地中海经济重新向西欧商业开放，以及发展它与北欧的联系方面发挥了主要作用”，还“帮助把亚洲和埃及的蔗糖生产、丝绸纺织、玻璃吹制和珠宝加工等技术引入了西方”[①]，此后，葡萄牙、荷兰、英国相继成为推动全球贸易发展的核心国家，对促进经济全球化发展起到了重要作用。

第二次世界大战结束后，经济全球化得到进一步发展，成立了以世界银行（WB）、国际货币基金组织（IMF）、世界贸易组织（WTO）以及经济合作与发展组织（OECD）等为主要支柱的国际性经济机构，在国际贸易、跨境投资、跨境结算、人员往来等方面形成了一系列规则制度体系，这些显著降低了国际经贸往来交易成本，提高了交易效

① ［英］安格斯·麦迪森:《世界经济千年史》，伍晓鹰等译，北京大学出版社 2022 年版。

率，从总体上改善了融入经济全球化大潮国家的民众福祉，也激发更多国家主动融入经济全球化进程，新加坡、韩国等部分发展中经济体抓住这一历史机遇，不断扩大对外开放，利用自身资源禀赋优势参与全球分工，实现自身快速发展。

从全球范围来看，发达经济体开放程度普遍较高。以关税水平为例，关税水平高低是体现一国市场开放程度的重要指标，相对中低收入和低收入国家而言，高收入国家平均关税水平较低。根据世界银行官方网站数据，2017 年全球关税平均水平为 5.2%，其中，高收入国家、中低收入国家以及低收入国家平均关税水平分别为 3.9%、6.8% 以及 11%，单个国家层面，关税水平也表现出相似的情况（见图 11–1）。

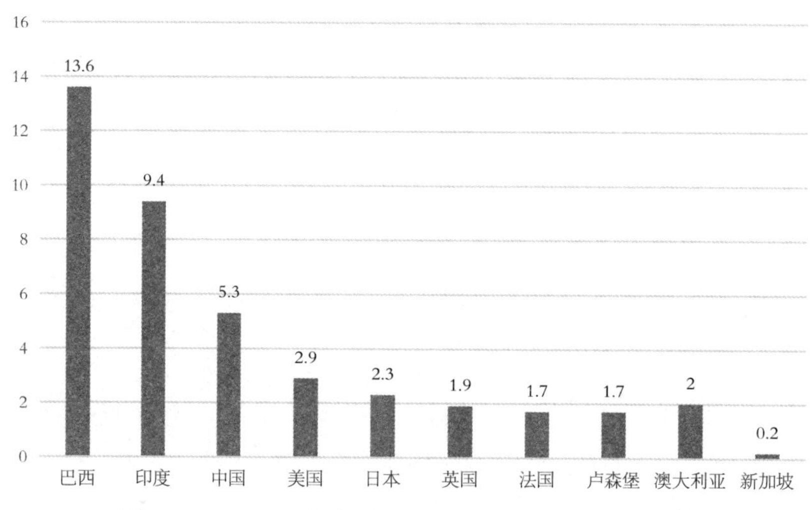

图 11–1　2020 年部分国家平均关税水平（%）[①]

从开放指数这一更为综合性的指标来看，2020 年世界开放指数为 0.7491，较 2008 年下降 4.1%，开放指数前 20 位国家中，绝大多数

① 注：数据来源于世界银行官方网站数据库：https://data.worldbank.org/indicator/TM.TAX.MRCH.SM.AR.ZS，统计范围是全部商品，计算方法为简单平均。

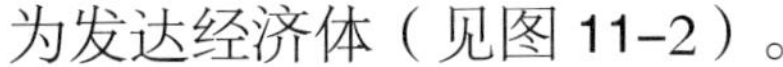

为发达经济体（见图 11-2）。

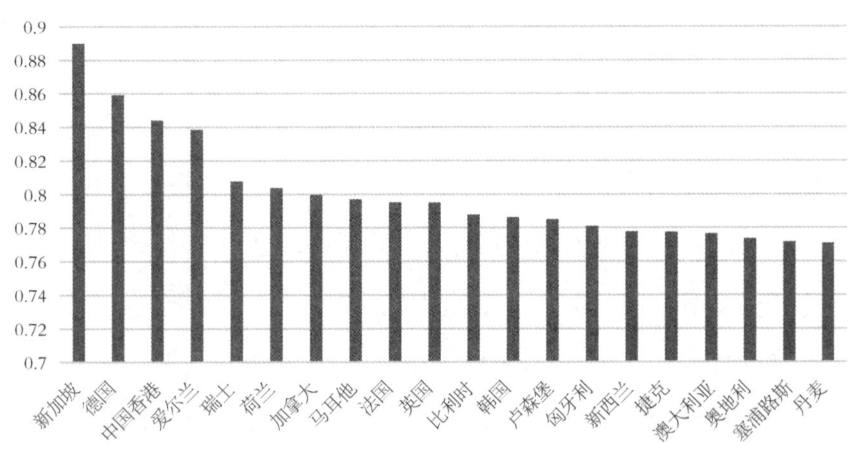

图 11-2　2020 年全球开放指数排名前 20 位的国家[①]

从不同收入水平来看，高收入经济体开放指数明显高于其他类别经济体（见表 11-1）。

表 11-1　2020 年不同收入水平经济体开放指数[②]

	收入组别	开放指数
1	高收入经济体	0.7804
2	中等偏上收入经济体	0.712
3	中等偏下收入经济体	0.6033
4	低收入经济体	0.6381

二、应对百年变局要求中国推进高水平对外开放

当前，世界百年未有之大变局在加速演进，全球政治经济格局深度调整，世界经济出现历史性变迁，经济全球化遭遇波折，同时区域

① 注：数据来源于中国社科院世界经济与政治研究所、虹桥国际经济论坛研究中心著：《世界开放报告（2022）》，中国社会科学出版社 2022 年版，第 198 页。

② 注：表格根据《世界开放报告（2022）》相关数据整理。

性高标准经贸协定不断达成，这些对中国既是挑战，也带来新发展机遇，中国应推进高水平对外开放以进一步融入世界经济体系，并促进经济全球化继续走深走实。

（一）经济全球化放缓、保护主义抬头加大了中国融入世界经济体系的难度

近年来，经济全球化步伐放缓。美国特朗普政府执政期间，推行“美国优先”政策，在较短时间内退出了联合国气候变化《巴黎协定》、联合国教科文组织、联合国人权理事会、维也纳外交关系公约等多项国际协定和国际组织。新冠疫情全球大流行加大了世界产业链供应链网络脆弱性，部分经济体以产业链供应链的区域化、本土化、友岸化调整代替原先的全球化布局，这些加大了中国推进高水平对外开放面临的阻碍。

（二）达成双边和诸边高标准经贸协定成为多个经济体的主动选择

当前经济全球化步伐虽然放缓，但各国基于本国资源禀赋优势参与国际分工的经济规律依然起作用。在 WTO 多边贸易谈判推进乏力的情况下，双边和诸边自贸协定不断达成，如区域全面经济伙伴关系协定（RCEP）、全面和进步跨太平洋合作伙伴关系（CPTPP）、日本与欧盟之间的经济合作协定（EPA）以及数字经济伙伴关系协定（DEPA）等。这些高标准自由贸易协定具有较低的关税水平、较低的市场准入壁垒和较低的补贴[①]，协定的实施使跨国贸易与投资更加便利和高效，也进一步降低了国际贸易与投资的成本，促进了经贸往来。例如，作为全球最大的自贸区，RCEP 于 2022 年 1 月正式生效，

---

① 注：目前，全球高标准自贸协定朝着零关税、零壁垒、零补贴的方向发展，但尚没有完全实现“三零”目标。

2022 年全年，我国对 RCEP 其他 14 个成员国进出口 12.95 万亿元，增长 7.5%，我国对 RCEP 其他成员国进出口中间产品 8.7 万亿元，增长 8.5%，占同期我国对其他成员国进出口总值的 67.2%。[①]

从经济全球化的角度来看，双边和诸边高标准经贸协定的达成和实施可以视为处于一种过渡阶段，为达成全球性自贸协定奠定了基础和做了必要准备。

（三）中国应以推进高水平对外开放促进经济全球化继续向前迈进

百年变局下，经济全球化发展的内在诉求与动力仍然存在，但随着新一轮科技革命和产业变革的深入推进，大数据、云计算、人工智能等技术的广泛应用，传统的强调扩大市场开放为主的经济全球化难以适应世界经济发展新需要，制度对接成为主要经济体新一轮对外开放的重点。中国作为全球第二大经济体，与世界其他国家之间存在着广泛的经贸往来，已经成为全球 120 多个国家的最大贸易伙伴，对全球贸易格局的影响力与塑造能力也得到明显提升。

通过推进高水平对外开放，在提升对外贸易投资规模与质量的同时，主动加强与其他国家在规则、规制、管理、标准的对接，使中国经济更加深度融入世界经济体系，进一步增强中国与其他国家产业链供应链价值链黏合度，稳定外部预期，推动经济全球化朝着更高水平迈进。

三、高水平对外开放是新时代中国以开放促改革、促发展、促创新的必然

深化改革、扩大开放的根本目标是实现我国经济社会的不断发展。

① 数据来源：中华人民共和国国务院新闻办公室，http://www.scio.gov.cn/31773/35507/35513/35521/Document/1736120/1736120.htm。

改革与开放相辅相成，缺一不可。通过高水平对外开放，推动资金、技术、人才、数据等生产要素更加顺畅地跨境流动，实现社会再生产在更高水平循环往复，在提升经济社会发展水平的同时，也为进一步深化经济社会改革提出新任务新目标新要求，并最终形成扩大开放、深化改革、促进发展三者间的良性循环。

改革开放以来，我国坚持扩大对外开放不动摇，对外开放的布局不断优化，领域不断拓宽，体制不断完善，并在对外开放中实现了与各国互利共赢[①]。中国逐步发展成为全球货物贸易第一大国和最主要的投资目的地之一。2022 年，我国货物贸易进出口总值 42.07 万亿元，比 2021 年增长 7.7%，连续 6 年保持世界第一货物贸易国地位；截至 2021 年底，我国累计设立外商投资企业超过 96 万家，实际使用外商直接投资近 2.15 万亿美元。

2012 年，习近平总书记在广东考察时强调："改革开放是决定当代中国命运的关键一招，也是决定实现'两个一百年'奋斗目标、实现中华民族伟大复兴的关键一招。"[②]这再次彰显出改革开放在中国社会主义现代化建设与发展中的重要作用和突出地位。

新的历史时期，面对错综复杂的国内外环境，我国建设社会主义现代化强国任务依然艰巨繁重，特别是随着全球新一轮科技革命和产业变革持续推进，创新作为五大发展理念之首，在推动我国经济高质量发展、提升国家综合竞争力方面的重要性更加凸显，迫切需要以高水平对外开放助力我国深层次改革、高质量发展以及更加深入地融入

① 商务部党组：《中国对外开放四十年的回顾与思考》，http://www.mofcom.gov.cn/article/i/jyjl/m/201901/20190102829216.shtml。

② 《习近平谈治国理政》第 1 卷，外文出版社 2018 年版，第 71 页。

世界经济体系，持续推进制度创新，增强技术创新能力，提升产业创新发展水平，更好应对中国式现代化征途上的各类风险挑战。

四、高水平对外开放是统筹发展与安全的对外开放

对外开放促进了生产要素跨境流动，提高了资源配置效率，但超出经济发展阶段的过快开放往往会引发一系列潜在风险，如扩大资本项目开放能够便利跨境资金双向流动，促进国内外金融市场协同发展，减少套利空间，但资金短时间内大规模流入流出往往会引发本币汇率大幅波动和金融市场动荡，甚至导致爆发金融和经济危机。

高水平对外开放不仅意味着资金、人才、技术、商品等各类生产要素能够更加顺畅地流动，同时也要求提升开放政策的稳健性、针对性、有效性和可持续性，及时防范和化解伴随扩大对外开放而来的各类风险，实现经济发展和风险防范在更高层面上的总体平衡。

第二节 发挥制度型开放核心引领作用

与商品和要素流动型开放不同，制度型开放更加强调制度对接，具有较强的稳定性。近年来，我国顺应国内外经济发展形势变化，主动对接高标准自由贸易协定，深化与高水平对外开放相适应的体制机制改革，取得较大成绩。未来，实施更大范围、更宽领域、更深层次开放，建设更高水平开放型经济新体制，加快构建双循环新发展格局，需要进一步夯实制度型开放基础，充分发挥制度型开放核心引领作用。

一、制度型开放是更高层次、更高水平的对外开放

制度型开放是以规则、规制、管理、标准为主的开放。2018 年中央经济工作会议首次提出“制度型开放”概念，指出“要适应新形势、把握新特点，推动由商品和要素流动型开放向规则等制度型开放转变”；党的二十大报告也指出要“推进高水平对外开放。……稳步扩大规则、规制、管理、标准等制度型开放”；2023 年政府工作报告进一步提出“积极推动加入全面与进步跨太平洋伙伴关系协定（CPTPP）等高标准经贸协议，主动对照相关规则、规制、管理、标准，稳步扩大制度型开放”，这充分体现出制度型开放在推进我国高水平对外开放和实现中国式现代化进程中所具有的重要地位。

（一）制度型开放是商品和要素流动型开放的延续和发展

制度型开放与商品和要素流动型开放之间不是相互独立、彼此分割的，而是相辅相成的关系。商品和要素的跨境流动需要以一定的政策、制度为依托，如关税制度、吸引外资政策、资金跨境流动管理政策、人才流动政策等。商品和要素流动型开放发展到一定程度，特别是随着新的商品和新的要素出现（如数字经济时代，数据的商品属性日益突出，数据的跨境流动也愈加频繁），要求各国建立并完善相应制度体系，并实现规则、规制、管理、标准的互联互通。通过制度型开放，实现各国规则、规制、管理、标准对接，能够为各类要素顺畅流通营造良好制度环境，降低制度差异带来的协调成本，使各类要素得到更为有效的配置，进一步提升开放发展水平。

（二）制度型开放更具稳定性

以具体和局部性开放政策推进对外开放的优势是灵活性较高，能

够根据发展需要调整对外开放的方向、开放政策力度等，能在短期内收到较好效果，但不足之处在于该类政策主要着眼于对外开放领域，而对与之相关的其他领域改革重视不够，导致对外开放政策稳定性和延续性容易受到其他政策干扰，影响市场主体对该国开放政策稳定性的预期，削弱市场主体投资发展意愿。

制度型开放通过规则、规制、管理、标准对接，可以推动国内加快多领域深层次改革，形成一整套稳定、透明、可预期的促进高水平对外的制度体系，这套制度体系的运行不易受局部性、地区性因素干扰，同时也能稳定国内外市场主体预期。

（三）制度型开放是双向动态型开放

经济社会发展的动态性决定了规则、规制、管理、标准也处于动态变化过程当中，这也决定了制度型开放不是一成不变的，而是伴随着规则、规制、管理、标准的变化而进行动态调整。由于规则、规制、管理、标准的对接过程同时也是各国加强对话、加深理解、增进互信并达成经贸协定的过程，这意味着制度型开放不仅仅是单向引进的过程，同时也是输出的过程，为各国提供能被广泛吸纳的规则、规制、管理、标准，并在这种交流互鉴中促进开放政策的完善与创新。

二、主动对接国际高标准自由贸易协定

从实践来看，中国推进制度型开放并非开始于最近几年，中国对外开放本身即是一个逐步推进制度型开放的过程，通过主动对接国际高标准经贸协定，促进开放发展水平不断提高。

（一）加入 WTO 是改革开放后中国推进制度型开放取得的重大成就之一

在复关和加入 WTO 谈判过程中，我国清理、调整大量与 WTO 要求不相适应的法律法规，相关数据显示，中央层面清理法律法规和部门规章 2300 多件，地方政府清理政策法规达到 19 万多件，我国还制定并出台一系列促进外资企业发展的法律，如《中华人民共和国外资企业法》《中华人民共和国中外合作经营企业法》《中华人民共和国中外合资经营企业法》等。按照 WTO 关税减让原则，我国大幅减低关税水平，1992 年我国关税总水平为 42.7%，2002 年降至 15.3%，农产品基础税率由入世前的 54% 降至 2002 年的 18.5%，汽车工业关税由入世前的 80%—100% 下降至 2002 年底的 43.8%。[①] 此外，我国在放宽外资企业市场准入、处理外资企业“国民待遇”和“超国民待遇”方面也逐步推动与 WTO 基本原则接轨。

加入 WTO 使中国开放发展水平提升到新高度，外商投资企业数量和投资规模均得到显著增加。2001 年，我国外商投资企业数量为 26140 家，2005 年增加至 44019 家，实际利用外资金额从 2002 年的 527.43 亿美元提高至 2008 年的 1083.12 亿美元，年均增幅达到 12.7%，[②] 外商投资企业在促进我国经济增长中的作用越发突出，有力地促进了我国经济增长。

① 数据来源：姜春力等：《对外开放中的我国所有制结构变迁》，广东经济出版社 2019 年版，第 143 页。

② 数据来源：姜春力等：《对外开放中的我国所有制结构变迁》，广东经济出版社 2019 年版，第 146 页。

（二）中国主动融入和对接高标准自由贸易协定，不断扩大制度型开放

近年来，中国主动对接和加入高标准自由贸易协定，推动扩大制度型开放。作为 RCEP 主要成员之一，中国为推动 RCEP 谈判和最终达成协议发挥了重要作用，2022 年初 RCEP 正式生效后，中国即全面履行所有承诺与义务。中国与东盟、澳大利亚、新西兰之间的立即零关税比例超过 65%，中国与其他成员国在原产地规则、海关程序、技术标准等方面也将实现统一。

CPTPP 作为代表性高标准自由贸易协定，成员国包括日本、加拿大、澳大利亚、智利、新西兰、新加坡、文莱、马来西亚、越南、墨西哥和秘鲁等 11 个国家，兼具发达国家和发展中经济体。CPTPP 具有开放标准高、覆盖范围广、边境后议题多等特点，涉及知识产权保护、竞争中性、环境保护、国有企业、政府采购、补贴、劳工标准、监管一致性、透明度、反腐败等多个领域。在全面评估 CPTPP 条款基础上，2021 年 9 月，我国正式提交申请加入 CPTPP，加强与各成员国磋商，并稳步推进国内相关领域改革。以电子商务为例，我国商务等相关部门在制定与“数据安全法”“网络安全法”和“个人信息保护法”相配套的实施条例和实施细则时，也充分考虑并努力达到 CPTPP 规则要求。此外中国还于 2021 年 11 月申请加入 DEPA，并专门成立工作组全面推进谈判进程。中国加入 DEPA 将推动中国与国际高标准数字规则对接，与各成员国共同建立规则、规制、管理、标准相通的数字贸易市场，拓展与各国在数字经济领域的互利合作，促进各方数字经济发展。

三、进一步夯实制度型开放的基础

在我国全面推进中国式现代化伟大历史进程中，制度型开放将是一项长期任务。虽然我国推进制度型开放已有一段时期，但明确提出并加以系统推进的时间还不长，仍处于制度型开放早期阶段，也面临内外部开放发展制度规则差异和外部地缘政治动荡风险干扰等挑战。展望未来，进一步夯实我国制度型开放基础，除继续保持经济持续稳步发展、不断提升经济发展质量外，还应着力推动规则体系互联互通和不断深化相关领域改革。

规则体系互联互通方面，应统筹当前和长远发展需要，兼顾规则的“引进”与“输出”，在当前和今后一段时期将规则的“引进”作为主要着力点，依据 CPTPP、DEPA 等高标准自由贸易协定条款，全面厘清我国相关领域现有规则与 CPTPP、DEPA 等协定之间的差异，综合评估规则对接的可能性与可行性，分类、分阶段推动实现规则、规制、管理、标准的内外一致性。同时，在 6G 技术专利等部分我国居于领先位置的领域①，可以推动我国标准“走出去”，上升为国际通行标准。

深化改革方面，稳步推进金融、交通运输、教育、医疗服务、增值电信、文化服务等服务贸易重点领域改革，进一步加强知识产权保护，加快建设市场化、法治化、国际化一流营商环境，完善补贴制度，稳步提升劳动保障制度国际化水平等。

---

① 数据显示，截至目前我国 6G 专利申请量占全球的比重达到 40.3%，居全球第一位，美国、日本分别以 35.2% 和 9.9% 居第二和第三位。

第三节　加快建设贸易强国

对外贸易是对外经贸往来的重要途径。经过多年发展，中国已经成为全球贸易大国，在促进自身发展、推动世界经济增长方面发挥了重要作用。党的二十大报告提出，要“提升贸易投资合作质量和水平”，“加快建设贸易强国”，这为今后一个时期我国对外贸易发展指明了方向。

一、推动货物贸易优化升级

（一）货物贸易是稳固我国贸易大国地位和建设贸易强国的重要基础

货物贸易发展质量逐步提高。党的十八大以来，我国对外贸易取得历史性成就，成为全球货物贸易第一大国。2013—2021 年，我国货物进出口规模从 25.82 万亿元攀升至 39.1 万亿元，涨幅达到 51.6%。2022 全年，面对复杂严峻的国内外形势，我国外贸成功应对多重超预期因素冲击，货物贸易进出口达到 42.07 万亿元，首次突破 40 万亿元关口，再创历史新高，同比增速达到 7.7%，连续 6 年保持货物贸易第一大国地位，其中出口 23.97 万亿元，同比增长 10.5%，进口 18.1 万亿元，同比增长 4.3%。[①]

货物贸易结构不断优化。2013 年，我国机电产品进出口总额为 2.1

① 数据来源：国家统计局。

万亿美元，占全年货物贸易进出口总额的 50.48%，2021 年机电产品进出口总额占货物贸易比重提高至 51.73%，2022 年，我国机电产品进出口总值为 20.66 万亿元，同比增长 2.5%，占进出口总额 49.1%，较 2021 年有所下降，但其中太阳能电池、锂电池和汽车出口分别大幅增长 67.8%、86.7% 和 82.2%。同期，劳动密集型产品出口 4.28 万亿元，增长 8.9%，占出口总额 17.9%，技术含量较高产品居优势地位的进出口结构进一步稳固。

货物贸易仍是我国对外贸易的主要组成部分。从横向对比来看，近年来我国服务贸易发展速度较快，但总体规模相对货物贸易而言仍较小，2022 年我国服务贸易进出口总值为 5.98 万亿元，占货物贸易进出口总值的比重仅为 14.2%，货物贸易在我国对外贸易中的主导地位短时期内不会改变。

建设贸易强国仍需大力发展货物贸易。建设贸易强国意味着在全球贸易领域具有领先的竞争力、广泛的影响力和强大的引领力，稳固贸易大国地位是建设贸易强国的基础和前提。当前，我国已经成为 120 多个国家的第一大贸易伙伴，对世界经济影响力也在继续提升，全球货物贸易第一大国地位较为稳固。展望未来，推动我国经济增长、提供更多就业岗位、促进经济转型升级、加快构建双循环新发展格局仍然需要加力提升货物贸易发展水平，也仍然需要货物贸易规模保持在一个较高水平，在此基础上进一步提升货物贸易发展质量和效率有助于从整体上加快我国贸易强国建设。

（二）我国货物贸易发展面临新挑战

我国货物贸易发展取得巨大成就与我国具有的生产要素成本较低、人力资源丰富、工业体系完备、制造业配套能力强等因素密不可分。随着我国超大规模市场潜力不断释放、人力资本质量持续提高、制造业高质量发展稳步推进等，我国货物贸易全球竞争力有望进一步增强，但货物贸易发展也面临不少新挑战，主要包括：

一是绿色贸易壁垒增多。2023 年 4 月，欧洲议会和欧盟理事会相继投票通过碳边境调节机制（CBAM），这标志着 CBAM 完成了整个立法程序，得到正式通过。相关数据显示，中国受此影响的贸易额约为 65 亿欧元。欧盟的 CBAM 可能被其他国家所效仿，进而加大对我国对外贸易的影响。

二是全球产业链供应链布局深刻调整将给我国对外贸易产生一定压力。新冠疫情、乌克兰危机、大国战略竞争等使各国高度重视产业链供应链安全和韧性，全球范围内出现产业链供应链本土化、区域化、近岸化、友岸化等趋势，以减少对单一国家过度依赖。部分跨国企业通过“中国 +1”策略将部分生产环节转移出中国，且目前来看这一趋势仍在延续，其影响也在日益显现，这将在一定程度上加大我国稳定货物贸易的压力。

三是世界经济增长放缓压低外部市场需求，加大我国稳外贸难度。2023 年 4 月，国际货币基金组织（IMF）《世界经济展望》报告数据显示，2023 年，全球经济预计同比增长 2.8%，处于衰退状态，其中发达经济体预期同比增速仅为 1.3%，新兴市场和发展中经济体预计为 3.9%。2024 年，全球经济增速预计将同比增长 3.0%，较 2023 年略有反弹，但仍处于衰退边缘，发达经济体以及新兴市场和发展中经济体 2024 年经济增速预计分别为 1.4% 和 4.2%。外部市场需求总体较弱将对我国扩大货物贸易出口带来一定障碍。

（三）顺应时代发展趋势推动货物贸易优化升级

推动我国货物贸易优化升级，要立足于货物贸易发展的内在规律，准确把握世界经济发展趋势，坚持出口和进口“双轮”驱动，充分激发各类市场主体积极性、主动性、创造性。

夯实货物贸易优化升级发展基础。加快制造业高质量发展，推进制造业与数字技术深度融合，提升智能制造发展水平，夯实货物贸易发展产业基础。增强研发设计、营销服务、品牌经营能力，加力打造“中国商品”知名品牌，提高货物贸易出口附加值。进一步优化货物贸易结构，增强一般贸易和加工贸易竞争力。促进内外贸一体化发展。优化货物出口区域结构，进一步挖掘“一带一路”沿线国家、新兴市场和发展中经济体市场潜力，稳固对美欧等发达国家市场出口。

稳步扩大进口。优化货物进口结构，增加对优质消费品、重要设备、关键零部件、先进技术的进口。稳步提高居民可支配收入水平，逐步降低进口关税和制度性成本，提升居民消费意愿，释放居民消费潜力，增强扩大进口的内生动能。

加快跨境电商等贸易新业态发展。提升跨境电商持续创新发展水平，推进跨境电商综合试验区建设，推动建设海外仓，完善跨境电商监管服务体系。培育建设离岸贸易中心城市，加强离岸贸易业务创新，优化离岸贸易监管，稳步提升离岸贸易发展水平。

激发企业活力，促进货物贸易发展。鼓励企业加强研发，生产适销对路产品，提高产品市场竞争力。培育外贸综合服务企业，增强外贸综合服务企业创新能力，进一步提升服务成效。优化企业退税、免税管理流程，推动中国海关与其他国家海关实施“经认证的经营者”（AEO）互认。

二、提升服务贸易创新发展水平，增强数字贸易国际竞争力

近年来，全球服务贸易持续发展，规模不断扩大，结构逐步优化，创新发展势头明显，成为拉动世界经济增长的重要力量。中国作为服务贸易大国，大力推进服务贸易高水平发展，实力显著提升。未来需要进一步提升服务贸易创新发展水平，助力贸易强国建设，促进我国高水平对外开放行稳致远。

（一）全球服务贸易进入创新发展阶段

全球服务贸易创新发展迎来良好机遇。当前全球新一轮科技革命与产业变革方兴未艾，大数据、云计算、人工智能、区块链等技术快速发展并不断融入生产生活当中，产生了新的服务需求，如近年来数字贸易呈现快速发展态势。现代信息技术进步为服务贸易创新发展奠定了坚实技术基础，经济社会数字化、绿色化转型也将为服务贸易创新发展提供更多机遇。

知识密集型、可数字化交付服务贸易增长较快。随着全球新一轮科技革命和产业变革深入推进，技术（特别是数字技术）与服务贸易融合发展步伐加快，知识密集型和可数字化交付服务贸易得到较快发展，全球服务贸易创新发展能力显著增强。2010—2021 年，全球知识密集型生产性服务贸易占服务贸易的比重从 47% 提高至 67%，美国、德国、中国、日本、印度等主要国家这一指标也有不同程度提高（见表 11–2）。

环保等新兴领域服务贸易呈现稳步发展态势。近年来，随着可持续发展理念和环境保护意识的增强，各国出台多项环保产业发展支持政策并加大资金支持力度，全球环境服务业得到稳步发展。2015—

2019年，全球环境服务业市场规模从11230.4亿美元提高至13649.7亿美元，增幅21.5%，2022年市场规模预计将进一步提高至13885.8亿美元①。

表11-2　2010—2021年世界主要国家知识密集型生产性服务贸易占服务贸易的比重　（%）②

	全球	美国	日本	德国	中国	印度
2010年	47	55	46	48	34	62
2011年	48	56	49	49	37	58
2012年	48	56	46	51	34	59
2013年	48	56	50	50	34	61
2014年	49	57	53	51	31	59
2015年	50	56	56	53	27	62
2016年	51	58	57	55	29	64
2017年	51	58	57	55	30	63
2018年	51	57	58	54	32	62
2019年	52	57	60	54	35	61
2020年	64	74	72	63	44	70
2021年	67	72	74	73	42	66

（二）加快中国服务贸易创新发展正当其时

总体来看，我国与全球在服务贸易创新发展方面具有一定的同步性。当前，加快中国服务贸易创新发展具有有利条件。一是全球服务贸易创新发展环境将不断优化。随着全球服务贸易创新发展水平的提升，促进创新发展的制度环境、规则体系也将日趋完善，能够为我国加快服务贸易创新发展营造良好的外部环境。

二是我国加快服务贸易创新发展具有坚实基础。党的十八大以

---

① 数据来源：前瞻产业研究院：《2021年全球环境服务行业市场规模及区域格局分析》，https://baijiahao.baidu.com/s?id=1703436936161011687&wfr=spider&for=pc。

② 注：表格转引自国家外汇管理局经常项目司课题组：《贸易深度融合助力产业转型升级》，《中国金融》2022年第8期。

来，我国积极推动服务贸易高质量发展，出台一系列服务贸易发展促进政策，搭建服务贸易创新发展平台，取得显著成效，服务贸易规模不断扩大，在促进经济增长中的作用日益突出。2022 年，我国服务进出口总额达到 5.98 万亿元，同比增长 12.9%，位居世界前列，其中知识密集型服务进出口为 25068.5 亿元，占服务贸易比重达 41.9%。“十三五”期间中国知识密集型服务出口年均增长 10.7%，占比提升 12.6 个百分点，达到了 55.3%。2021 年知识密集型出口增速达 18%，服务贸易创新发展动能日趋增强。

三是数字贸易创新引领作用不断增强。数字贸易在引领贸易创新发展方面发挥着重要作用，近年来中国大力推进数字贸易发展，数字服务出口规模稳步扩大，新业态新模式不断出现。2018—2021 年，中国数字贸易额由 2561.8 亿美元增至 3605.2 亿美元，占服务贸易比重由 32% 增至 44%，2022 年进一步提高至约 3716.9 亿美元，网络与信息安全、云计算服务、信息技术解决方案等优势业务发展速度较快，显示出较大发展潜力。

（三）加力提升中国服务贸易创新发展水平和数字贸易国际竞争力

扩大服务业高水平对外开放。进一步放宽教育、医疗服务、增值电信、文化、研发设计等领域市场准入，稳步推进资本账户开放，提升自然人、资金、技术等各类生产要素跨境流动便利性，扩大与其他国家在相关领域的标准互认和职业资质互认。

对标国际高标准服务贸易规则深化改革。对标 CPTPP、DEPA 等高标准自由贸易协定服务贸易条款，深化服务贸易相关领域体制机制改革，完善跨境服务贸易负面清单管理制度，提升服务贸易自由化便利化水平。

提升服务贸易均衡发展水平。继续推动知识密集型服务出口，扩大旅游、运输、文化、知识产权、法律、会计等服务出口，增加研发设计、环境服务、医疗等服务进口，推动服务贸易均衡协调发展。

增强数字贸易国际竞争力。打造具有国际一流竞争力数字贸易平台，提升重点数字贸易平台引领带动作用。推动国际间数字技术对话与合作，积极参与多双边数字贸易规则磋商与规则制定，增强我国在全球数字贸易领域的影响力与话语权。

第四节 优化区域开放布局，提升开放平台带动力影响力

改革开放以来，我国稳步扩大对外开放区域范围，实现了由点到线再到面的全方位对外开放。新的历史时期，我国要进一步优化区域开放布局，充分发挥开放平台在推进高水平对外开放中的作用。

一、优化区域开放布局是实现高水平对外开放的重要组成部分

改革开放 40 多年来，针对我国幅员辽阔，地区经济发展差异大的现实，我国渐进式扩大区域对外开放，以设立经济特区为起点，相继经历沿海开放、沿边开放和内陆开放三个阶段，对外开放范围覆盖全国所有地区，全方位对外开放格局进一步凸显。

党的二十大报告提出要“优化区域开放布局”，基于我国已经实现全域对外开放的基础，从推进高水平对外开放的角度来看，优化区域开放布局意味着“总体更好”与“局部更优”并存，“总体更好”是指一方面坚持全国一盘棋，从总体上提升我国的开放发展水平；另

一方面针对区域间开放发展差距较大的现实，采取切实措施逐步缩小这种差距。“局部更优”是指鼓励开放发展水平较高的地区，从本地实际出发，因地制宜，采取措施进一步激发开放发展潜力，更加充分发挥开放对本地经济发展的引领和带动作用，为全国高水平对外开放积累更多可复制可推广的有益经验。

二、切实缩小区域开放发展差距

40 多年来，我国总体开放发展水平有了显著提升，但各地区开放发展差异还较大，不平衡不充分问题较为突出，东部地区开放发展水平高于中西部地区的格局没有改变。以我国各省份经济对外依存度为例，2019 年上海外贸依存度为 89.23%，居全国各省份第一位，青海省外贸依存度为 1.26%，两者相差 87.97 个百分点；2022 年上海外贸依存度提高至 93.84%，青海省则下降至 1.19%，两地外贸依存度差距进一步拉大，达到 92.65 个百分点（详见表 11−3 和表 11−4）。

表 11−3　2019 年我国各省份外贸依存度情况

序号	省份	外贸依存度（%）	序号	省份	外贸依存度（%）
1	上海	89.23	17	安徽	12.77
2	北京	81.04	18	新疆	12.03
3	广东	66.39	19	河北	11.40
4	天津	52.08	20	吉林	11.10
5	浙江	49.45	21	湖南	10.92
6	江苏	43.54	22	河南	10.53
7	福建	31.39	23	云南	10.01
8	山东	28.73	24	湖北	8.61
9	辽宁	29.13	25	山西	8.50
10	重庆	24.54	26	宁夏	6.42
11	广西	22.11	27	内蒙古	6.37
12	海南	17.06	28	甘肃	4.36

续表

序号	省份	外贸依存度（%）	序号	省份	外贸依存度（%）
13	四川	14.51	29	贵州	2.70
14	江西	14.19	30	西藏	2.87
15	黑龙江	13.71	31	青海	1.26
16	陕西	13.63			

数据来源：各省区市 2019 年国民经济和社会发展统计公报。

表 11-4　2022 年我国各省份外贸依存度情况

序号	省份	外贸依存度（%）	序号	省份	外贸依存度（%）
1	上海	93.84	17	安徽	16.72
2	北京	87.59	18	新疆	13.89
3	广东	64.36	19	河北	13.29
4	天津	51.80	20	吉林	11.92
5	浙江	60.27	21	湖南	14.50
6	江苏	44.32	22	河南	13.90
7	福建	37.33	23	云南	11.54
8	山东	38.11	24	湖北	11.48
9	辽宁	27.29	25	山西	7.20
10	重庆	28.00	26	宁夏	5.08
11	广西	25.11	27	内蒙古	6.58
12	海南	29.37	28	甘肃	5.22
13	四川	17.76	29	贵州	3.97
14	江西	20.93	30	西藏	2.16
15	黑龙江	16.68	31	青海	1.19
16	陕西	14.75			

数据来源：根据各省区市 2022 年国民经济和社会发展统计公报计算，其中贵州根据其他来源数据计算。

优化区域开放布局，缩小地区开放发展差距，一是巩固东部沿海地区和超大特大城市开放发展优势地位，充分利用其业已形成的产业配套优势、人才优势、区位优势、开放发展环境制度优势等，着眼全球新兴领域，大力引进生物医药、数字经济、绿色发展等行业领先企业和高端要素，鼓励东部沿海地区率先对标国际高标准自由贸易协定深化体制机制改革，先行先试，同时开展金融等领域压力测试，积累可复制可推广先进经验。二是加快中西部和东北地区开放发展。加快沿边地区跨国通道建设，提升沿边地区基础设施与周边国家互联互通水平。发挥沿边地区区位优势，推动边境贸易转型升级，创新边民互市贸易模式。发挥重点口岸和边境城市内外联通作用。把改善中西部和东北地区营商环境放在突出重要位置，加快推进市场化、法治化、国际化营商环境建设，加大对产业链龙头外资企业引进力度，推动完善产业链上下游配套体系，确保外资企业“引得进、留得住、能发展、出效益”。推进沿边地区“两国双园”高水平发展。三是推进东部沿海地区与中西部、东北地区的开放合作。加大东部地区与中西部和东北地区干部交流力度，充分利用东部地区项目、资金和管理优势和中西部地区资源、成本等优势，加快中西部地区和东北地区发展，推动东部地区在中西部和东北地区建设“飞地园区”。

三、进一步发挥高水平开放平台带动力影响力

开放平台是推进对外开放的重要抓手，也是发展开放型经济的重要载体。开放平台汇聚了各类开放要素资源、开放发展政策、国内外市场供求信息等，能够形成外商投资的集聚效应和示范效应，进而不断提升开放发展水平。

改革开放之初设立的经济特区，某种程度上可以视为一种开放平台，经济特区在吸引外商投资、引进先进技术和管理经验、打破计划经济思想束缚、探索中国从计划经济向市场经济转型的路径等方面起到了不可替代的重要作用。随着经济发展水平的提升，我国又出现了经济技术开发区、中外合作工业园等开放发展平台，如中国和新加坡

两国合作建立的苏州工业园区项目，自1994年5月正式启动建设以来，实现了跨越式发展，被誉为“中国改革开放的重要窗口”和“国际合作的成功范例”，2022年园区实现地区生产总值3515.6亿元，占苏州全市地区生产总值的比重为14.7%。党的十八大以来，我国各类开放平台蓬勃发展，自贸试验区、海南自贸港、跨境电商综合试验区、中国国际消费品博览会、中国国际进口博览会等纷纷出现，在促进消费、推动产业升级、增进对外经贸往来等领域发挥了重要作用。

当前和今后一个时期，推进高水对外开放仍然需要加强高水平开放平台建设，充分发挥高水平开放平台的带动力与影响力。加快建设海南自由贸易港，发挥好改革开放综合试验平台作用，提升海南制度型开放发展水平；充分释放海南区位优势和自贸港政策优势潜力，高水平建设跨国企业总部基地。实施自由贸易试验区提升战略，推动各自贸试验区率先履行我国已经签署和实施的高标准自由贸易协定，先行先试我国申请加入的多边经贸协定条款，不断扩大面向全球的高标准自由贸易网络。

第五节　努力营造有利于高水平对外开放的国际环境

改革开放以来中国经济发展取得的历史性成就雄辩地证明，中国的发展离不开世界，世界的发展需要中国。新的历史时期，中国推进高水平对外开放取得实效，加强国内、国外双向互动是不可或缺的必要条件。中国日益走近世界舞台中央，对国际经贸规则的影响力和塑造力也不断增强。展望未来，面对复杂严峻的内外部环境，中国应始终保持战略定力，以实现中华民族伟大复兴为首要，从战略高度妥善处理与其他国家和地区之间的竞争与合作，坚持经济全球化方向，不断推动完善全球经济治理体系，使我国高水平对外开放和中国式现代化建设拥有一个总体稳定的良好国际环境。

一、高水平对外开放取得实效需要总体稳定的国际环境

从历史看，冷战结束后较长一段时间，世界形势总体趋于缓和，和平与发展成为时代主题，为资本、技术、人才等生产要素全球配置创造了有利环境，经济全球化进程加快，新加坡等国抓住历史发展机遇跻身发达经济体行列。我国充分利用外部环境总体稳定的良好机遇，持续扩大对外开放，使我国成为各类资源“引力场”，吸引了大量资金、人才、技术来华投资兴业，实现了国内外市场主体互利共赢，推动了国家跨越式发展。

实现中国式现代化需要一个较长的历史时期，高水平对外开放将伴随中国式现代化全过程。在这过程中，进一步提升中国在世界经济开放发展中的地位和作用，实现各类资源要素更加自由便利的流动，规则、规制、管理、标准更加深度的融合，需要更加高效的利用两个市场、两种资源，更深入的推进国内国外交流互动，这离不开一个总体稳定的国际环境，需要各国加强合作，共同推动国际环境长期的总体稳定。

二、中国融入和塑造国际经贸环境面临新的机遇和挑战

（一）中国对国际经贸规则的影响力塑造力不断增强

改革开放初期，中国主动融入既有国际经济体系，在既定规则框

架下开展对外经贸往来，是规则的接受者。随着对外经贸活动日益增多，综合国力不断增强，中国在国际经济体系中的影响力不断扩大，国际经贸磋商、规则制定、议题设定中的“中国声音”越发响亮，中国逐步从国际经贸规则的接受者向规则制定的参与者、推动者和引领者转变，成为塑造国际经贸体系、推动建设开放型世界经济的重要力量。

以跨境电子商务发展为例，2018年，中国海关牵头制定《世界海关组织跨境电商标准框架》，为世界海关跨境电商国际规则制定奠定了坚实基础。此外，中国在推动达成《巴黎协定》、RCEP签署并正式生效等方面也发挥了重要作用。

（二）中国进一步融入和塑造开放发展的国际经贸环境挑战与机遇并存

党的二十大报告明确指出：“我国发展进入战略机遇和风险挑战并存、不确定难预料因素增多的时期，各种‘黑天鹅’、‘灰犀牛’事件随时可能发生。”这进一步明确了我国推进高水平对外开放所面临的复杂严峻的外部环境。

挑战方面，中美、中欧经贸领域竞争因素增多。改革开放后较长一段时期，中美、中欧经贸关系总体上沿着以合作为主、互利共赢的轨道向前发展，双边经贸合作水平不断提高，切实改善了双方民众福祉。但近年来，中美、中欧经贸领域竞争逐步增多，特朗普政府时期，美国挑起对华贸易战，多次对中国输美商品加征高额关税，拜登政府上台后，将对华科技竞争置于突出位置，多次将我国相关企业列入实体清单，对这些企业正常生产经营产生了极大影响。随着中国经济发展水平持续提升，产业转型升级步伐稳步推进，中欧企业产品的趋同性不断提高，彼此在国际市场的竞争也越来越强，欧盟近年来以安全为由加大了对中资企业投资的审查，给中资企业“走出去”带来了一定障碍。从目前发展趋势看，中美、中欧之间竞争逐步增强的态势短时期内难以根本扭转。

机遇方面，百年未有之大变局也给中国参与全球事务、更多发出“中国声音”提供了难得的历史契机。当前，经济全球化虽然遭遇波折，但全球化仍然是世界经济前进的历史方向，中国坚定维护和支持完善全球多边贸易体制、致力于推动全球贸易投资自由化便利化的立场符合绝大多数国家根本利益，中共提出的 WTO 改革方案也得到多个国家认可和支持。此外，在应对全球气候变化、实现绿色可持续发展、数字贸易等领域，也为中国更多参与全球规则磋商与制定创造了良好机遇。

三、推动完善全球经济治理体系

（一）维护和发展全球多边贸易体制，支持对世界贸易组织等国际机构进行必要改革

反对单边主义和贸易保护主义，坚定维护和发展全球多边贸易体制，携手各国共同应对经济贸易、卫生健康、生态环境、国际安全、地缘政治等各类风险挑战，推动贸易投资自由化便利化，深度参与全球产业分工和合作，维护多元稳定的国际经济格局和经贸关系，以经济全球化的确定性应对世界政治经济格局深层次调整的不确定性。在二十国集团、亚太经合组织等机制中提出更多中国主张。支持世界贸易组织进行必要改革，推动尽快恢复争端解决机制，推进渔业、农业、电子商务等领域谈判，有效弥合各方分歧。推动国际货币基金组织、世界银行等国际机构治理改革，使其能够更加充分反映不同经济主体

的利益诉求。

（二）多层次多渠道参与新兴领域全球经济治理

积极参与数字经济、气候变化等领域国际标准制定，探索全球数字和气候治理中国方案，为全球数字经济和绿色发展提供有力支撑。以共商共建共享原则推动数字丝绸之路深入发展。推进全球绿色治理体系改革，坚持以公平正义理念和共同但有区别的责任原则，落实《联合国气候变化框架公约》缔约方大会系列成果。

（三）进一步发挥“一带一路”国际合作高峰论坛等中国作为主要成员的国际平台作用，提升中国在全球经济治理领域影响力

充分发挥“一带一路”国际合作高峰论坛平台作用，增强“一带一路”建设在稳定全球经济发展、完善全球经济治理中的重要作用。强化金砖国家合作机制作用，深化金砖国家之间在经贸、金融、数字经济、能源绿色转型等领域合作，发展金砖国家新工业革命伙伴关系，稳步推进“金砖＋”扩容；增强金砖国家合作机制在促进全球经济恢复发展和全球重大发展问题上的独特作用。加强上合组织、博鳌亚洲论坛、全球服务贸易联盟等平台作用，深化经贸等领域务实合作。积极参与东盟地区论坛、东亚峰会、亚欧会议等区域性合作机制建设，以对话协商不断增进政治互信，不断拓宽合作领域，加强经济治理与政策协调。

第十二章

加快乡村振兴将释放出经济增长最大新动能

实施乡村振兴战略，是以习近平同志为核心的党中央从党和国家事业发展全局出发作出的重大决策。民族要复兴，乡村必振兴。全面建设社会主义现代化国家，必须坚持把解决好农业农村农民问题作为重中之重，全面推进乡村振兴，推动农业全面升级、农村全面进步、农民全面发展。

第一节　乡村振兴是中国式现代化的重要内容

乡村振兴，基本目标是实现农业农村现代化，这是中国式现代化的重要内容，是全面建设社会主义现代化国家的重要组成部分。

一、农业是国民经济和中国式现代化的重要基础

农业是国民经济的基础，是中国式现代化的基础。这是由经济发展的客观规律决定的。

从理论层面分析，农业对国民经济的基础作用表现在六个方面：第一，提供食物农产品，解决吃饭问题，这是农业的“食物贡献”；第二，为加工业提供原料农产品，这是农业的“原料贡献”；第三，为非农产业提供劳动力，这是农业的“劳动要素贡献”；第四，为工业化提供原始资本积累，这是农业的“资本要素贡献”；第五，为城镇化提供土地空间，这是农业的“土地要素贡献”；第六，初级农产品和加工农产品出口，赚取外汇，这是农业的“外汇贡献”。农业对国民经济的基础作用，通过农业劳动生产率的提高和农业剩余产品的增加展现出来并不断强化，支撑着非农产业部门的产生、发展、壮大和城镇人口的增加及城镇化水平的提高。失却了这种基础作用，工业化和城镇化是难以发展的。所以，马克思十分精辟地讲到：“食物的生产是直接生产者的生存和一切生产的首要的条件”[①]，“超过劳动者个人需要的农业劳动生产率，是全部社会的基础[②]”。

食物贡献是农业基础作用不可替代的集中体现。可以用一个简单模型定量分析农业对能够脱离农业部门的人口数量及城镇化水平这个国民经济发展关键变量的决定作用。假定起始点的人口全部是农业人口，这时城镇化规模和程度都为 0。若用 TP 代表全部人口数量，AF 代表人均食物的必需消费量，这样，食物的总需求量 TF 即为：

$$TF=TP \cdot AF$$

假定此时农业的食物生产量 TO 恰好与 TF 相等，这意味着农业的剩余产品即食物商品量为 0，即：

$$TO-TF=0$$

① 《马克思恩格斯选集》第 2 卷，人民出版社 2012 年版，第 611 页。

② 《马克思恩格斯文集》第 7 卷，人民出版社 2009 年版，第 888 页。

这说明，在农业提供的食物商品量为 0 的情况下，城镇化的水平为 0。也说明，在食物商品量为 0 时，食物的劳动生产率与食物的人均消费量相等，若用 FP 表示食物劳动生产率（为便于分析，模型中对农业人口和农业劳动力未做区别，这样的处理不影响结论），则：

FP=TO/TP

=AF

现假定总人口中的一部分要脱离农业，转移到城镇，这部分人口用 UP 表示，剩余的人口仍为农业人口，用 RP 表示，即：

TP=UP+RP

城镇人口与总人口的比率就是反映城镇化水平的城镇化率，用 UR 表示，即：

UR=UP/TP

为分析方便，假定城镇化了的人口的人均食物必需消费量不变，即仍为 AF，这样，在出现了城镇人口后，对食物的消费总需求仍为 TF，即：

TF=UP · AF+RP · AF

然而，由于一部分人口离开了农业，要使得全社会食物消费总需求能得到满足，即要使离开农业的人口能够实现城镇化的转移，食物的劳动生产率必须提高，这是一部分农业人口能够城镇化的基本保证。若假定食物生产的劳动生产率提高的程度为 G，则食物总产量 TO、农业人口 RP、原有的食物劳动生产率 FP 和劳动生产率增长率 G 之间形成如下关系：

TO=RP ·［FP ·（1+G）］

与食物总需求量联系起来，由生产量要满足需求量的设定，可以得出如下方程式：

$$TO=RP\cdot FP\cdot(1+G)$$
$$=TF$$
$$=UP\cdot AF+RP\cdot AF$$

由上述分析而知，AF 与 FP 相等，用 FP 替换上式消费需求量中的 AF 后，得：

$$TO=RP\cdot FP\cdot(1+G)$$
$$=RP\cdot FP+RP\cdot FP\cdot G$$
$$=TF$$
$$=UP\cdot FP+RP\cdot FP$$

即：

$$RP\cdot FP+RP\cdot FP\cdot G=UP\cdot FP+RP\cdot FP$$

对上式推导，得：

$$RP\cdot FP\cdot G-RP\cdot FP=UP\cdot FP-RP\cdot FP$$
$$RP\cdot FP(G-1)=UP\cdot FP-RP\cdot FP$$

即：

$$G-1=(UP\cdot FP-RP\cdot FP)/(RP\cdot FP)$$
$$=[(UP\cdot FP)/(RP\cdot FP)]-1$$

所以：

$$G=[(UP\cdot FP)/(RP\cdot FP)]-1+1$$
$$=UP/RP$$

由于：

$$UP/RP=(UP+RP-RP)/RP$$

=（TP/RP）−1

而：

TP/RP=1/（RP/TP）

=1/[1−（UP/TP）

=1/（1−UR）

所以：

G=[1/（1−UR）]−1

上式就是食物增长与城镇化率之间内在联系的最终结论。它的含义是：当城镇化率为 UR 时，食物劳动生产率的提高速度要达到 1 与城镇化率之差的倒数再减去 1 或 100%，亦即食物劳动生产率的提高速度必须等于非城镇化率的倒数再减去 1 或 100%。

例如，当城镇化率为 10% 时，食物劳动生产率的提高速度为：

G=[1/（1−10%）]−1=11%

当城镇化率要达到 50% 时，食物劳动生产率的提高速度应为：

G=[1/（1−50%）]−1=100%

即城镇化率要达到 10%，食物的劳动生产率必须提高 11%；城镇化率要达到 50%，食物的劳动生产率必须提高 100%，即要翻一番。

如果考虑到城镇化了的人口的农产品的消费量增多的事实，上述模型所确定的食物农产品劳动生产率的增长速度实际上只是一个下限值，即在 UR 的城镇化水平下，食物农产品劳动生产率的增长速度至少要达到［1 /（1−UR）］−1。

由上述的理论模型推导，可以得出以下三个重要推论：

结论Ⅰ：当食物生产的商品量为 0 时，城镇化的水平为 0。

结论Ⅱ：当食物农产品的劳动生产率增长率为 0 时，城镇化水平将维持不变，即若在起始点，则城镇化水平为 0，若在起始点以后，则城镇化水平的变动为 0。

结论Ⅲ：对于一个具体的城镇化水平 UR，则要求食物农产品劳动生产率的增长至少要达到［1 /（1−UR）］−1。

这几个结论是非常重要的，它深刻揭示出了农业发展在食物农产品方面对城镇化的决定作用。

显而易见，当食物农产品生产的劳动生产率增长能够满足上述的理论模型要求时，即：

$G \geqslant [1/(1-UR)]-1$

则农业发展就会对国民经济发展中的城镇化起推动作用。相反，当食物农产品的劳动生产率增长不能满足理论模型的要求时，即：

$G < [1/(1-UR)]-1$

则农业发展就会对国民经济发展中的城镇化起制约作用。

$G < [1/(1-UR)]-1$ 的情况，就是农业发展不足，其实质是农产品短缺，即所谓的“费—拉粮食短缺点”[①]。当粮食生产的劳动生产率增长不足时，就会出现粮食短缺，从而使农业人口向非农产业进而向城镇的流转速度减慢甚至停滞或倒流，这就是农业发展不足对国民经济的制约作用，也就是农业对国民经济的基础作用。

因此，以中国式现代化全面推进中华民族伟大复兴，必须高度重视农业发展，强化农业基础地位和作用，为全面建成社会主义现代化强国提供坚实基础。

---

① “费—拉”即美国经济学家费景汉（John C.H.Fei）和拉尼斯（G.Ranis），这两位经济学家在分析发展中国家的二元经济时，提出了粮食短缺点的概念。

二、全面建设社会主义现代化国家最艰巨最繁重的任务在农村

改革开放以来，我国农业农村发展取得巨大成就，粮食等农产品产量和农民收入呈现成倍增加，农村面貌极大改观。特别是进入中国特色社会主义新时代，以习近平同志为核心的党中央坚持高度重视“三农”工作的传统，在新中国成立以来特别是改革开放以来工作的基础上，通过开展脱贫攻坚、实施乡村振兴战略等，用有限资源稳定解决14亿多人口的吃饭问题，全体农民摆脱绝对贫困、同步进入全面小康、开启农业农村现代化新征程，“三农”工作成就巨大、举世公认。

同时，受制于人均资源不足、发展底子薄、历史欠账较多等原因，“三农”仍然是国民经济的一个薄弱环节，与新型工业化、信息化、城镇化相比，农业现代化明显滞后。主要表现是：农业生产效率相对较低，农业劳动生产率仅为非农产业的25%左右；农业比较效益仍然低下，农产品价格水平总体偏低，明显制约着农民增收；农业国际竞争力不足，农产品对外贸易多数年份呈现逆差状况；农村基础设施和公共服务落后于城市，城乡发展差距包括城乡居民收入差距、城乡基础设施差距、城乡社会事业发展差距、城乡基本公共服务差距等依然明显；农业生产手段现代化程度不高，一些地方的农业生产经营仍然以传统农业方式为主；农民老龄化问题比较严重，今后谁来种地问题日益凸显。农业农村仍然是我国现代化建设的突出短板。

全面建设社会主义现代化国家，最艰巨最繁重的任务仍然在农村。必须举全党全社会之力全面推进乡村振兴，加快农业农村现代化，补

齐农业农村短板。

第二节　乡村振兴可释放出经济增长新动能

全面建设社会主义现代化国家，最广泛最深厚的基础也在农村，最大的潜力和后劲也在农村。乡村振兴，不仅可以加快农业农村发展，深刻改变农业农村面貌，而且可以有效释放全面建设社会主义现代化国家的潜力和后劲，为经济增长提供新动能。

一、乡村振兴可以有效释放消费需求

从消费看，扩大消费需求的最大潜力在农村。乡村振兴可以有效释放农村新的消费需求，为经济增长提供新动能。

我国经济发展已经到了应更多依靠内需特别是消费需求拉动增长的时候了。消费需求能不能有效扩大，直接关系到今后一个时期经济增长的态势和劲头。党的二十大报告强调：要实施扩大内需战略，增强国内大循环内生动力和可靠性，着力扩大国内需求，增强消费对经济发展的基础性作用。目前，我国城乡居民的消费潜力仍然没有充分释放出来，消费需求在经济总量中的占比以及消费对经济增长的贡献仍然偏低，扩大消费的空间很大，必须以扩大消费需求为重点扩大内需。

扩大消费需求的重点在农村。根据《中国统计年鉴 2022》计算，2021 年农村居民人均消费支出 15915 元，仅相当于城镇居民人均消费支出的一半多一点，绝对额比城镇居民人均消费支出少 14392

元；农村居民人均消费支出没有达到城乡平均的消费支出水平，相差 8185 元。如果把农村居民消费支出提高到城镇居民 70% 的水平，农村消费需求可扩大 33% 以上；如果把农村居民消费支出提高到城乡平均的水平，农村消费需求可扩大近 51% 以上；如果把农村居民消费支出完全提高到城镇居民的水平，农村消费需求可扩大 90% 以上。另一方面，2021 年农村居民的平均消费倾向达到 0.84 以上，比城镇居民高 20 个百分点。这说明，同样的收入增量，农村居民消费增加的潜力远远超过城镇居民。所以，增加消费需求，最大潜力在农村。

制约农村居民消费增加的关键因素是收入。农民收入水平偏低，与城镇居民的收入差距较大，2021 年农城乡居民人均可支配收入的绝对差距达到 28481 元，而 1978 年的这个绝对差距只有 210 元。收入是消费的基础。扩大农村消费需求，关键是要大幅度增加农民收入，提高农民消费能力。

全面推进乡村振兴，根本目的就是要持续较快增加农民收入，让农民尽快富裕起来，同全国人民一道进入共同富裕的现代化。随着乡村振兴的全面深入推进，农民收入会持续较快增长，农村消费潜力会不断释放，为经济增长提供重要的新动能。

二、乡村振兴可以有效激活投资需求

从投资看，增加投资需求的深厚基础在农村。乡村振兴可以有效激活农村新的投资需求，为经济增长提供新动能。

首先，农业现代化建设需要更多机械设备等现代化的生产手段。目前，我国农业生产的现代化生产工具设备武装程度还明显偏低，手工劳动、人畜力工具在不少地方仍然是重要的生产操作方式。根据《中国统计年鉴 2022》计算，2021 年我国平均每百亩农作物播种面积拥有的农业机械装备数量，农业机械总动力为 42.6 千瓦，大中型拖拉机为 0.19 台，小型拖拉机为 0.66 台，大中型拖拉机配套农具为 0.18 部。这样的机械设备及动力装备水平，不能满足实现农业现代化的需要。机械化是现代农业的基本特征，乡村振兴就是要逐步彻底改变农业生产手段落后状况，增加农业机械设备投入，提高现代化生产手段武装水平，加快实现农业生产机械化、自动化、智能化。随着乡村振兴推动的农业现代化进程的加快，农业机械设备及动力生产的投资需求将会持续增加。

其次，乡村基础设施建设特别是农田水利基础设施建设，可以有力拉动投资需求增加。我国乡村道路、能源、通讯等建设成效很大，乡村基础设施落后状况得到明显改观，但农业基础设施特别是农田水利基础设施仍欠账多、缺口大，成为突出短板。我国农田水利事业发展主要集中在 20 世纪 50 到 70 年代，当时农闲时大部分农村劳动力都动员起来从事农田水利建设，全国建设了 8 万多座大中小型水库，为农业提供了宝贵的水利基础。20 世纪 80 年代以来，农业经营方式发生重大变化，农业生产快速发展，但农田水利建设滞后，小规模的农户无力也不愿意进行水利投资，国家投资主要用于大江大河治理，农田水利设施逐渐出现失修、老化、病险、功能缺失、报废等现象，一些地方甚至仍在吃过去的老本，农业抗灾、减灾能力弱化。近些年来，尽管国家加大投资，但农业水利基础设施不完善特别是到农田的最后一公里设施短缺状况仍未彻底改观。水利是农业的命脉，农业基础设施特别是水利设施现代化是农业现代化的重要内容。乡村振兴的一个重要任务，就是要加强农业基础设施建设，由此将极大增加农业农村基础设施投资需求。

农村污染土壤修复以及水土保持治理等建设，也面临艰巨任务。据国家环保部门和国土资源部门发布的全国土壤污染状况调查公报，全国土壤污染总超标率 16.1%，受污染耕地约占耕地总面积的 8%，土壤污染以无机型为主，主要是重金属污染。耕地污染状况严重，对农产品质量安全和人体健康构成严重威胁。全国每年因重金属污染的粮食达 1200 万吨，造成的直接经济损失超过 200 亿元。对于被污染的耕地，可通过修复降低风险或危害，恢复功能，但仅仅依靠切断污染源的方法很难恢复，需要采取工程措施为主体的修复治理技术体系，修复治理的成本高、周期长、难度大，需要大量投资。我国水土流失面积大、范围广，2021 年全国水土流失面积 267.42 万平方千米，占国土面积的 28%，其中强烈及以上等级面积约占水土流失总面积的 20%。治理水土流失，需要大量投入。乡村振兴要实现“生态宜居”，加强水土流失治理是重要任务。随着乡村振兴的深入推进，水土流失治理投资也会持续增加。

另外，农民住房更新换代会拉动建筑材料投资需求，农户耐用生活用品添置和更新会拉动相关制造业投资需求，汽车进入农民家庭的加速会拉动汽车制造投资需求。乡村振兴能够从广阔领域激活投资需求，为经济增长提供投资需求新动能。

三、乡村振兴可以有效盘活土地资源

从土地资源看，挖掘土地要素潜力的广阔空间在农村。乡村振兴可以从农村释放出新的土地要素资源，为经济增长提供新动能。

长期以来，我国农村实行集体为农户免费分配宅基地的制度，这对于保障农民建房居住和生活发挥了重要作用。但由于是免费使用，也激发了农户多占宅基地的利益冲动，加之一些地方对宅基地面积的法律法规政策规定执行不严格，农村超占、多占以及“一户多宅”现象非常普遍。随着农村人口大量进入城镇就业生活，进城农民的宅基地及房屋大多处于闲置状态，农村出现的“空闲屋”“空闲宅基地”“空心村”越来越多。宅基地作为农村的建设用地，占用了大量宝贵的土地资源。一方面，城市建设和工业项目缺乏建设用地指标，对经济增长形成很大制约；另一方面，农村大量宅基地资源闲置甚至浪费，形不成现实生产力。

根据相关调查研究，我国城乡建设用地共计 22 万平方公里，其中城市建成区面积只有 5 万平方公里，农村宅基地面积达 17 万平方公里，合计 2.5 亿亩。同时，改革开放以来，农村人口减少了好几亿，宅基地不但未减少，反而增加了。目前农村人口所占的建设用地（即宅基地）是城市建设用地的 3 倍多，这造成了很大的土地资源浪费。按照适度集中居住测算，一亩地可盖 3 栋连排房屋，一栋居住 3 人，一亩地可住 9 人，那么 6000 万亩宅基地就能够容纳 5.4 亿人居住。2.5 亿亩宅基地减去 6000 万亩还有 1.9 亿亩，相当于农村宅基地还有 1.9 亿亩的腾退或置换空间。将这 1.9 亿亩宅基地拿出来，一方面能满足农村居民改善居住条件的需要，另一方面可以转让给城市，满足作为城市新增建设用地的需要。剩下还有一部分宅基地，可以用来增加耕地，至少可以增加几千万亩耕地。所以，城市化增加的建设用地，完全可以通过盘活农村建设用地来弥补。盘活农村闲置宅基地，经济全盘皆活。

农村宅基地盘活释放的经济增长新动能，已经在农村宅基地制度改革实践中得以显现。《人民日报》以《“沉睡”的资源这样被唤醒》《沉睡的资本，这样被激活》两篇文章，分别报道了安徽金寨县和福建晋江市盘活农村宅基地等土地资源的改革效果。安徽金寨的经验是，农民退出宅基地后可获得几十万元的补偿，用于进城购房。金寨县按照国家部委相关政策，将宅基地腾退节余的建设用地指标，先行在省域范围内调剂使用，有偿调剂了 10800 多亩，交易金额达 49.5 亿元，相当于该县几年的财政收入。福建晋江市通过宅基地退出和置换机制，节地率达到 37%；宅基地退出后用以修建工厂、经营商店，还可以将退出的宅基地作为资本与城市、社会资本合资共同开发利用，农村经济一下子就活了，农民很快就富起来了，农民居住条件和环境也大大改善，实现了农民、农村、工业、财政等多方共赢。

第三节　以“五个振兴”为抓手加快农业农村现代化

全面推进乡村振兴，加快农业农村现代化，释放经济增长新动能，着力点是“五个振兴”，即产业振兴、人才振兴、文化振兴、生态振兴、组织振兴。“五个振兴”是相互联系、相互支撑、相互促进的有机统一整体，要统筹部署、协同推进。

一、加快推进乡村产业振兴

习近平总书记指出：产业振兴是乡村振兴的重中之重。没有产业的农村，难聚人气，更谈不上留住人才，农民增收路子拓不宽，文化活动很难开展起来。[①]全面推进乡村振兴，不论是总要求的“五句话20个字”，还是着力点的“五个振兴”，发展产业都排在第一位，产业振兴是农村发展的物质基础。

推进乡村产业振兴，在总体思路上，要以农业供给侧结构性改革为主线，围绕农村一二三产业融合发展，充分挖掘乡村多种功能和价值，发挥特色优势，聚焦重点产业，聚集资源要素，强化创新引领，突出集群成链，延长产业链、提升价值链，着力推进农业绿色发展，加快构建现代农业产业体系、生产体系、经营体系，全面提升农村经济发展水平，加快实现农业现代化。

培育壮大乡村产业，在基本方向和着力重点上，要突出以下几个方面：一是做强现代种养业。种植业和养殖业是乡村的主体产业，主要功能是生产粮食、蔬菜、油料、水果等种植业产品和肉、蛋、奶、鱼类等养殖业产品，这些农产品是城乡居民需要量最大、最基本最重要的生活资料。做强现代种养业，就是要创新产业组织方式，推动种养业向规模化、标准化、品牌化和绿色化方向发展。巩固提升粮食产能，加强畜禽产能建设，推进奶业振兴和渔业转型升级。二是做精乡土特色产业。乡土特色产业接地气、灵活性大，是丰富乡村产业的重要内容。要因地制宜发展小宗类、多样性特色种养，建设特色农产品优势区。建设规范化乡村工厂、生产车间，发展特色食品、制造、手工业和绿色建筑建材等乡土产业。三是提升农产品加工流通业。在粮食主产区和特色农产品优势区大力发展农产品

① 习近平：《加快建设农业强国　推进农业农村现代化》，《求是》2023年第6期。

加工业，建设一批精深加工基地和加工强县。鼓励农民合作社和家庭农场发展农产品初加工，建设一批专业村镇。统筹农产品产地、集散地、销地批发市场建设，加强农产品物流骨干网络和冷链物流体系建设。四是优化乡村休闲旅游业。实施休闲农业和乡村旅游精品工程，建设一批设施完备、功能多样的休闲观光园区、乡村民宿、森林人家和康养基地，培育一批美丽休闲乡村、乡村旅游重点村，建设一批休闲农业示范县。五是培育乡村新型服务业。支持供销、邮政、农业服务公司、农民合作社等开展农资供应、土地托管、代耕代种、统防统治、烘干收储等农业生产性服务业。改造农村传统小商业、小门店、小集市等，发展批发零售、养老托幼、环境卫生等农村生活性服务业。六是发展乡村信息产业。深入推进“互联网+”现代农业，加快重要农产品全产业链大数据建设，全面推进信息进村入户，实施“互联网+”农产品出村进城工程，推动农村电子商务公共服务中心和快递物流园区发展。

培育壮大乡村产业，必须牢牢抓住粮食生产这个根基，确保国家粮食安全。习近平总书记明确要求：各级党委和政府务必把粮食安全这一“国之大者”扛在肩头。衡量一个地方领导干部得不得力、合不合格，可不仅仅看GDP、能不能抓上几个项目，更主要看是否按照党中央要求，完整、准确、全面贯彻新发展理念，局部服从整体，把粮食安全这类党中央交办的大事要事办好办妥。粮食安全党政同责要求很明确，关键是要严格考核，督促各地真正把责任扛起来。[①]我国是人口大国，解决吃饭问题始终是头号任务。尽管粮食综合生

① 习近平：《加快建设农业强国　推进农业农村现代化》，《求是》2023年第6期。

产能力不断提高，总产量已稳定在 1.3 万亿斤以上，但制约粮食生产的因素仍然不少，持续增产难度加大。2020 年全国 13 个粮食主产区粮食产量占全国总产量 78.55%，7 个主销区粮食产量仅占全国总产量的 4.3%；13 个粮食主产省中，粮食净调出省已减少到 6 个；11 个产销平衡省中，有 9 个粮食自给率从 2003 年平均的 97% 下降到现在的 58%；7 个主销区省，粮食平均自给率从本世纪初的 61% 快速下滑到目前的 24%。无农不稳，无粮则乱。只有把牢粮食安全主动权，才能把稳强国复兴主动权。全面推进乡村振兴，绝不能放松粮食生产。粮食主产区要发挥优势，巩固提升粮食综合生产能力，继续为全国作贡献；产销平衡区和主销区要保持应有的自给率，确保粮食种植面积不减少、产能有提升、产量不下降。产销平衡区要着力建成一批旱涝保收、高产稳产的口粮田，保证粮食基本自给。主销区要明确粮食种植面积底线，稳定和提高粮食自给率。各地在粮食生产上都要做好稳定面积、提高单产、改善条件、增加投入等几篇大文章。加大耕地特别是基本农田保护力度，确保基本农田面积不减少、用途不改变、质量有提高。种子是粮食单产提高的关键要素，今后粮食增产 80% 依赖单产提高，而单产提高的 60% — 80% 又依赖良种。要下大力气建设粮食种业，力争在粮食生产的关键领域和核心技术上不断实现重大突破。要把农田水利建设作为改善粮食生产条件的重点，建设旱涝保收高标准农田，提高粮食稳产高产程度。财政支出、预算内固定资产投资、土地出让收益等优先投向粮食生产领域，保证粮食生产投入。确保饭碗牢牢端在我们自己手上而且装的是我们自己生产的粮食。

二、加快推进乡村人才振兴

习近平总书记强调，乡村振兴，人才是关键。要推动乡村人才振兴，把人力资本开发放在首要位置，强化乡村振兴人才支撑，加快培育新型农业经营主体，让愿意留在乡村、建设家乡的人留得安心，让愿意上山下乡、回报乡村的人更有信心，激励各类人才在农村广阔天地大施所能、大展才华、大显身手，打造一支强大的乡村振兴人才队伍。①

乡村振兴人才是一个大系统。农业生产经营人才是乡村振兴人才队伍的主体；农村二三产业发展人才是乡村振兴人才队伍的重要组成部分，也是乡村振兴最为缺乏的人才；科技人才是乡村振兴人才队伍的中坚力量；乡村公共服务人才是推进乡村社会事业发展的重要支撑。推进乡村人才振兴，要紧紧围绕打造乡村振兴人才队伍，健全体制机制，强化保障措施，加快培养农业生产经营人才、农村二三产业发展人才、乡村公共服务人才、乡村治理人才、农业农村科技人才，大力培养本土人才，引导城市人才下乡，推动专业人才服务乡村，吸引各类人才在乡村振兴中建功立业。

加快培养乡村振兴人才，要在全面培养各类人才的基础上，着力培养农业生产经营人才和农村二三产业发展人才。根据乡村人才振兴的总体部署，加快培养农业生产经营人才，要着力抓好以下方面：一是培养高素质农民队伍。深入实施现代农民培育计划，重点面向从事适度规模经营的农民，分层分类开展全产业链培训，加强训后技术指

① 《习近平李克强王沪宁赵乐际韩正分别参加全国人大会议一些代表团审议》，《人民日报》2018 年 3 月 9 日。

导和跟踪服务，支持创办领办新型农业经营主体。加强农民在线教育培训，加强培训基地建设，培养造就一批能够引领一方、带动一片的农村实用人才带头人。二是突出抓好家庭农场经营者、农民合作社带头人培育。深入推进家庭农场经营者培养，完善项目支持、生产指导、质量管理、对接市场等服务。建立农民合作社带头人人才库，加强对农民合作社骨干的培训。鼓励农民工、高校毕业生、退役军人、科技人员、农村实用人才等创办领办家庭农场、农民合作社。鼓励有条件的地方支持农民合作社聘请农业经理人。鼓励家庭农场经营者、农民合作社带头人参加职称评审、技能等级认定。加快培养农村二三产业发展人才，要着力抓好以下方面：一是培育农村创业创新带头人。深入实施农村创业创新带头人培育行动，加快建设创业创新孵化实训基地，组建创业创新导师队伍。通过专题培训、实践锻炼等方式，完善乡村企业家培训体系，壮大新一代乡村企业家队伍。二是加强农村电商人才培育。开展电商专家下乡活动，依托全国电子商务公共服务平台，加快建立农村电商人才培养载体及师资、标准、认证体系，开展线上线下相结合的多层次人才培训。三是培育乡村工匠。挖掘培养乡村手工业者、传统艺人，通过设立名师工作室、大师传习所等，传承发展传统技艺。在传统技艺人才聚集地设立工作站，开展研习培训、示范引导、品牌培育。支持鼓励传统技艺人才创办特色企业，带动发展乡村特色手工业。四是打造农民工劳务输出品牌。实施劳务输出品牌计划，建立技能培训和评价体系，完善创业扶持、品牌培育政策，通过完善行业标准、建设专家工作室、邀请专家授课、举办技能比赛等途径，普遍提升从业者职业技能，提高劳务输出的组织化、专业化、标准化水平。

三、加快推进乡村文化振兴

习近平总书记指出：要推动乡村文化振兴，加强农村思想道德建设和公共文化建设，以社会主义核心价值观为引领，深入挖掘优秀传统农耕文化蕴含的思想观念、人文精神、道德规范，培育挖掘乡土文化人才，弘扬主旋律和社会正气，培育文明乡风、良好家风、淳朴民风，改善农民精神风貌，提高乡村社会文明程度，焕发乡村文明新气象。[①]

乡村振兴既要发展壮大产业，夯实物质基础；也要改善优化乡村风气，提升乡村思想道德和精神文明水平。这两个方面相辅相成，一个都不能少，必须物质文明和精神文明一起抓。

推进乡村文化振兴，要坚持以社会主义核心价值观为引领，以传承发展中华优秀传统文化为核心，以乡村公共文化服务体系建设为载体。工作重点是弘扬社会主义核心价值观，保护和传承乡村优秀传统文化，加强乡村公共文化建设，开展移风易俗，改善农民精神风貌，提高乡村社会文明程度。要紧紧围绕实现乡风文明、文化繁荣，大力加强乡村社会主义精神文明建设，大力弘扬发展革命文化、社会主义先进文化，大力弘扬农村传统优秀文化，大力发展乡村公共文化，大力丰富农民群众文化生活，大力培育乡村优良风尚，大力提高农民思想道德素质和文化综合素质，增强乡村文化吸引力和感召力，增强乡村社会内在活力和凝聚力。要切实保护好优秀农耕文化遗产，推动优秀农耕文化遗产合理适度利用、不断发扬光大，把传统村落、民族村

---

① 《习近平李克强王沪宁赵乐际韩正分别参加全国人大会议一些代表团审议》，《人民日报》2018 年 3 月 9 日。

寨、传统建筑、农业遗迹、灌溉工程遗产等保护好，把农村地区优秀戏曲曲艺、少数民族文化、民间文化等传承发展好。

推进乡村文化振兴，必须加快农村社会事业发展，同步提高乡村教育、卫生健康、社会保障等事业的质量。要坚持把社会事业发展的重点放在农村，促进公共教育、医疗卫生、社会保障等资源向农村倾斜和覆盖，全面提升乡村基本公共服务供给质量，全面提高农民群众的获得感、幸福感、安全感。

四、加快推进乡村生态振兴

习近平总书记强调：要以绿色发展引领生态振兴。[①] 要推动乡村生态振兴，坚持绿色发展，加强农村突出环境问题综合治理，扎实实施农村人居环境整治行动计划，推进农村“厕所革命”，完善农村生活设施，打造农民安居乐业的美丽家园。[②]

推进乡村生态振兴，就是要践行“绿水青山就是金山银山”理念，坚持人与自然和谐共生，走绿色发展之路，紧紧围绕实现环境优美、宜居宜业，加强农村生态环境保护和建设，加强农村公共卫生环境改造和整治，加强农民住房建设规划管理和整治，加强农村道路、用水、能源、通讯等基础设施建设，加强农家院落改造和美化，形成优美乡村风貌，真正让乡村的山绿起来、水清起来、环境美起来，实现乡村产业强、百姓富、生态美的统一。

持续开展农村人居环境整治提升是一项长期工程。一是持续推进

---

① 《中央农村工作会议在北京举行》，《人民日报》2017 年 12 月 30 日。

② 《习近平李克强王沪宁赵乐际韩正分别参加全国人大会议一些代表团审议》，《人民日报》2018 年 3 月 9 日。

农村生活垃圾治理。统筹考虑生活垃圾和农业生产废弃物利用、处理，建立健全符合农村实际、方式多样的生活垃圾收运处置体系，重点整治垃圾山、垃圾围村、垃圾围坝、工业污染“上山下乡”。二是持续开展村庄内“三清一改”行动。除了清理生活垃圾，清理村庄农户房前屋后和村巷道柴草杂物、积存垃圾、塑料袋等白色垃圾、河岸垃圾、沿村公路和村道沿线散落垃圾等，解决生活垃圾乱堆乱放污染问题，还要清理村内塘沟。引导农户规范排放生活污水，提高生活污水综合利用和处理能力。清理畜禽养殖粪污、农业投入品包装物、废旧农膜等农业生产废弃物。规范村庄畜禽散养行为，减少养殖粪污影响村庄环境。三是持续开展厕所粪污治理。东部地区、中西部城市近郊区以及其他环境容量较小地区村庄，加快推进户用卫生厕所建设和改造，同步实施厕所粪污治理。其他地区要按照群众接受、经济适用、维护方便、不污染公共水体的要求，普及不同水平的卫生厕所。鼓励各地结合实际，将厕所粪污、畜禽养殖废弃物一并处理并资源化利用。四是持续推进农村生活污水治理。因地制宜采用污染治理与资源利用相结合、工程措施与生态措施相结合、集中与分散相结合的建设模式和处理工艺。推动城镇污水管网向周边村庄延伸覆盖。积极推广低成本、低能耗、易维护、高效率的污水处理技术，鼓励采用生态处理工艺。加强生活污水源头减量和尾水回收利用。以房前屋后河塘沟渠为重点实施清淤疏浚，采取综合措施恢复水生态，逐步消除农村黑臭水体。将农村水环境治理纳入河长制、湖长制管理。五是持续提升村容村貌。加快推进通村组道路、入户道路建设，基本解决村内道路泥泞、村民出行不便等问题。整治公共空间和庭院环境，消除私搭乱建、乱堆乱放。大力提升农村建筑风貌，突出乡土特色和地域民族特点。推进村庄绿化，充分利用闲置土地组织开展植树造林、湿地恢复等活动，建设绿色生态村庄。

乡村公共基础设施建设是建设美丽乡村的重要举措。要坚持把公共基础设施建设的重点放在农村，着力推进往村覆盖、往户延伸。一是实施农村道路畅通工程。有序实施较大人口规模自然村（组）通硬化路，加强农村资源路、产业路、旅游路和村内主干道建设，推进农村公路建设项目更多向进村入户倾斜。二是实施农村供水保障工程。实施规模化供水工程建设和小型工程标准化改造，有条件的地区推进城乡供水一体化。三是实施乡村清洁能源建设工程。加大农村电网建设力度，全面巩固提升农村电力保障水平。推进燃气下乡，发展农村生物质能源，加强煤炭清洁化利用。四是实施数字乡村建设发展工程。推动农村千兆光网、移动物联网等与城市同步规划建设，发展智慧农业，建立农业农村大数据体系，推动新一代信息技术与农业生产经营深度融合。五是实施村级综合服务设施提升工程。加强村级客运站点、文化体育、公共照明等服务设施建设。

五、加快推进乡村组织振兴

习近平总书记强调：农村工作千头万绪，抓好农村基层组织建设是关键。[①] 要推动乡村组织振兴，打造千千万万个坚强的农村基层党组织，培养千千万万名优秀的农村基层党组织书记，深化村民自治实践，发展农民合作经济组织，建立健全党委领导、政府负责、社会协同、公众参与、法治保障的现代乡村社会治理体制，确保乡村社会充

① 《习近平关于社会主义经济建设论述摘编》，中央文献出版社 2017 年版，第 179 页。

满活力、安定有序。[①]

保持农村社会和谐稳定、安定有序，为广大农民提供一个和谐安定的生产和生活环境，是乡村振兴要实现的一个重要目标。要建立健全党委领导、政府负责、社会协同、公众参与、法治保障、科技支撑的现代乡村社会治理体制，健全党组织领导的自治、法治、德治相结合的乡村治理体系，构建共建共治共享的社会治理格局，加强以党支部为核心的农村基层组织建设，加强村级集体经济组织、农民合作社、专业合作社等合作经济组织建设，加强农村法治建设和社会治安综合治理，实现农村社会和谐稳定、农民安居乐业、乡村充满活力。

办好农村的事情，全面推进乡村振兴，关键在党。要加强党对"三农"工作的领导，全面落实农业农村优先发展方针，在干部配备上优先考虑，在要素配置上优先满足，在公共财政投入上优先保障，在公共服务上优先安排。要落实乡村振兴领导责任制，五级书记抓乡村振兴，党政一把手是第一责任人，县委书记要当好乡村振兴的"一线总指挥"。要选优配强乡镇领导班子、村"两委"成员特别是村党支部书记，把乡村党组织建设好。要加强干部队伍的培养、配备、管理、使用，选派一批优秀干部到乡村振兴一线岗位，把乡村振兴作为培养锻炼干部的广阔舞台，建设一支政治过硬、本领过硬、作风过硬的乡村振兴干部队伍，汇聚起全党上下、社会各方的全面推进乡村振兴的强大力量。

---

① 《习近平李克强王沪宁赵乐际韩正分别参加全国人大会议一些代表团审议》，《人民日报》2018 年 3 月 9 日。

第十三章

新型城镇化激发经济增长巨大新潜能

城镇化是我国现代化的必由之路。2022 年末全国常住人口城镇化率为 65.22%，距离发达国家 80% 左右的城镇化率尚差 15 个百分点，如果从户籍人口城镇化率来看，差距则更大。未来一个时期，提高城镇化率特别是户籍人口城镇化率，将为经济增长提供强大动力。2013 年中央城镇化工作会议召开，2014 年中共中央、国务院颁布《国家新型城镇化规划（2014—2020 年）》，提出走“以人为本、四化同步、优化布局、生态文明、文化传承”的中国特色新型城镇化道路。党的二十大报告重申 2035 年基本实现现代化的目标，积极推进新型城镇化是实现这一目标的关键。必须按照二十大要求，“推进以人为核心的新型城镇化，加快农业转移人口市民化。以城市群、都市圈为依托构建大中小城市协调发展格局，推进以县城为重要载体的城镇化建设。坚持人民城市人民建、人民城市为人民，提高城市规划、建设、治理水平，加快转变超大特大城市发展方式，实施城市更新行动，加强城市基础设施建设，打造宜居、韧性、智慧城市。”[①]2022年12月，中共中央、国务院《扩大内需战略规划纲要（2022—2035年）》提出，到2035年我国新型工业化、信息化、城镇化、农业现代化基本实现，将“推动城乡区域协调发展释放内需潜能”列为扩大内需的重点任务，提出“城镇化是扩大内需的重要支撑，把扩大内需战略和新型城镇化战略有序衔接起来，使之成为经济发展的重要推动力。”

第一节　新型城镇化建设实现了我国内需高速增长

改革以来，我国的城镇化取得了举世瞩目的进展。这是继西方国家和战后亚洲一些国家地区城市化之后的世界第三次城镇化浪潮。中国从自己的实际出发，坚持走新型城镇化道路，极大地促进了内需的扩大和经济增长，形成了工业化与城镇化相互促进、相辅相成的良性循环，成为中国式现代化的一个突出特色。

一、新型城镇化战略主要进展和成效评估

根据国家发改委对《国家新型城镇化规划（2014—2020年）》实施结果的评估，规划确立的目标已经顺利完成。2020年末，我国常住人口城镇化率达到63.89%，户籍人口城镇化率提高到45.4%。2014—2020年，城乡居民收入分别增长65.6%和81.7%，城乡居民收入差距缩小，全社会劳动生产率从7.24万元/人提高到11.77万元/人。

① 《习近平著作选读》第一卷，人民出版社2023年版，第26—27页。

具体来看：

一是顺利完成 1 亿农业转移人口和其他常住人口城镇落户目标。城镇基本公共服务进一步向常住人口覆盖，86% 的随迁农民工子女在流入地享受公办或政府购买学位的义务教育，年均培训农民工超过 2000 万人次。实施“人地钱挂钩”配套政策，“十三五”时期中央财政累计下达市民化奖励资金 1250 亿元，农业转移人口落户数量成为安排城镇新增建设用地规模的因子之一。

二是初步形成“两横三纵”城镇化战略布局。城市群主体形态全面确立，都市圈一体化进一步发展壮大，我国城镇化战略布局的 19+2 城市群基本格局显现，京津冀、长三角、珠三角三大城市群和成渝都市圈，成为我国新型城镇化发展的主战场。我国大中小城市和小城镇协调发展，迈出坚实步伐。我国城镇规模结构持续优化，中心城市对周边地区发展辐射带动力逐步增强，成为区域经济发展的主引擎；县城及县级市城区生产总值占全国 1/4、人口占全国城镇常住人口 30%，是我国城镇体系的重要组成部分，也是城乡融合发展的关键支撑，120 个县城建设示范区和 10 个县城建设直接联系点，对县城城镇化补短板强弱项正在发挥巨大作用。新型中小城市加快培育，新设 7 个地级市、47 个县级市，浙江龙岗市的成立，探索了特大镇设市新模式，我国城市数量由 2014 年的 653 个增长达到 2020 年 685 个。我国城市群、都市圈和城市交通基础设施网络化迈出了新步伐，截至 2020 年，全国铁路网对 20 万人口以上城市覆盖率达到 99%，高铁网对 50 万人口以上城市覆盖率达到 92%，高速公路网对 20 万人口以上城市覆盖率达 99%，运输机场直线 100 公里半径覆盖 91.7% 的地级行政单元，陆空交通“四网融合”取得新进展，伴随着我国水网建设（水利设施、水运体系、水能系统）和通讯网络建设，“六网融合”新型基础设施与城镇体系网络化发展提上我国现代化战略议程。

三是不断提升城镇可持续发展能力，不断提高城市综合承载力。城市经济加快转型升级，从 2014 年到 2020 年，我国城市三次产业比重由 9.2∶42.6∶48.2 调整到 7.7∶37.8∶54.5；我国城镇就业比重由 50.9% 上升到 61.6%，城镇新增就业年平均超过 1300 万人。城市建设管理更加科学高效，城市空间结构持续优化，城市存量低效用地加快盘活，城市管理体制机制改革不断突破，80% 以上市县设置了综合管理执法机构，城市应急管理体系进一步完善。城市功能明显提升，城镇保障性安居工程取得成效，全国棚改开工超过 3470 万套，老旧小区改造 5.9 万个惠及 1088 万户居民；市政基础设施不断完善，市政交通体系、市政供水和污水体系、信息通讯设施、城市综合管廊建设；城市公共服务正在实行体制性重塑，包括城镇教育、医疗、体育、文化、老年公共服务体系，正在经历体制、技术、模式的改革和创新。新型城市建设和城市治理体系不断升级，我国开始了绿色城市、智慧城市、人文城市建设的新浪潮，以网格化服务管理为基础建立起城市治理体系，全国共划分网格 249.8 万个，专兼职网格员队伍 413.1 万人，2020 年末，建成各级综合治理中心 58.3 万余个，省市县三级建成率分别达到 100%、90.6% 和 94.7%。

四是启动了城乡融合发展的新增长极。城乡融合发展顶层设计基本完成，《中共中央国务院关于建立健全城乡融合发展体制机制和政策体系的意见》提出了城乡要素自由流动、平等交换和基础设施、公共服务等公共资源均衡配置的制度安排。统一性城乡基本公共服务取得制度性进展，到 2020 年底，城乡基本医疗保险覆盖 13.6 亿人，基本养老保险参保率提高到 91%；城乡一体的基础设施建设取得显著成效，通光纤和 4G 网络的行政村达到 99%，农村卫生厕所普及率达到 68%，公路和电力基本实现了村村通。从 2014 年到 2020 年，我国城乡居民收入比从 2.75 下降到 2.56。

二、新型城镇化建设推动了我国内需高速增长

我国新型城镇化战略实施以来，成为推动内需高速增长的重要因素。从 2014 年到 2020 年，我国 GDP 总量从 64.36 万亿元增长到 101.36 万亿元，首次突破了 100 万亿元，六年增长 37 万亿元，平均每年约增长 6 万亿元，年平均增长率超过 6%。从内需和外需的比重来看，从 2014 年到 2020 年，我国内需比重从 98.7% 到 98.8%，外需比重从 1.3% 下降到 1.2%，在外部经济环境恶化的大环境下，我国内需占 GDP 比重平均超过了 90%。从 2014 年到 2020 年，全社会固定资产投资总额从 37.36 万亿元增长到 52.73 万亿元，六年增幅为 15.37 万亿元，平均每年约增长 4.9%；社会消费品零售总额从 25.9 万亿元增长到 39.2 万亿元，六年增幅为 13.3 万亿元，平均每年约增长 5.6%。以上分析得出结论：我国经济高速增长越来越依靠内需来实现，新型城镇化建设发挥了推动我国内需增长的重要作用。

拉长时间维度来看，从 1978 年我国改革开放到 2022 年的 44 年里，我国城镇化发展是我国经济增长的主要动力来源。首先，从经济总量来看，我国长期保持了大约 9% 的平均增速，基础设施建设高速增长，城市房地产经济迅速发展，制造业对外开放拉动外需，成为我国经济 40 多年高速增长的三大动力源，城镇化建设是经济增长主要动力。其次，从常住人口城镇化率与经济增长率的比较分析来看，我国常住

人口城镇化率从17.92%增长到65.22%，平均每年增长约1.1个百分点，我国经济增长平均每年约9个百分点，没有城镇化高速发展就不会有经济高速发展。最后，大略估算分析，我国城镇化带来的基础设施建设需求、房地产建设需求、制造业需求，以及居民和政府的消费需求，超过了我国经济总需求的70%，特别是超过了我国内需的80%。

三、新型城镇化建设推动内需增长原因分析

我国城镇化建设推动内需扩大实现了我国经济高速发展，产生了令世界瞩目的“中国奇迹”。我国城镇化建设推动内需高速增长有三个主要因素，即城市土地制度创新和土地金融发展，社会环境形成了一定历史欠账，国际大环境支持了中国城镇化的持续高速发展。

我国城市土地市场制度创新和土地金融发展是主要因素。我国土地制度完成了社会主义改造，在1982年宪法中规定城市土地属于国家所有，农村土地属于集体所有；1987年12月，深圳市首次公开拍卖一块面积8588平米的地块，敲响了1949年以来国有土地拍卖第一槌；1988年宪法修正案第10条，加入“土地的使用权可以依照法律的规定转让”；1994年分税制改革，将土地收入划给了地方政府，伴随着1998年城市住房制度改革和2004年土地招拍挂制度实施，我国城市土地使用权市场逐步形成，从而启动了我国土地金融创新。在城市政府的资产负债表上，土地收入属于“负债”，税收则属于财政收入，土地金融制度包括土地税收、土地非税收入和土地收益和土地融资等，形成为我国城市化制度创新，为城市基础设施建设和公共服务提供融资机制，这是我国城镇化建设发展的制度性动力。2001年全国土地出让成交价约为1300亿元，占地方财政收入17%；到2011

年达到 3.3 万亿元，占地方财政收入 63%；2020 年土地出让收入 8.4 万亿,2021 年土地出让收入达到我国历史高点 8.7 万亿元,2022 年为 6.7 万亿元，比上年减少 2 万亿元，降幅达 23%。总起来看，我国土地市场的建立及土地金融制度创新，一方面为我国城市化和内需市场扩大作出了巨大贡献；另一方面，土地出让收入实质是国家信用支持的城市土地资源融资制度创新，这既是我国前三十年国家信用累积，也是未来多年城市收益贴现的结果。

我国社会环境的历史欠账，降低了内需高速发展的资源约束。我国快速城镇化带来内需和经济高速发展，也带来了社会和环境的很大历史欠账。从环境资源保护角度看，我国高速城镇化忽略了环境资源约束，土地和水、空气、土壤、垃圾没有做到集约节约使用和保护，为今后经济社会发展带来了欠账。从社会人口发展角度看，我国农业转移人口市民化，尽管完成了 1 亿人口取得与城市居民相当的公共服务，但是仍有近 3 亿人没有完全得到与城市居民相当的公共服务，这个欠账导致的居民消费不足，成为制约经济良性循环的一个重要因素。总体来看，我国新型城镇化取得了高速发展，但是同时也带来了社会、环境的历史欠账，需要在下一步新型城镇化过程中得到解决。

国际大环境下的经济全球化，支持了中国城镇化的快速发展。我国新型城镇化取得巨大成就，在大部分时间里得到了经济全球化的支持。1972 年中美建交，特别是 2001 年中国加入世界贸易组织，发达国家的制造业开始成规模向我国转移，我国制造业快速发展，为我国高速城镇化带来了外需拉动，国际大循环为我国新型城镇化提供了良好的外部环境。中美贸易摩擦以来，美国对我国实施脱钩断链政策，使我国外需受到巨大冲击，继续发挥我国新型城镇化推动扩大内需的战略作用，成为了一项绕不开、迫切需要解决的重大战略性实践问题。

第二节　新型城镇化 2.0 版：高质量发展现代化新阶段

从 2021 年起，我国新型城镇化开启了高质量发展阶段。我国制定了《国家新型城镇化规划（2021—2035 年）》，公开颁布《“十四五”新型城镇化实施方案》，特别是党的二十大报告提出了“中国式现代化”的本质要求，我国新型城镇化进入高质量现代化发展新阶段。面对迅速变化的内外部新环境，我国需要谋划推进新型城镇化 2.0 版，这是支持中国式现代化的重大战略任务。

一、推进“人的现代化”的新型城镇化

我国现代化是人口规模巨大的现代化，推进以人为核心的新型城镇化是实现我国人的现代化的必由之路。

我国人口已在 2022 年达到历史峰值，年末总人口在 14.1 亿人。从“人的现代化”或生活质量来看，根据联合国《人类发展报告 2021/2022》最新数据，我国 2022 年末人类发展指数为 0.768，超过了世界平均值 0.732，整体全球排名为 79 位，属于高人类发展指数国家行列，离 66 个国家极高人类发展指数门槛（泰国 0.8000）进一步接近了。

从人口年龄结构来看，我国未成年人（0—15 岁）2.6 亿人，占

总人口 18.1%；成年人口（16—64 岁）11.5 亿人，占总人口 76.9%；老年人口（65 岁以上）2.1 亿人，占总人口 14.9%。从世界对比来看，我国总人口超过世界前 10 位发达国家总人口，以至于美国前总统奥巴马说，“让中国 10 亿人过上和澳大利亚人、美国人一样的生活，那么我们所有人都将陷入十分悲惨的境地，因为那是这个星球所无法承受的”；我国老年人口超过了 2 亿人，与发达国家老龄化社会相比，我国是一个未富先老的老龄化人口大国，并且还将伴随着全人类第一次进入了老龄社会。

从人口城乡结构看，我国城镇常住人口 9.2 亿人，乡村常住人口 4.9 亿人，我国城镇化率 2022 年末为 65.2%，如果达到 70% 的城镇化率，还有约 7000 万人口将要成为城镇居民，将基本形成 10∶4 的城乡人口布局；从城乡就业结构看，2022 年末我国就业总人口 7.3 亿人，其中城镇就业 4.6 亿人，占全国就业总人口比重为 62.6%，在 4.6 亿城镇就业总人口中，年末全国调查失业率为 5.5% 即失业人口 2500 万人，农民工总量为 3 亿人，我国真正享受城市居民公共服务的就业人口不到 1.4 亿人，城镇劳动人口充分就业将是我国未来新型城镇化头等大事。

二、推进共同富裕的新型城镇化

我国现代化是共同富裕的现代化，推进新型城镇化 2.0 版体制机制改革是实现我国共同富裕的必由之路。

面临新一轮科技革命和第四次工业化浪潮的历史机遇，我国新型城镇化需要解决发展不平等、不充分的问题。在我国实施城镇化 1.0 版过程中，我国主要引进发达国家的技术，并为发达国家提供产品和服务，这就不可避免地受到不平等全球化浪潮的影响，带来的是

“不完全城镇化”，即我国东部沿海快速发展、中西部城镇化发展滞后，大城市快速发展、中小城市特别是县城发展滞后，城镇快速发展、乡村发展滞后的不平衡、不充分局面。我国推进共同富裕的新型城镇化，需要着力解决如下四个发展不平衡：一是改革城乡要素流动分割的体制，让城乡居民获得基本均等的公共服务、平等的财产性收入，实现城乡共同富裕；二是建立产城融合发展体制机制，让城市现代化建设和产业发展实现融合，实现投资型增长与运营型增长协调可持续发展；三是改革城市管理体制机制，建立新型基础设施，服务大中小城市网络化发展、城市各类主体共同发展，实现不同城市和城市群体的共同富裕；四是改革土地金融制度，使数据资产、碳资产等新生产要素进入城镇化分配体制，建立面向未来的共同富裕新分配关系。

三、推进物质文明和精神文明协调发展的新型城镇化

我国现代化是物质文明和精神文明协调发展的现代化，推进新型城镇化服务业发展是实现我国物质文明和精神文明协调发展必由之路。

伴随着传统基础设施的建设发展，我国形成了独具特色的新市场结构，即中央政府—地方政府提供基础设施等公共产品、国有企业和民营企业提供私人物品的平台＋市场的新结构，我国物质文明建设迅速赶上甚至超过了一些西方发达国家，这为我国建设社会主义现代化强国奠定坚实的物质基础。当前，我国服务业包括生产、生活服务业，特别是教育、医疗等现代服务业出现供不应求的局面，这些服务业发展对我国建设精神文明十分重要。新型城镇化借助现代科技发展趋势，学习引进发达国家发展服务业的发展经验，大力提高现代服务业发展

质量和规模，已经摆上了我国“以人民为中心”现代化的议事日程。

四、推进人与自然和谐共生的新型城镇化

我国现代化是人与自然和谐的现代化，推进新型城镇化绿色低碳转型、生态文明建设是实现我国人与自然和谐的必由之路。

我国现代化需要实现人与自然的现代化，2012 年我国提出建设生态文明，并纳入了“五位一体”总体布局，2022 年提出了 3060 双碳目标，制定了 1+N 碳中和政策体系，落实我国绿色低碳发展转型的现代化新任务，这为我国新型城镇化 2.0 版提出了新的发展要求。在推进新型城镇化 2.0 版的实践中，我们不仅需要把前期城镇化对环境资源的欠账补过来，而且需要闯出一条以环境为导向（EOD）的新型城镇化新模式，可以预测：我国城镇化 2.0 将是绿色低碳的，我国乡村振兴也将走环境资源保护性开发的新路子。

五、推进对外开放的新型城镇化

我国现代化是走和平发展的现代化，推进新型城镇化开放创新是实现我国和平现代化的必由之路。

世界正处于新一轮科技工业革命浪潮的前期，随着通用人工智能横空出世，人类智能化新时代已经拉开了序幕。不管当前世界地缘政治格局如何演变，人类必将进入一个生产力指数发展的全新历史时期，学者预测这个过渡期就在未来 10—15 年中完成。处于这样一个巨大历史变迁机遇期，我国新型城镇化 2.0 版必须坚持开放创新：一是我国新型城镇化是开放的城镇化，我国学习借鉴发达国家的经验教训，同时也要与广大发展中国家，特别是“一带一路”国家和地区的新型

城镇化大市场结合起来，共同形成支持和平发展、平等共享的全球城镇化新浪潮；二是我国新型城镇化是创新的城镇化，我国需要引进发达国家先进技术，支持我国新型城镇化创新，将科技创新与我国新型城镇化巨大市场紧密结合起来，这将成为 21 世纪影响人类发展最伟大的历史事件。

第三节　新型城镇化 2.0 版重塑扩内需新动力

我国新型城镇化 2.0 版是在 1.0 版基础上的深化和完善，目标是支持实现中国式现代化。我国新型城镇化 1.0 版的市场结构中，即中央政府—地方政府提供基础设施等公共产品、国有企业和民营企业提供私人物品的"平台 + 市场"基本结构，这在制度创新上概括为社会主义市场经济体制，地方政府是城镇化建设快速发展的基础平台和主要动力。新型城镇化 2.0 版要形成高质量发展新内需动力，我国需要在地方政府不发生债务危机的底线约束下，针对推动新内需的主要因素，研究评估新型城镇化在不同层次扩大内需的动力机制，提出社会主体协同发展的新型城镇化 2.0 新模式。我国只有重塑系统性城镇化推动内需的多层次协同发展新动力，才能保障中国式现代化实现。

一、新型城镇化 2.0 版重塑扩内需的宏观动力

从系统宏观层次来看，我国需要建立适合新型城镇化 2.0 版的宏观调控系统，防范化解城镇化 1.0 版形成的总体风险，激发新型城镇化建设推动内需的宏观新动力。

一是保障防范化解系统性金融风险，具体包括地方政府债务风险、金融机构系统风险和资本市场系统性风险。我国财政体制和财政政策，需要继续重新划分中央与地方的事权和财权。防范金融机构系统性风险，需要重新理清中央与地方的监管责任，建立风险防范和处置联合机制；我国全面实施了资本市场注册制将会防范和化解资本市场风险，改善市场主体投资、消费预期，从总体上提高我国扩内需的宏观内生新动力。

二是健全实施地区城镇化分类管理新体制，探索建设新税制体系，建立全国集中的社会保障体系。我国实施了主体功能区规划、区域协调发展战略和区域战略，但是缺乏一套按照城镇化阶段分区管理的体制机制。第一，根据城镇化资本增长和运营增长两阶段增长模型，按照城镇化S形曲线，我国城市城镇化地区可分为三类，即处于城镇化启动前阶段的地区，这些城市城镇化率低于30%，主要矛盾需要解决资本来源问题；处于城镇化高速发展阶段的地区，这些城市城镇化率处于30%—70%之间，主要矛盾是城市资本型增长和产业选择、人口自由迁徙问题；处于城镇化稳定阶段地区，这些城市城镇化率高于70%，城市基本实现了良性发展循环；针对三类地区实施不同城镇化地区管理政策，激发新型城镇化拉动内需增长的宏观动力。第二，探索建立直接税主导、间接税为辅的税种体系。我国目前采取间接税为主体的税种模式，有利于集中管理，但不利于不同地区发挥资源优势和服务业优势，而服务业发展需要跨区经营的市场规模优势，建立直接税主导间接税辅助的新税种体系，将会减轻市场主体税负，并通过改革完善政府、平台基础设施和市场的社会职能，建立我国扩大内需的结构性动力。第三，建立全国集中统一的社会保障体系，这有利于发挥消费成为我国经济内需增长主要动力。

二、新型城镇化 2.0 版重塑扩内需的中观动力

从系统中观层次来看，我国需要处理好行政管理和市场配置资源这一核心关系，通过建立新的责权利体系规则，克服地方政府竞争带来的全国产业同质化竞争问题，发挥市场配置资源的决定性作用，以此为核心动力推动我国内需增长。

我国地方政府是上一轮城镇化发展主要动力，一方面实现了我国高速发展，另一方面也积累我国经济金融风险，新型城镇化 2.0 版迫切需要重塑核心发展动力。我国大部分城市都处于新型城镇化高速发展阶段，只有实现城镇化主要动力由政府向市场的转换，以城市运营增长模式为核心的新动力才能产生。新型城镇化 2.0 版建立推动内需扩大的核心动力，需要采取三项改革措施，第一，建立以法制为基础的政府责任清单和权力清单，这项工作已经基本建立，但是在推行起来还需要加大力度；第二，地方政府主要负责改善营商环境，目前我国地方政府依然将招商引资等经济工作作为主要任务，地方营商环境已经逐步拉开了距离，这将是形成运营增长阶段城市分化的重要因素；第三，让市场主体自由进入不同行政区域，通过建立跨区域经营管理模式建立市场规模化经营新模式，降低市场分割带来的产业运营高成本。我国建立起新型城镇化扩大内需的中观动力，既可避免和化解我国地区同质竞争制度性根源，也将成为我国新型城镇化市场主导和政府引导新核心动力，发挥出新型城镇化 2.0 版推动内需扩大的巨大作用，建立起统一大市场下我国经济良性循环的发展新格局。

三、新型城镇化 2.0 版重塑扩内需的城市微观动力

从系统微观层次来看，新一轮科技工业革命将形成新的城市微观组织体系，建立起产城融合发展的新体制机制，将成为发挥城市新经济模式扩内需的城市微观动力机制。

我国城市大规模建设时期已过，客观上形成了城市区域不平衡、城市发展转型的局面，短期看难以发生实质性改变，难以发挥扩大内需的作用。第一，着力建设我国城镇网络化体系。我国城镇网络化体系迈出了很大步伐，但仍然受行政区划管理主导的发展约束。建立城市群、都市圈和基础设施连接的城镇网络的城镇体系，需要重点建设新型中小城市，带动产业分工和人口就业，这将是我国未来 10—15 年最大内需潜力所在。第二，着力建设城市空间管理和产城融合发展新模式。城市空间规划、城市建设与产业发展，需要形成资本增长与运营增长相衔接的体制机制，加上我国城市建设发展受到绿色、数字双重转型的巨大冲击，我国传统的城市治理机制和治理能力，已经不能适应城市运营增长的新发展需要。探索数字化城市运营的新模式，探索城市健康可持续发展的新模式，使得城市运营增长现金流能覆盖先前卖地投资建设形成的地方政府债务，形成城镇化建设与运营的良性循环，实现城市包容性、韧性发展，才能推动我国城市新基建和城市产业轻资产运营，并带来新型城镇化 2.0 版支持的内需新发展。

第十四章

大力发展战略性新兴产业和新型基础设施

从人类经济社会发展的规律和趋势看，产业和基础设施的现代化程度一直是衡量国家现代化水平的核心指标。以中国式现代化推进中华民族伟大复兴，离不开现代化产业体系的有力支撑。“战略性新兴产业是引领未来发展的新支柱、新赛道”①。新型基础设施连同战略性新兴产业一起，作为现代化产业体系的“双支柱”，是推动经济发展质量变革、效率变革、动力变革的关键力量。党的二十大报告立足建设现代化产业体系，指出推动战略性新兴产业融合集群发展，构建新一代信息技术、人工智能、生物技术、新能源、新材料、高端装备、绿色环保等一批新的增长引擎，并提出优化基础设施布局、结构、功能和系统集成，构建现代化基础设施体系。中共中央、国务院印发的《扩大内需战略规划纲要（2022—2035年）》提出，壮大战略性新兴产业，系统布局新型基础设施。随着数字经济的蓬勃发展和科技革命的日新月异，战略性新兴产业和新型基础设施的内涵和外延比历史上任何时

① 习近平：《当前经济工作的几个重大问题》，《求是》2023年第4期。

候都要丰富。大力发展战略性新兴产业和新型基础设施作为大力推进中国式现代化、引领国家未来发展的重要力量和重大部署，必将贯穿中国式现代化的全过程和各领域，为全面建设社会主义现代化国家提供更加坚实的实践基础和物质保障。

第一节 大力发展战略性新兴产业和新型基础设施的意义与成效

根据《国务院关于加快培育和发展战略性新兴产业的决定》和国家统计局《战略性新兴产业分类（2018）》，战略性新兴产业主要包括新一代信息技术产业、高端装备制造产业、新材料产业、生物产业、新能源汽车产业、新能源产业、节能环保产业、数字创意产业、相关服务业等9大领域。2020年4月，国家发展改革委将新型基础设施划分为信息基础设施、融合基础设施、创新基础设施3个方面。战略性新兴产业发展和新型基础设施建设兼顾短期有效需求和长期有效供给，其跨越式发展和螺旋式上升，不但能有效解决消费需求不足，而且能有效补齐未来经济发展瓶颈短板，由此成为推动产业结构转型升级、经济高质量发展的重要动力源，更关系到“十四五”规划的顺利实施乃至全面建设社会主义现代化国家的进程。

一、构建新发展格局的必然要求

在加快形成以国内大循环为主体、国内国际双循环相互促进的新发展格局中，大力发展战略性新兴产业和新型基础设施占据重要位置，具有驱动生产、分配、流通、消费等各个经济循环环节畅通无阻的功能。我国战略性新兴产业和新型基础设施的规模质量齐升，产业发展规模实现持续快速增长，部分产业、企业的实力、竞争力和影响力明显提升，成为支撑新业态、新服务发展的战略性基石。集约高效、经济适用、智能绿色、安全可靠的新型基础设施，促进信息流在各产业内和产业间顺畅流动，带动产业集群提质增效发展，尤其对国内经济循环至关重要。

大力发展战略性新兴产业和新型基础设施能够及时回应国家需要、市场需求，以更高的效率促进经济循环，有效补齐经济高质量发展面临的短板和瓶颈。推动产业迈向中高端水平，促进基本公共服务均等化，扎实推动共同富裕，不断提升总体安全水平，都需要加快建成现代化产业体系，大力发展战略性新兴产业和新型基础设施。我国逐步建成全球规模最大、技术领先的光纤和5G网络，固定网络速率逐步实现从十兆到千兆的跃升，移动网络实现从3G突破、4G同步、5G引领的跨越。全球规模最大的移动物联网网络，世界领先的数据中心、超级计算机等算力基础设施，为加速人与人、人与物、物与物之间信息传输提供了坚实的保障。从市场主体看，奇瑞控股集团等龙头企业以智能互联、新能源作为“双驱动”，注重开拓国内、国际两个市场，积极实施“走出去”战略，实现完整产业链输出，提升了中国品牌在全球市场的综合竞争力；依托我国强大的新型基础设施，一批跨境电商企业加速跨越式发展，成为打通国内国际双循环的重要推力。

二、有效扩大内需的重要途径

我国新型工业化、信息化、城镇化、农业现代化仍需深入推进，改善民生、保护环境等任务十分艰巨，国内市场空间广阔，投资需求潜力巨大。推动我国经济平稳健康可持续发展，必须实施好扩大内需战略。战略性新兴产业和新型基础设施的融合性、渗透性强，具有科技含量高、带动性强、发展潜力大等特点，是科技创新和扩大内需双重任务下的重要环节，可引致巨量投资需求，促进产业链和供应链整体升级、高效联动，在较大规模和范围带动智能机器人产业集群、智能网联汽车产业集群等数字化生产供给。据中国信通院预测，预计2020年至2025年，我国5G商用直接创造经济增加值3.3万亿元，间接带动经济增加值8.4万亿元。

随着远程办公、在线医疗、智能制造、无人工厂等数字时代新应用、新场景不断涌现，大力发展战略性新兴产业和新型基础设施，加快适应、引领、创造新需求，成为有效缓解国内需求收缩、供给冲击、预期转弱三重压力的重要抓手，对激发消费、扩大就业、改善民生具有现实意义。比如，我国新材料的创新能力和应用范围稳步提升，需求呈现持续快速增长的趋势；节能环保产业保持较快增长，节能服务产业2021年总产值达到6069亿元，为2012年的3.7倍；新型基础设施创造消费新需求，不但带动消费升级，新消费模式，扩大消费群体，而且打造经济新动能，打造面向未来的新型供应链优势。

三、实施创新驱动发展战略的关键举措

当今世界正处在大发展、大变革、大调整时期，创新成为国家竞争力的核心要素，成为建设现代化产业体系的第一动力。深入实施创新驱动发展战略，才能开辟发展新领域新赛道，不断塑造发展新动能新优势。战略性新兴产业和新型基础设施以重大技术突破和重大发展

需求为基础，知识技术密集，物质资源消耗少，成长潜力大，综合效益好，对国民经济发展具有决定性和关键性的引导作用。培育和发展人工智能、工业互联网、物联网等新业态新模式，是我国转变经济发展方式，引领未来经济社会可持续发展的重大战略选择，成为关系我国发展全局的重要命题。

战略性新兴产业和新型基础设施代表着科技创新和产业发展的方向，处于新一轮科技革命和产业变革的前沿，引领新一轮科技革命，打造中长期经济发展新动能，理所当然成为实现新旧动能转换、增强经济发展后劲的关键所在。其中，战略性新兴产业是提升产业基础能力和产业链现代化水平的先导，大力发展战略性新兴产业是我国新时代经济社会发展的重大战略任务；新型基础设施作为现代化基础设施体系的重要组成部分，是推动经济社会数字转型、智能升级、融合创新的重要基础。2012 年至 2021 年，我国新一代信息技术的支柱作用进一步强化，规模以上电子信息制造业增加值年均增长 11.5%；生物产业的新动能作用日益增强，年均增速达 6.1%；新能源汽车产业助推汽车产业国际竞争力提升，年均增速达到 86.7%；数字创意产业实现爆发式增长，国内游戏市场规模年均增长 19.4%。当前，融合发展的跨界趋势日益明显，一方面，物联网为传统产业的数字化转型升级提供从物理世界到数字世界映射的基础支撑；另一方面，物联网新型基础设施的规模化需要与新一代信息技术产业、高端装备制造产业、数字创意产业等战略性新兴产业协同推进。

四、参与国际竞争的先锋力量

大力推进中国式现代化，建成社会主义现代化强国，必须在全球变革中把握住新一轮科技革命与产业变革的大势，在重要领域和关键环节取得全球竞争的战略主动权，占据制高点。大力发展战略性新兴产业和新型基础设施，顺应世界技术大潮、应对全球变革挑战和新一轮竞争，为构建国际竞争新优势、掌握发展主动权、建设现代化强国提供了基础和动力。当前，国际竞争格局正在发生深刻变革，世界主要国家纷纷把发展战略性新兴产业和新型基础设施作为抢占新一轮经济和科技发展制高点的重大战略，作为未来国家之间竞争角力的主战场之一。为了确保芯片供应，并与中国竞争，2022 年 8 月，美国总统拜登签署了《2022 年芯片与科学法案》，投资 520 亿美元加强芯片研发，促进芯片制造。拜登政府还采取诸多措施，鼓励就业岗位从海外回流，支持美国本土制造业发展。美国把外国直接产品规则（Foreign Direct Product Rule，FDPR）作为技术竞争的重要武器，通过限制世界任何地方的公司使用美国技术向特定中国企业供货，进行极限施压。此外，还对生物技术、人工智能等高端技术实施管控，游说荷兰和日本限制对我芯片和相关设备与技术出口，提议组建“芯片四方联盟”，扰乱芯片产业链和供应链，扰乱正常市场秩序，阻碍世界经济复苏和发展。2023 年 2 月，美国宣布成立所谓“颠覆性技术打击小组”，打压具有国际竞争力的我高科技企业，阻滞正常的国际技术交流与合作。为保持在全球研发领域的领先地位，德国在 2018 年出台《研究与创新为人民——高技术战略 2025》（每 4 年更新一次，最早发布于 2006 年），围绕最新挑战和发展趋势，及时调整优先支持领域，举全国全社会之力，提升创新能力和竞争实力。我国要在未来国际竞争中占据有利地位，必须增强自主发展能力，大力发展战略性新兴产业和新型基础设施，抢占产业革命制高点。

“一带一路”倡议、粤港澳大湾区建设等为新兴产业发展和新型基础设施建设提供了潜力空间，国际产能合作稳步增长。战略性新兴产业突破关键核心技术和产业发展瓶颈，新型基础设施应用部署范围和产业综合实力持续提升，为我国在国际竞争中弯道超车、占据有利地位，提供了战略优势和宝贵机遇。我国部分领域已经具有国际竞争力，形成了一批具有较强国际竞争优势的企业。2021 年世界 500 强榜单中，中国的战略性新兴产业企业有 35 家，较 2012 年增加 23 个。高端装备制造产业实现平稳较快增长，2021 年工业机器人产量超过 36.6 万台，持续居于全球第一。我国光伏行业在全球具备竞争优势，未来市场空间广阔。在新能源领域，据统计，我国拥有世界上 76% 的锂电池产能，美国则占 8%。

第二节　大力发展战略性新兴产业和新型基础设施的历程与实践

近年来，在新发展理念指引下，我国战略性新兴产业发展和新型基础设施建设不断取得新成就。从中央到地方，相关政策支持体系不断完善，战略规划等顶层政策文件陆续发布，全国多数省市因地制宜制定配套政策文件，一批国家重大工程建设加快落地实施。经过改革开放 40 多年特别是新时代 10 年的跨越式发展，我国科技水平不断提高，建立了较为完备的产业体系，为大力发展战略性新兴产业和新型基础设施奠定了坚实基础。

一、顶层设计擘画

党中央高度重视战略性新兴产业发展和新型基础设施建设，习近平总书记多次作出重要指示，指明主攻方向，提供根本遵循。2020年3月，习近平总书记在浙江考察时要求，要抓住产业数字化、数字产业化赋予的机遇，加快5G网络、数据中心等新型基础设施建设，抓紧布局数字经济、生命健康、新材料等战略性新兴产业、未来产业，大力推进科技创新，着力壮大新增长点、形成发展新动能。2023年1月，习近平总书记在中共中央政治局第二次集体学习时强调，适度超前部署新型基础设施建设，扩大高技术产业和战略性新兴产业投资。

2018年中央经济工作会议首次提到新型基础设施，要求加快5G商用步伐，加强人工智能、工业互联网、物联网等新型基础设施建设。在《中共中央关于制定国民经济和社会发展第十四个五年规划和二〇三五年远景目标的建议》中，党中央立足形成强大国内市场、构建新发展格局，从拓展投资空间出发，对扩大战略性新兴产业投资和推进新型基础设施重大工程建设作出进一步部署。

二、发展规划先行

战略性新兴产业的发展规划始于2010年印发的《国务院关于加快培育和发展战略性新兴产业的决定》。《“十二五”国家战略性新兴产业发展规划》明确提出，要加快培育和发展节能环保、新一代信息技术、生物、高端装备制造、新能源、新材料、新能源汽车等7大战略性新兴产业。《“十三五”国家战略性新兴产业发展规划》将上述7大战略性新兴产业调整为新一代信息技术、高端装备、新材料、生物、新能源汽车、新能源、节能环保、数字创意等战略性新兴产业等 8 个领域，形成新一代信息技术、高端制造、生物、绿色低碳、数字创意等 5 个产值规模 10 万亿元级的新支柱。为准确反映“十三五”国家战略性新兴产业发展规划情况，满足统计上测算战略性新兴产业发展规模、结构和速度的需要，《战略性新兴产业分类（2018）》将战略性新兴产业划分为 9 大领域：新一代信息技术产业、高端装备制造产业、新材料产业、生物产业、新能源汽车产业、新能源产业、节能环保产业、数字创意产业以及相关服务业等。

“十二五”规划纲要提出，到 2015 年战略性新兴产业增加值占国内生产总值比重达到 8%左右；“十三五”规划纲要提出，到 2020 年战略性新兴产业增加值占国内生产总值的比重达到 15% 左右；“十四五”规划纲要指出，战略性新兴产业增加值占 GDP 比重超过 17%。从 8% 到 15%，再到 17%，呈现了战略性新兴产业从初步发展到全方位推进的历程。2020 年 9 月，国家发展改革委等 4 部门印发《关于扩大战略性新兴产业投资培育壮大新增长点增长极的指导意见》，提出聚焦重点产业投资领域、打造产业集聚发展新高地、增强资金保障能力 3 方面重点任务，出台了深化“放管服”改革、优化项目要素配置、完善包容审慎监管、营造良好投资氛围 4 方面政策保障措施。

三、协同创新推动

数字化重大变革正在颠覆和重塑现有产业组织形态，传统产业和基础设施难以有效支撑全球技术经济格局加快重构，为此，有关部门不断完善政策支持体系，加快构建技术和产业协同创新、融合发展的战略性新兴产业和新型基础设施。战略性新兴产业集聚发展试点工作始于2012年，国家发展改革委、财政部会同国家开发银行等金融机构，选择江苏省等东中部5省市，进行了创新探索。在试点经验基础上，国家发展改革委等部门进一步支持国家级战略性新兴产业集群建设，支持发展检验检测和智能园区等产业基础设施建设，并在重点技术研发、专项债券融资等方面给予支持。此后，更加注重增强投资对优化供给结构的关键作用，适度超前下达一批中央预算内投资，引导支持社会资本加大相关领域投入，支持新型基础设施领域重大项目建设，尤其着力补齐短板弱项，显著加大对中西部偏远地区信息网络建设投入，加快推进一批国家重大工程建设。

“十四五”时期是物联网新型基础设施建设发展的关键期，工业和信息化部等印发的《物联网新型基础设施建设三年行动计划（2021—2023年）》，坚持问题导向和需求导向，以支撑制造强国和网络强国建设为目标，打造支持固移融合、宽窄结合的物联网接入能力，加速推进全面感知、泛在连接、安全可信的物联网新型基础设施。鉴于交通运输是新型基础设施与传统基础设施融合发展的重要领域，为推动交通运输领域新型基础设施建设，加快建设交通强国，2020年8月，交通运输部出台《关于推动交通运输领域新型基础设施建设的指导意见》，提出到2035年，先进信息技术深度赋能交通基础设施，精准感知、精确分析、精细管理和精心服务能力全面提升，成为加快建设交通强国的有力支撑。在措施方面，一是打造融合高效的智慧公路、铁路、航道、港口、民航、邮政、枢纽等交通基础设施；二是助力信息基础设施建设，配合相关部门推进5G、北斗系统和遥感卫星、网络安全、数据中心、人工智能（如自动驾驶等）等先进技术的行业应用；三是完善行业创新基础设施，加强实验室、基础设施长期性能监测网等科技研发支撑能力建设。

四、发展势头强劲

2020年3月，上海市委常委会会议强调，加快培育在线教育、互联网医疗、生物医药等新兴产业，加快建设5G网络、数据中心、冷链物流等新型基础设施，积极打造新的经济增长点，不断增强发展新动能。深圳市2022年6月发布的《深圳市人民政府关于发展壮大战略性新兴产业集群和培育发展未来产业的意见》提出，到2025年战略性新兴产业增加值超过1.5万亿元，成为推动经济社会高质量发展的主引擎，培育一批具有产业生态主导力的优质龙头企业，推动一批关键核心技术攻关取得重大突破，打造一批现代化先进制造业园区和世界级“灯塔工厂”。同时，深圳作为基础设施高质量发展试点，拟于2025年建成万物互联、数智融合、技术引领的信息基础设施体系，建成数字化、网络化、智能化的融合基础设施体系，建成源头创新突破、产学研深度融合的创新基础设施体系。这些措施有利于引导产业链上下游协同发展，促进粤港澳大湾区内资源要素的高效配置和自由流动，为深圳高质量建设先行示范区提供有力支撑。

各地纷纷加快培育建设特色战略性新兴产业集群。贵州省作为全国首个大数据综合试验区，大数据产业成为全省高质量发展新引擎；山东省深化创新合作，共建高端开放平台，不断延伸优势特色产业链；北京市打造国家智能网联汽车创新中心，形成了全国领先的新能源智能汽车优势集群，并为首都战略性新兴产业发展带来新动能；杭州市积极培育千亿生物医药产业集群，打造具有全球影响力的生物医药创新城市；深圳市依托5G龙头企业牵引，打造形成了5G产业生态和产业集群，依托5G+智能经济为引擎释放强劲发展新动能。与此同时，各地准确把握各类新型基础设施发展的共性规律和个性特征，积极规划新型基础设施建设蓝图，统筹推进新型基础设施加快建设。贵阳市作为全国大数据综合试验区的核心区，近年来部署了万物感知、广泛连接、存算一体、数字安全4大支撑体系，所形成的新型基础设施供给格局具有技术多样、层级丰富、模式创新的特点；福建省依托数字福建产业园优先布局大型和超大型数据中心，打造闽东北、闽西南协同发展区数据汇聚节点；《成都市“十四五”新型基础设施建设规划》提出到2025年，成都将建成5G基站9万座，城市千兆光纤网络覆盖率达到80%。

第三节　大力发展战略性新兴产业和新型基础设施的问题与挑战

“十四五”乃至更长一段时期内，我国发展战略性新兴产业和新型基础设施面临更加严峻的内外环境，存在不容忽视的问题挑战，面临较大的市场、技术和投资风险。

一、多数领域处于发展的初级阶段

战略性新兴产业和新型基础设施的产品形态、市场需求、配套产业、商业模式等，多处于初期阶段。部分行业或企业技术创新能力不强，信息化程度和设备联网率较低，面临数据共享、商业合作等壁垒，供应链和产业链间的交流协作程度较低。以国产新能源汽车为例，由于特斯拉降价、新能源补贴全面退坡、芯片等面临卡脖子等原因，目前只有少数新能源企业实现了规模化盈利。由于前期投入大，盈利模式和投资回收存在不确定性，以及面临投融资和财税政策支持不到位等问题，导致社会资本的参与度不高、主动性不强。

在新材料产业、生物产业等战略性新兴产业，以及物联网、数据中心等新型基础设施建设领域，商业化、规模化应用场景挖掘不够，推广部署成本较高，很多新型基础设施尚不具备大规模商用部署的基础。2021 年我国战略性新兴产业增加值 15.3 万亿元，占 GDP 比重为 13.4%，未能达到 2020 年战略性新兴产业增加值占国内生产总值比重 15% 左右的预期目标。

二、关键核心技术和软件受制于人

相对于成熟和传统的产业，现代化产业体系所对应的技术路线具有不确定性，适合产业发展的社会经济环境和基础设施并不完善。关键核心技术和软件领域的短板，阻滞国民经济循环的内生动力，也易引致产业链安全隐患，制约国民经济循环的质量和可靠性。近年来，美国以单边主义和脱钩断链为手段的“再工业化”进程，有损世界其他国家的利益。美国对我国部分企业进行了多轮出口管制，这些企业多属于新能源、半导体、移动通信等战略性新兴产业或新型基础设施领域，由于被列入管制清单后的企业几乎无法与美国进行任何商业交易，对我国的供应链和产业链有较大影响。2020 年 6 月，受美国实体清单的出口管制影响，我国部分高校无法使用 MATLAB 软件，对算法开发、数据可视化、数据分析以及数值计算等产生负面影响。

发展战略性新兴产业和新型基础设施所必需的关键材料、核心零部件、基础软件受制于人，存在“卡脖子”风险。在汽车产业，芯片供应量的95%依赖进口，电动车控制器的芯片目前来看则全部依赖进口。工业软件是现代工业的核心组成，但外国软件基本垄断高端工业软件领域，生产制造类工业软件在高端市场中不占优势，研发设计类工业软件国产化率仅有5%，三大巨头垄断电子设计自动化（Electronic Design Automation，EDA）中国市场的近七成。边缘计算、感知、传输、处理、存储等重点环节技术储备不足，高端传感器、新型短距离通信等技术创新的积累不足，距离实现自主可控仍有较大差距。高性能航空发动机、高端芯片等重点产品长期依赖进口，部分环节尚有大量核心技术瓶颈有待突破。受全球分工和产业布局重构和供应链收缩影响，我国集成电路产业的自主供给能力严重不足。透过ChatGPT热潮席卷全球的现象表明，人工智能深刻影响着未来世界竞争格局，我国人工智能技术和产业发展与美国的水平虽然有所缩小，但在算力、算法、数据等方面，以及人才培养和学科建设等领域，仍有很大差距。

三、一哄而上造成低水平重复建设

在一些领域和部分地方，由于着急“抢占先机”，没有前瞻性、全方位地科学评估市场需求、投入产出、发展前景、技术风险等，导致规划布局和投资建设不合理，造成重复建设、产能过剩和资源浪费。对新型基础设施来说，门槛降低易引致激烈竞争、盲目投资。比如，各地加快建设的数据中心，区域布局的差异化分工不明显，区域特色和比较优势不足，不但运营维护成本高，而且更新迭代速度快，正面临布局结构性失衡难题，重复建设也加大地方财政压力。此外，高端数控机床是衡量国家装备制造业发展水平和产品质量的重要标志，但我国数控机床行业高端产品不足、低端产品过剩，市场竞争激烈，产品同质化严重。由于在高档五轴数控机床等领域的竞争力不足，我国仍大规模进口价值较高的高端机床。

单纯依靠市场的力量，难以消除盲目发展带来的低水平重复建设。5G基站领域，已经出现应用不足导致基站利用率低的问题，运营商为降低耗电成本，暂停个别5G基站的运行。基于磁悬浮技术的鼓风机、制冷压缩机、真空泵等系列产品，持续助力节能降耗，具有显著的经济效益和社会效益，但随着产品技术的成熟，越来越多的企业开始涉足这一领域，市场竞争有所加剧，出现了企业间低水平重复的苗头和趋势。此外，充电桩闲置，工业互联网平台收入不持续、过度依赖财政补贴，智慧城市有关子系统因不能解决实际问题而无法长期运营，这些突出问题正成为现代化产业体系建设中的“堵点”“痛点”。

四、相关的配套政策支持力度不够

相关政策制定过程中，缺乏企业、专家、行业协会的深度参与。规划、财税、金融、土地等措施缺乏部门间的横向协同，或缺乏中央地方间的纵向贯通。配套政策总体强度不足，支持范围宽泛，造成资源分散，无法发挥政策合力，影响参与战略性新兴产业和新型基础设施建设的积极性和主动性。

由于成熟产业和项目较易获取政策、资源扶持，大量传统企业占用优质资源，虽然做到了“锦上添花”，但造成产业同质化和产能过剩；同时，亟须政策扶持的企业或项目却难以享受优惠条件和政策红利，没有实现“雪中送炭”的政策效果。相关政策无法实现预期目标，在不同的领域和行业，不同程度上制约着战略性新兴产业发展和新型基础设施建设。

第四节 大力发展战略性新兴产业和新型基础设施的趋势与路径

大力发展战略性新兴产业和新型基础设施是一项开创性工作，也是一项艰巨复杂的系统工程。要着眼于抢占未来产业发展先机，培育先导性和支柱性产业，推动战略性新兴产业融合化、集群化、生态化发展，统筹推进传统基础设施和新型基础设施建设，推动经济结构、产业结构发生深刻变革。

一、培育壮大先导性和支柱性产业

研究制定推动战略性新兴产业和新型基础设施加快发展的措施，在重点领域掌握一批关键核心技术并实现产业化，持续建强产业链，优化供应链，提升价值链。

持续提升新一代信息技术、智能与新能源汽车、生物医药与健康产业的创新能力和发展水平，推动智能装备与机器人、轨道交通、新能源与节能环保、新材料与精细化工、数字创意等产业加快发展，提升新能源与节能环保产业新价值。

二、推动融合化集群化生态化发展

实现人工智能、云计算、大数据、物联网等信息技术与制造业深度融合，推动生产方式和产业形态发生深刻变革。加快建设战略性新兴产业集聚发展基地，加快实施先进制造业集群发展专项行动，形成具有持续创新能力的产业联盟，打造具有国际竞争力的产业集群。

加快构建实体经济、科技创新、现代金融、人力资源协同发展的现代产业体系，推动战略性新兴产业和新型基础设施在特定地理空间内有效集聚、分工合作、协调创新，加快形成竞争优势和带动示范。

三、整体提升新型基础设施的水平

围绕强化数字转型、智能升级、融合创新支撑，打造系统完备、高效实用、智能绿色、安全可靠的现代化新型基础设施体系，增强新型基础设施服务战略性新兴产业的支撑保障能力。特别是要加快建设协同的信息基础设施，推进新一代移动通信网络商业化规模化应用，增强数据感知、传输、存储、运算能力。着力建设物联网、工业互联网、卫星互联网、千兆光网建设，完善卫星通信、导航、遥感等空间信息基础设施，构建全国一体化大数据中心体系，布局建设大数据中心国家枢纽节点。

全面发展融合基础设施，利用我国超大规模市场优势，推动5G、人工智能、大数据等技术与工业、农业、民生等领域深度融合，推动交通物流、能源、生态环保、水利、应急、公共服务等基础设施智慧化改造，助力相关行业治理能力提升。同时，前瞻布局创新基础设施，适度超前布局建设重大科技基础设施，推动大学、科研院所和高新技术企业等深度融合，增强高水平交叉前沿性研究能力，支持产业共性基础技术研发。优化提升国家产业创新中心、国家制造业创新中心、国家工程研究中心、国家技术创新中心等产业创新基础设施，强化共性基础技术供给。

四、深度参与全球产业分工和合作

深度融入全球价值链分工体系。不断扩大高水平对外开放，积极参与国际产业合作与竞争，引导优势企业在更大范围、更广领域和更高层次上参与国际资源配置，加强与世界科技及产业的合作交流、协同发展，促进我国现代化产业体系迈向全球价值链中高端，引领全球产业格局调整重塑。

用好国内国际两种资源，深化“走出去”战略，在“一带一路”倡议框架下深化跨国合作，打造高水平开放平台，拓展战略性新兴产业发展和新型基础设施建设的战略空间。

第五节 大力发展战略性新兴产业和新型基础设施的引导与保障

在把握好战略性新兴产业发展和新型基础设施建设的客观规律基础上，综合运用财政、土地、金融、科技、人才、知识产权等政策，整体谋划产业、项目、资金、安全等的全流程、全方位工作，积极构建公平竞争的市场环境，破除有碍创新的体制机制壁垒，加快产业链、创新链、人才链、资金链融合，为大力发展战略性新兴产业和新型基础设施提供良好的制度环境。

一、健全发挥新型举国体制优势

建立部际联席会议协调机制，加强符合国情和新形势的顶层设计。

深刻认识现代产业发展规律，根据发展需要和产业潜力，设定务实的发展目标和发展思路，不断激发发展潜力和市场主体活力，推动要素跨界流动和融通互动，优化产业和基础设施融合发展的空间格局与生态格局。

加快示范引领，完善标准规范。聚焦重点方向、关键环节和未来趋势，通过发布投资指引等方式，强化政策解读，引导产融对接，提高战略性新兴产业和新型基础设施领域的效益，避免"快干""蛮干"带来的风险隐患。推动规范健康发展，发挥"绿灯"投资案例引导作用，建立协同机制，共同推进战略性新兴产业发展和新型基础设施建设。

用好政府和市场两方面力量，优化协同攻关机制，加强前沿技术研发，加大对关键共性技术和设施平台领域的研发投入，强化原始创新和颠覆性技术创新，逐步打破有关国家在科技领域的战略遏制、垄断打压和技术封锁，不断增强科技创新对产业链发展的支撑作用。

二、着力建设全球科技创新高地

加大关键核心技术攻关力度，在重大关键技术、战略性技术、前沿技术、下一代技术的原始创新和集成创新方面实现重大突破，重点补齐涉及核心、关键、共性的基础部件、工艺、材料、软件等方面的短板。

改善科研基础条件，推进科研院所、高校、企业科研力量优化配置和资源共享，探索国家实验室的国有民营模式（Government-Owned and Contractor-Operated，GOCO），提升新兴产业创新基础能力。

推动产业体系向高形态、高价值攀升，为涌现战略性、颠覆性的未来技术和未来产业奠定稳固基础。高度重视发挥市场力量和产业生态的重要作用，建立企业为主体的攻关机制，促进科技创新资源合理利用和成果转化，探索全产业链协同创新模式，提高创新链整体效能。

三、加强对要素配置优化的保障

统筹做好用地、环保等要素配置，优化产业用地供应机制，鼓励地方盘活利用存量土地，提升工业园区产业承载能力和质量效益，优先保障重大产业项目落地。完善多元化资金投入机制，优化存量资金结构。创新政府资金支持方式，加强政府资金引导，发挥投资牵引作用。推动财政政策和金融政策协同配合，用好政策性开发性金融工具、设备更新改造专项再贷款、制造业中长期贷款、中央预算内投资、地方政府专项债券、财政贴息等政策“组合拳”。通过财政注资等方式，做大产业投资基金规模，强化产业专项资金与引导基金协同联动，支持激励社会资本加大对战略性新兴产业和新型基础设施建设的投入。

用好鼓励类外资项目进口设备免税等优惠政策，引导推动外资企业把握更多投资机会，参与战略性新兴产业发展和新型基础设施建设，融入产业链供应链。鼓励国家战略性新兴产业集群和新型基础设施建设深化 REITs 运用，提升项目运营效率，优化 REITs 回收资金投向，形成投资良性循环，支持重大战略、重大项目实施。

加大资本市场对战略性新兴产业和新型基础设施建设的支持力度，优化发行上市制度。发挥香港资本市场国内国外循环交汇点、内地企业和资本“走出去”的桥头堡作用，支持符合条件的企业在香港资本市场上市融资和发行各类债务融资工具。

四、增强发展的安全性和主动权

加强安全能力储备和安全体系建设。提升安全意识和风险意识，强化安全信息共享机制，完善现代化网络空间治理体系，提升数字化治理能力。有效防范网络攻击、黑客入侵、安全漏洞等对关键信息基础设施安全、数据安全、个人信息安全的潜在威胁，满足海量数据互联互通和应用场景复杂多样所衍生出的安全新需求。

形成更加全面的产业安全防御体系。构建自主安全、多元可控的产业链、供应链，从源头增强产业链韧性。坚定维护全球产业链供应链稳定，打造具有自主知识产权的国际知名品牌，共同维护我国产业链供应链安全性。

完善战略性新兴产业和新型基础设施的统计、监测、分析和发布制度。及时发布监测评估数据，防止投资过热，引导地方根据自身产业基础、经济实力合理建设现代化产业体系。

第十五章

发挥数字化对现代化产业体系的带动作用

现代化产业体系是中国式现代化的重要支撑，数字化赋能产业体系现代化是中国式现代化必由之路。为此，要更好发挥数字化对现代化产业体系的带动作用，通过数字技术和实体经济深度融合，赋能传统产业转型升级，推动建设高水平现代化产业体系。

习近平总书记强调指出，加快建设现代化产业体系，全面提升产业体系现代化水平。党的二十大报告对建设现代化产业体系重大任务，从建设制造强国、推动战略性新兴产业融合集群发展、构建优质高效的服务业新体系、构建现代化基础设施体系等方面作出战略安排。其中特别强调“加快发展数字经济，促进数字经济和实体经济深度融合，打造具有国际竞争力的数字产业集群”，更加突出数字化引领作用。

第一节　数字化是现代化产业体系建设的重要变量

建设现代化产业体系必须强化数字化引领，把数字化贯穿现代化产业体系建设全过程，通过数字化引领加快实现产业体系高水平发展，推动各领域数字化优化升级，着力提升全产业链水平，“塑造新的竞争优势”。

我国《“十四五”数字经济发展规划》明确，到2025年，数字经济迈向全面扩展期，数字化创新引领发展能力大幅提升，具有国际竞争力的数字产业集群初步形成。展望2035年，数字经济迈向繁荣成熟期，数字经济发展基础、产业体系发展水平位居世界前列。

一、数字化成为现代化产业体系的重要引擎

数字化是继工业化之后推动经济社会发展的重要力量，引领产业基础高级化和产业体系现代化以及社会生活的智能化。《联合国2019年数字经济报告》指出：数字化正在以不同的方式改造价值链，并为增值和更广泛的结构变革开辟新的渠道。“一切因数而改变”，企业只有跟上时代的步伐，才能实现更好的发展。数字化转型大势所趋，推动产业深刻变革，正在重构体系和机制。因此，建设现代化产业体系必须强化数字化引领，从更深层次和更高水平上推进产业体系现代化。

在数字变革的大趋势下，数字化成为驱动经济社会发展的重要变量，加快数字化转型成为创新发展的共同选择。WTO报告曾指出，世界经济正向数字和信息化转型，大约115个国家已经制定了“新产业政策”“工业4.0”或“数字转型计划”，推出数字化发展战略。根据IDC预测，“2022年，全球65%的GDP将由数字化推动，到2023年，75%的组织将拥有全面数字化转型的实施路线图”。

数字化的核心要义是共生协同，通过数字化改革放大了共生效应，

强化了协同共享。通过平台更加体现机会均等、协同共享的特征。同时，推进产业链供应链协同创新，重塑产业、再造行业，使共生协同贯穿产业体系现代化全过程。

数字化转型并非某一方面的更新，而是系统优化，是一项整体行动和系统工程。需要集中精力、凝心聚力、步调一致地推进战略转型。因此，确立数字化转型的“战略目标”是关键，通过“战略引领、技术跟进”，实现数字化转型和企业整体战略价值统一，并对现代化产业体系建设发挥重要引擎作用。

二、数字化重塑现代化产业体系的根基

实体经济是产业体系的根基，建设现代化产业体系必须把发展经济的着力点放在实体经济上，通过数字技术与实体经济深度融合，塑造新的主体形态，即建立在数字化转型基础上的新实体经济。这是现代化产业体系的基础架构，也是建设现代化产业体系的重要实现形式。

新型实体企业是数字技术与实体经济深度融合催生的企业类别，以实体性、创新性、生态普惠性为特征，是促进“数实融合”创新的关键市场主体力量和新主体形态。2022年下半年，中国企业评价协会发布了“2022新型实体企业100强”及发展报告，公布了一批兼具实体基因和数字技术能力的新型实体企业。

新型实体企业既属于实体经济，又服务于实体产业，起到加速实体产业数字化转型升级，增强产业链供应链韧性，提升企业社会责任可及性的作用。是产业智能化最直接、最现实、最有效的形式，也是“数实融合”的典型范式。通过新型实体企业集聚发展优势，放大融合效应，推进产业数字化转型，带动全产业链优化升级，全面提高产

业数智化水平，加快推进产业体系现代化进程。

建设现代化产业体系就是优化配置各类要素资源的过程，通过发展新实体经济带动整个实体经济优化升级，促进经济发展质量变革、效率变革、动力变革。数字化赋能现代化产业体系建设，要更加突出其现代性，以现代国际先进水平为基准，综合运用数字技术，发挥平台优势，贯通产业体系建设全过程。建设现代化产业体系必须以产业基础高级化和产业链现代化为导引，通过产业结构调整和优化，促进我国产业迈向全球产业链价值链中高端，夯实建设现代化产业体系的结构基础。

经过改革开放四十年，我国产业基础能力有了较大提升，产业体系更加完整。已经形成了独立完整的工业体系，拥有 41 个大类、207 个中类、666 个小类，是全世界唯一拥有联合国产业分类中所列全部工业门类的国家。但从总体看，我国产业基础水平参差不齐，产业体系现代化程度还不够高，自主水平有限。其中最明显的是对外技术依存度仍在 50% 以上，与发达国家平均 30% 以下、美德日的 5% 以下有较大的距离。特别是制约产业创新发展的核心技术受制于人，如芯片等更多依赖进口。所以，通过数字化提升协同整合、集聚创新能力，推动产业链上下游延伸，打造大中小企业协同发展的特色产业链。要充分利用数字化驱动产业转型的机遇，更好发挥我国已经形成的产业体系完整性优势，通过数字化全面提升产业体系现代化水平。

三、建设现代化产业体系要以制造业数字化转型为重点

制造业是产业数字化转型的主战场，对产业创新发展具有重要引领作用。传统制造业量大面广，是现代化产业体系的基底，要加快数

字化转型，着力提升高端化、智能化、绿色化水平。战略性新兴产业是引领未来发展的新支柱、新赛道，要加快前沿技术研发和应用推广，支持专精特新企业发展。

（一）用数字技术对传统产业进行全方位、全链条改造

促进新一代信息技术为设备赋智、为企业赋值、为产业赋能，推进全行业优化升级。数据显示，我国数字化转型成功企业由上年的11% 升到 16%，传统产业数字化转型正在不断提速。工信部要求，到2025 年企业经营管理数字化普及率达到 80%，关键工序数控化率达68%。

（二）加强产业服务平台建设

平台推进工业生产从线性分工向网络化协同转变。突出以“个性化定制、网络化协同、服务化延伸”为重点，强化平台服务功能。依托平台优化资源、重构流程，实现平台接单、按工序分解、各工厂协同的共享制造模式。持续放大产业协同优势，加快形成平台化产业生态。2021 年工业互联网应用拓展至 45 个国民经济大类，产业规模超过万亿元，“5G+ 工业互联网”建设项目超过 3100 个。将在带动传统产业体系变革、引领技术和产业换道超车、打造我国经济新增长点等方面持续释放价值。

（三）推动产业体系数字化、网络化、智能化发展

加大数字化改造提升力度，构建“智能机器 + 云平台 + 工业APP”功能架构，打造一批数字车间和智能工厂。推动工业从“自动化”向“智能化”转变，加快“产业大脑 + 未来工厂”建设。

（四）加速推动中小企业“上云”

中小企业量大面广，是产业体系重要支点，也是数字化转型的重

中之重。要按照“上云用数赋智”要求，大力发展“云上企业”，推动形成深度用云模式，促进整体转型升级。要推动互联网、大数据、人工智能同产业深度融合，加快培育一批“专精特新”企业和制造业单项冠军企业，为建设现代化产业体系提供强有力的支撑。

（五）推进产业链数字化融合

融合发展是数字化的基本特征，对于企业数字化转型具有决定意义。企业数字化转型必须从产业链全局系统设计，实现产业链的整体数字贯通，形成系统集成优势。强化产业链的共生效能、优化关联组织、节约交易成本、提高整体效能、实现融合发展。促进多领域、全链条互联互通，强化产业链供应链价值链协同互动，构建全链条、全流程数字化生态，推动向产业体系智能化方向发展。

第二节　以“数实融合”为主线，拓宽现代化产业体系的路径

《“十四五”数字经济发展规划》明确提出，“十四五”时期要以数字技术与实体经济深度融合为主线，赋能传统产业转型升级。党的二十大报告从战略全局的高度强调“促进数字经济和实体经济深度融合”，进一步深化了“数实融合”的内涵，从更深层次和更广领域拓宽建设现代化产业体系的路径。

一、“数实融合”的趋势和要求

数字经济以融合发展为特征，既是深度融合的结果，也是持续融

合的过程。通过“数实融合”不仅会强化数字赋能效果，也能够加快产业转型升级，从而在更高水平上建设现代化产业体系。

为此，必须加大推进“数实融合”的力度，既要扩大数字技术与实体经济深度融合的广度和深度，持续加强数字技术在产业领域的全面渗透，推动传统产业转型升级；又要整体战略规划布局，着眼于发展现代化经济体系，促进数字经济和实体经济深度融合，更好发挥其“支点”作用。同时，还要发挥线上优势，促进高水平互联互通，通过线上赋能线下，促进线上线下协同发展。

（一）从战略全局高度认识“数实融合”

党的十九大以来，我国在实践发展的基础上，对“数实融合”的认识不断深入，并从技术渗透的维度和经济体系发展的角度强调“数实融合”的重点，总体把握数字经济发展进程。

《“十四五”数字经济发展规划》明确了数字技术与实体经济深度融合的“主线”地位；党的二十大报告从更深层次和更广维度强调“促进数字经济和实体经济深度融合”，进一步明确了“数实融合”的目标和重点。从数字技术向经济领域的渗透，进一步深化为不同经济形式间的深度融合，既体现了数字化发展的规律特点，也反映了“数实融合”在现代化经济体系建设中的“支点”作用。数字化过程就是从数字技术向现实经济领域不断渗透的过程，通过数字技术与经济体系深度融合，形成协同发展优势。在此基础上，从经济形态的意义上促进“数实融合”，通过数字技术广泛渗透，促进形成新经济形态，推动实体经济整体转型升级，不断形成数字经济发展新优势。

从发展实践看，“数实融合”在我国大中城市广泛展开，其速度之快、势头之猛、成果之著，超出预期。在 2022 年数字经济城市发展百强评价报告中，反映了各类城市数字经济与实体经济深度融合进一步走深走实。数字经济全行业平均渗透率由 24.7 提升至 38.3，数字技术有效牵引生产和服务智能化升级。

分行业看，第三产业数字化转型起步最早，量大面广、优势明显；第二产业数字经济核心产业市场空间拓展能力最强，是未来中国“数实融合”主战场。智能制造发展重心由“深化局部环节应用”变为“全面智能协同”。智能制造工程深入实施，通过智能化改造，110 家智能制造示范工厂的生产效率平均提升 32%，资源综合利用率平均提升 22%，产品研发周期平均缩短 28%，运营成本平均下降 19%，产品不良率平均下降 24%。

在全面推进“数实融合”的大趋势下，加快产业数字化转型，建设现代化产业体系，应当立足自身优势，以“促进数字经济和实体经济深度融合”为优先战略选项，明确关键点、找准切入点，通过数字赋能实现产业技术优势最大化发挥，推动产业数字化转型全方位展开，加快形成数字经济新优势，推动经济高质量发展。

（二）推进“数实融合”与产业体系建设

为什么要推进“数实融合”？其与产业体系建设有何关联性，在建设现代化产业体系中发挥什么作用？可以从多方面来解读，但究其要点，核心还是完善产业体系建设。因为快速工业化既对产业体系建设起到积极促进作用，丰富和完善了产业体系，加快产业体系布局发展。但同时也带来一些负面影响，特别是随着产业分工的区域格局化，在一定程度上加剧了产业体系建设的不平衡。甚至严重阻滞发展中国家产业体系现代化进程。因此，对于发展中国家现代化产业体系建设，“数实融合”既是重要路径，也是必经之道。

第一，通过“数实融合”弱化产业分工的负效应。在全球产业分工体系中，发达国家和发展中国家循着不同产业发展路径。发达国家利用产业先发优势，加快产业链供应链外移，导致产业空心化和结构轻型化，实体经济占比相对降低，发展数字经济的结构性掣肘因素比较少。所以，数字经济规模发展，其主要国家占 GDP 比重保持在 65% 以上。而发展中国家通过承接产业链供应链转移，产业结构重型化明显，实体经济比重相对较高，由此形成发展数字经济的结构性约束。数字经济占 GDP 比重基本在 40% 以下，而且还存在着数字经济质量差异。所以，我国发展数字经济必须基于产业现实基础，着力推动“数实融合”，把数字经济领先优势和实体经济规模优势叠加放大，创造经济发展新优势，拓宽发展新路径。

第二，发展数字经济既要防止脱实向虚，即国外学者讲的经济“去物质化”；也要防止实体经济低水平循环，与数字经济各行其道。既不能以数字经济挤压实体经济发展空间，也不能简单维持实体经济发展现状。通过数字赋能实体产业，深化融合发展。推动数字原生企业向新型实体企业加速转化，打造“数实融合”领先发展新范式。要通过“数实融合“重塑产业结构、消融产业边界，创造发展机制，再造发展新形态，发展现代化产业体系。所以，要把握技术进步的趋势，加快技术融合发展的进程，把技术创新力转化为经济成长力，推动实体经济提质增效，实现高质量发展。

二、“数字融合”在现代化产业体系中的新方位

一是明确“数实融合”的着力点。“数实融合”不是数字经济 + 实体经济，而是内生的融合，主要体现在：体系化重构、机制化转型、

生态化重组、效率化提升。为此，要准确把握“数实融合”的着力点，在“深度融合”上持续发力。

二是把握“数字融合”的关键点。突出以赋能传统产业升级为重点，利用“5G+ 工业互联网”推动实现全产业链优化升级，加快推动建设现代化产业体系。《2022 中国“5G+ 工业互联网”发展成效评估报告》显示，“5G+ 工业互联网”已经应用于研发设计、生产制造、检测监测、物流运输、服务管理等工业各个环节，并已渗透到国民经济各个领域。其中制造业是工业互联网应用赋能的主阵地，其在生产环节的管控普及程度已达 45.5%，从根本上提高了制造业质量、效率和企业竞争力。

为此，要把握时机，整体规划，优先布局。加强规划引领、强化数字驱动，制定数字化转型路线图，深入实施制造业数字化转型专项行动。全领域、全体系、全流程设计，有计划、分步骤、多层次推进。充分发挥“数实融合”在现代化产业体系建设中不可替代的作用。

三是加快“数实融合”布局发展。

强化目标引领：全面提升数字技术、数字经济和实体经济融合的广度和深度。“十四五”期间，数字经济核心产业增加值占地区生产总值比重要快速提升，数字经济增加值年均增速保持在合理水平。

强化基础设施支撑：全面推进新型基础设施建设，建立完善高速、安全、泛在的新一代信息基础设施；构建布局合理、云网协同、绿色节能的算力基础设施；以及高可靠、广覆盖、全连接、可定制的工业互联网基础设施。

强化数字技术创新：在人工智能、区块链、高性能计算、未来网络等领域的关键技术上实现新突破，形成一批核心产品，加快建设数字科技创新载体。

强化数字经济能级：进一步优化数字经济结构，推进数字化、智能化深入发展，建设一批智能工厂、数字化车间。

强化区域协同联动：重塑产业体系优势，再造区域体系功能，建立区域数字化共同体，推动区域产业协同发展。

三、把握“数实融合”的几个关系

推进“数实融合”，既要充分发挥数字技术优势，强化产业渗透力度；又要激活传统产业潜在优势，实现功能优化和能力提升。为此，要把握好几个重大关系。

第一，把握技术增量与产业存量的关系。数字技术与实体经济深度融合，既是数字技术赋能实体产业，推动整体优化升级的过程，也是实体产业加快转型改革，实现资源优化配置的过程，其目的是通过优势叠加放大实现共生协同、融合发展。从这个意义上说，技术增量和产业存量两者互为条件、缺一不可。因此，不能把“数实融合”简单理解成为以增量替代存量，更不能理解为规模淘汰过程。必须正确把握技术增量与产业存量的关系，不能顾此失彼，只重增量，无视存量。“数实融合”就是通过数字技术向产业领域不断渗透，持续提升产业能力的过程。没有技术赋能产业水平无法提升，而没有产业支撑技术赋能就无的放矢。特别是对于传统产业领域而言，“数实融合”要准确把握技术增量和产业存量的关系，把促进产业优化升级放在更加突出位置。

第二，把握短期目标和长期目标关系。“数实融合”既要考虑短期效应，又要兼顾长期利益，着眼于产业体系发展和竞争力提升进行战略布局。不能只顾当前，不顾长远，只追求眼前的“轰动效应”，不考虑长期战略利益。现实中确有一些数字化转型企业，形式大于内容，只图形式，不重实效，往往不可持续。我国传统产业有一定比较优势，“数实融合”就是要通过数字赋能给产业插上腾飞的翅膀，促使传统产业焕发青春和活力。因此，“数实融合”要切忌短期目标最大化，要从长计议、长远规划、战略考量，把短期目标和长期目标统一于数字化转型全过程。

第三，把握定性目标和量化指标的关系。“数实融合”不能笼而统之，大而化之。要有明确的目标定位，这样才能充分发挥目标引领作用，通过目标凝聚共识、聚集力量、推进行动。但是，仅有目标还不够，还要确定可量化指标，这样才能成为一种约束，才能把目标变为现实。因此，推进“数实融合”要把握好定性目标和量化指标的关系，在明确发展目标的同时，还要加大量化指标考核力度，使产业数字化转型真正落到实处。

第四，把握同一性和差异性的关系。“数实融合”具有趋同发展特征，资源往往向优势区域和热点领域集中，形成集聚发展态势，放大成为规模效应和极化效应。后发地区在短期内很难形成这样的趋同环境和集聚效果，其发展的“数字落差”和数字化差异性比较明显。因此，“数实融合”要考虑不同地区和产业的特点，采取差异性的政策措施。提供一些有针对性办法。例如在重点老工业城市，产业优势虽然明显，但数字生态差距较大，“数实融合”的条件具有明显的差异性。应当在遵循同一性的同时，采取特殊的有针对性的政策。加大鼓励创新、强化激励的力度，提高对数字企业的吸引力。

第三节 协同推进数字产业化和产业数字化，夯实现代化产业体系的基础

国务院《关于数字经济发展情况的报告》进一步强调“以推动数字技术与实体经济深度融合为主线”，以协同推进数字产业化和产业数字化、赋能传统产业升级为重点，不断做强做优做大我国数字经济。这是数字化发展的重要路径，也是建设现代产业体系的重大课题。因为只有协同推进数字产业化和产业数字化，才能真正释放数字经济的潜能，更好发挥数字化优势，赋能产业优化升级，深入推进产业体系现代化。

一、加强数字基础设施建设，拓展“两化”发展空间

数字产业化和产业数字化有赖于数字基础设施建设和发展，通过数字基础设施不断完善，持续推进“两化”纵深发展。所以，必须全面加强数字基础设施建设，为数字产业化和产业数字化提供更为广阔的发展空间。

近年来，我国统筹谋划新型基础设施建设布局，加快智能化综合性数字基础设施建设，为数字产业化和产业数字化奠定坚实基础。相关资料显示，我国数字基础设施建设领域取得明显成就。

一是信息通信设施加快发展。第五代移动通信技术（5G）建设全球领先，全年新建 5G 基站 88.7 万个，累计建成 231.2 万个，占全球总数的 60% 以上。宽带光纤网络加速布局，千兆城市已超过 110 个。

深入实施工业互联网创新发展战略，网络、平台、安全体系以及工业互联网标识解析体系基本建成。

二是信息通信服务能力大幅提升。我国移动通信实现从 4G 同步到 5G 引领，6G 正蓄势待发。互联网普及率从 2012 年的 42.1% 提高到 2021 年的 73%，上网人数达 10.32 亿人。面向中小企业连续 4 年推进宽带和专线降费，让利超过 7000 亿元。相比 2012 年，宽带网络平均下载速率提高近 40 倍，移动网络单位流量平均资费降幅超 95%。

三是算力基础设施达到世界领先水平。全国一体化大数据中心体系基本构建，“东数西算”工程加快实施。截至 2022 年 6 月，我国数据中心机架总规模超过 590 万标准机架，建成 153 家国家绿色数据中心，行业内先进绿色中心电能使用效率降至 1.1 左右，达到世界领先水平。建成一批国家新一代人工智能公共算力开放创新平台，以低成本算力服务支撑中小企业发展需求。

数字基础设施建设发展，为加快推进数字产业化和产业数字化提供重要保障，也为建设现代化产业体系创造了基本条件。

二、加快数字产业化发展，增强带动效应

数字产业化主要是 ICT 产业，包括信息通信业、互联网业，如数据中心、5G 等，通过市场化机制转化，使这些技术引申形成数字化产业。特别是随着量子计算、量子通信等基础前沿领域取得原创性突破，人工智能、区块链、物联网等新兴领域形成一批自主底层软硬件平台和开源社区，为数字产业化加快发展提供了条件。近年来，我国数字经济规模发展、数字产业化增速加快，有赖于数字经济核心产业规模加快增长。全国软件业务收入从 2012 年 2.5 万亿元增长到

2021 年 9.5 万亿元，年均增速达 16.1%。并成为全球增速最快的云计算市场之一。截至 2021 年，我国工业互联网核心产业规模超过 1 万亿元，大数据产业规模达 1.3 万亿元。这是起源头支撑作用的重要方面，直接反映数字经济质量水平。2022 年我国数字产业化规模达 9.2 万亿元，在数字经济中占比 18.3%。

但是，与发达国家相比，我国数字产业化整体发展相对较慢，其发展水平有待进一步提升。腾讯金融研究院资料显示：美国数字产业化增加值整体上高于中国，截至 2020 年，中美之间仍存在 1.8 万亿至 2.5 万亿元的差距。我国在数字服务应用上差距更加明显，美国数字服务应用占比接近 80%，我国则不到 50%；我国数字服务应用增加值低于美国 4.5 万亿元。

因此，要持续推进关键核心技术攻关，加快锻造长板、补齐短板，构建自主可控产业生态。数字产业化要求数字技术和理论创新走在前面，并且要真正形成数字产业化的转化机制，集中力量推进关键技术攻关，牢牢掌握数字经济发展自主权。适度超前部署数字基础设施，筑牢数字经济根基。要“大力推动数字产业创新发展，打造具有国际竞争力的产业体系”。

三、提升产业数字化水平，形成规模发展优势

加快产业数字化转型，释放数字对经济发展的放大、叠加、倍增作用，这是数字经济发展的趋势性特点和基本特征。近年来，随着深入推进企业“上云用数赋智”，加快推动工业互联网、数字商务、智慧农业发展，促进传统产业加快转型，产业体系优化升级。主要体现在以下方面：

一是制造业数字化转型持续深化。信息化和工业化融合不断走深向实，企业数字技术应用水平显著提升。据工信部数据，截至 2022 年底，重点工业企业关键工序数控化率达到 58.6%、数字化研发设计工具普及率达到 77%，传统产业数字化转型正在不断提速。随着工业互联网全面融入国民经济发展，全国具备行业、区域影响力的工业互联网平台达到 248 家，重点平台工业设备连接数超过 8000 万台套，服务工业企业超过 160 万家。智能制造应用规模和水平进入全球领先行列，累计建成近 2000 家高水平数字化车间和智能工厂，智能制造装备产业规模达 3 万亿元。

二是服务业数字化水平显著提高。全国网络零售市场规模连续 9 年居于世界首位，从 2012 年的 1.31 万亿元增长到 2021 年的 13.1 万亿元，年均增速达 29.15%。近年来，我国电子商务交易额保持快速增长，由 2012 年的 8 万亿元增长至 2021 年的 42.3 万亿元，年均增长 20.3%。[①] 电子商务、移动支付规模全球领先，网约车、网上外卖、数字文化、智慧旅游等市场规模不断扩大。

三是农业数字化转型稳步推进。2021 年，农作物耕种收综合机械化率超过 72%，农机应用北斗终端超过 60 万台套，产品溯源、智能灌溉、智能温室、精准施肥等智慧农业新模式得到广泛推广，大幅提高了农业生产效率。

产业数字化领先增长是全球数字经济发展的常态。2019 年全球产业数字化占全球 GDP 比重为 35.0%，占数字经济比重 84.3%。我国的情况大体相似，2021 年规模达 37.18 万亿元，占 GDP 比重 32.5%，

---

① 中国信通院：《通信行业：数字社区研究报告（2022）》。

占数字经济比重 81.7%。产业数字化为何领先增长？从我国情况看，主要是与大量实体产业数字化转型形成的群体数字化效应有关，也与现行统计分类直接相关。

适应发展变化的需要，我国通过对统计体系调整，明确数字经济及其核心产业统计分类。在国家统计局发布的《数字经济及其核心产业统计分类》中，借鉴经合组织和美国经济分析局分类方法，结合我国数字经济发展现实，从数字产业化和产业数字化两个维度，确定了数字经济的基本范围，其中数字产业化包括：数字产品制造业、数字产品服务业、数字技术应用业、数字要素驱动业、数字化效率提升业 5 个大类。突出了与国民经济各行业产业深度渗透和广泛融合的特点，构画了数字经济体系基本框架。随着《数字经济及其核心产业统计分类》实施，必将会对数字产业化和产业数字化格局带来一定影响。

四、协同推进数字产业化和产业数字化，优化增长格局

协同发展就是要优化增长格局，要促进产业数字化和数字产业化保持合理增长水平。目前，数字产业化明显落后于产业数字化。“十四五”期间要求数字产业化增长率要达到 11.57%，大概是 GDP 增长速度的 2.3 倍（“十三五”期间，仅为 1.3 倍），未来 5 年的比重要提高 1 个百分点。产业数字化为 10.4%（前 5 年为 20%）。

如果数字产业化和产业数字化协同度长期失衡，既难以形成相互有效支撑，甚至还会形成相互掣肘。从长远发展看，数字产业化具有更大的发展空间，而且将为产业数字化提供源头支撑，通过数字产业化引领和带动产业数字化，全面提升“两化”水平。所以，必须高度重视协同推进数字产业化和产业数字化，遵循数字经济发展规律，作

好协同发展这篇大文章。

协同推进数字产业化和产业数字化要深化线上线下融合发展，沿产业链深度融合线上能力和线下生产力，促进产业链各环节互联互通，形成产业链企业间协同互动，产业链、供应链、价值链联动发展。包括：1. 深化产业链合作，推动产业体系重构；2. 通过平台整合线上线下资源，形成平台化产业生态；3. 推动人工智能同各类产业融合，推进“现代优势产业集群 + 人工智能”；4. 通过场景化融合，推动形成新业态、新场景、新服务。

特别是要贯彻落实《“十四五”数字经济发展规划》，准确把握数字产业化和产业数字化的关系，适当加快数字产业化的增速。这是非常必要的，因为只有数字产业化加快发展，才能为产业数字化创造更广阔的发展空间。同时，也要适当保持产业数字化增速，进一步强化基础支撑。

第四节　加快数字经济体系建设，赋能产业体系现代化

数字经济体系在产业体系发展中起重要引领作用，是现代化产业体系的核心支撑。要实施产业基础再造工程和重大技术装备攻关工程，推动制造业高端化、智能化、绿色化。构建新一代信息技术、人工智能、生物技术、新能源、新材料、高端装备、绿色环保等新的增长引擎。推动现代服务业同先进制造业、现代农业深度融合，加快发展物联网，建设高效顺畅的流通体系，优化基础设施布局、结构、功能和系统集成。

从目前数字经济成长阶段看，发展数字经济体系要重点加强以下

方面建设。

一、建设数字技术基础支撑体系

这是数字经济的底层逻辑和发展根基。以5G、集成电路、大数据、云计算、区块链、人工智能等为代表的新一代信息技术快速演进、群体突破、交叉融合，“技术—产业”交互迭代效应持续增强，正在深刻改变全球技术产业体系。我国数字经济发展的规模化优势明显，但数字技术基础先天不足，既缺少原创技术和基础理论支撑，也缺乏应有的逻辑体系。事实上，至少在互联网经济发展阶段，我们基本上“跟着感觉走”，技术模仿多于创新。比较分析，中美两个数字经济大国在半导体、操作系统、云计算等底层技术和核心技术方面的差距已是共识。发展我国数字经济体系，必须加强关键核心技术攻关，提高数字技术基础研发能力，努力实现高水平自立自强。

首先，要加大关键技术创新力度，聚焦网络信息前沿技术和具有国际竞争力的关键核心技术重点发力，加快实现重点突破和整体提升，“把发展数字经济自主权牢牢掌握在自己手中”。

其次，要“加强新型数字基础设施建设”。加快建设高速泛在、天地一体、云网融合、智能敏捷、绿色低碳、安全可控的智能化、综合性数字信息基础设施，夯实数字经济健康发展的基础。

最后，“加快发展工业互联网，培育壮大集成电路、人工智能等数字产业，提升关键软硬件技术创新和供给能力”。

二、健全数据资源体系

数据是数字经济的核心要素，数据的深度挖掘、广泛运用、合理流动，成为经济体系优化的强大驱动力。我国具有海量数据资源优势，数据的爆发增长、海量集聚蕴藏了巨大的价值，为赋能产业发展带来新的机遇。但是，要把存量优势转化为发展优势，需要体系化集成、集约化运作。根据中国信通院测算，我国数据对农业、工业、服务业经济发展的贡献度分别为 0.07%、0.16% 和 1.07%，数据赋能产业发展仍有较大潜力。因此，要依托数据要素确权、交易单位、定价机制、交易市场、交易监管机构，构建数据权属与收益制度体系、数据定价交易市场体系、数据共享与安全隐私保护体系、数据技术标准与基础设施支撑体系、数据市场开放体系等。要深化大数据应用，打造数据生态圈。

同时，要推进数据专业化开发和规范化应用。数字经济发展的特征之一，就是数据收集、传输、存储、计算、分析和应用作为一个强有力的行业。通过“数字足迹”“数据洞察”，深度挖掘数据资源，“让数据自己说话”。与之相适应，还要建立起强大的数字储存能力。《“十四五”数字经济发展规划》明确，到 2025 年，数据资源体系基本建成，利用数据资源推动研发、生产、流通、服务、消费全价值链协同。数据要素市场体系初步建立，数据确权、定价、交易有序开展，加快推进各类体系建设。这将对发展现代化产业体系起到至关重要的作用。

三、完善平台经济体系

平台是数字经济的重要组织形式，也是发展的神经中枢。《“十四五”数字经济发展规划》明确提出，推动平台体系进一步完善，促进数字经济健康发展。

近年来，平台经济快速发展，在数字经济体系建设中发挥不可替代作用。通过平台整合线上线下资源，实现高水平互联互通，有助于贯通国民经济循环各环节，提高全社会资源配置效率。打开产业边界、贯通产业链条、优化关联组织、实现融合发展。在此基础上，更加有利于推动数字经济体系发展完善。进一步推动平台经济发展，加快数字经济体系建设，需要重点关注以下两个方面。

第一，要加速用工业互联网平台改造提升传统产业、发展先进制造业。运用新一代信息技术，探索构建适应企业发展需求的“数据中台”“业务中台”等新型架构模式，不断开创产业深度融合的新路径。

第二，要支持消费领域平台企业挖掘市场潜力，增加优质产品和服务供给。引导支持平台企业加强数据、产品、内容等资源整合共享，拓展创新、生产、供应链等资源共享空间。

四、提升数字产业体系

数字经济发展优势取决于数字核心产业和数字产业集群聚合能力，以及在此基础上数字产业体系的完善程度。依托数字核心产业加快形成数字产业集群，构建数字产业体系，这是数字经济的主体支撑和活力源泉。

第一，要大力培育发展数字核心产业，进一步提高数字核心产业增加值占地区生产总值的比重，这是数字产业体系的核心主体，也是数字经济高质量发展的重要标志。2020 年，我国数字核心产业增加值占 GDP 比重达到 7.8%，支撑了我国数字经济规模发展。到 2025 年，数字核心产业增加值占 GDP 比重达到 10%，将进一步提升数字经济发展水平。我国数字经济发展较快地区，数字核心产业占比不断提高，如江苏省提出近期目标是数字核心产业增加值占地区生产总值的比重达 10.5% 左右；浙江省则提出数字核心产业增加值增长 20%。这在提高数字经济发展质量的同时，也为加快发展数字经济体系奠定坚实基础。

第二，围绕数字核心产业打造数字产业链供应链价值链，推动形成数字产业集群，夯实数字产业体系的根基。同时，还要促进数字技术向经济社会和产业发展各领域广泛渗透，推进数字技术、应用场景和商业模式融合创新，不断丰富数字产业体系。

五、发展数字化服务体系

数字化的技术经济特征，进一步放大了数字服务功能，实现服务模式创新，促进形成数字化服务体系。在基础端，通过提供技术基础服务，重构业务流程，强化服务贯通，形成新的产业服务化模式；在平台端，整合线上线下资源，精准匹配供给需求，更好畅通经济循环；在生产端，沿产业链供应链拓展服务链，促进生产服务一体化；在消费端，通过多样化、个性化服务，推动形成新模式、新业态、新场景。

发展数字经济体系要进一步完善数字化服务体系，更好发挥数字化服务广覆盖、强渗透优势，促进数字基础设施广泛融入生产生活，强化对政务服务、公共服务、民生保障、社会治理的支撑作用。推动优化数字营商环境，进一步提升电子政务服务水平，不断完善网络化、数字化、智慧化的利企便民服务体系。总之，要“释放数据要素潜力，更好赋能经济发展、丰富人民生活”。

当然，我国在数字服务应用上还有很大成长空间，与美国相比存在较大差距，美国数字服务应用占比接近 80%，我国则不到 50%；我国数字服务应用增加值低于美国 4.5 万亿元。因此，必须高度重视数字化服务的发展，着力在数字服务应用上实现新进展，这是发展数字经济体系的重要一环。

六、建立数字经济治理体系

习近平总书记指出，要完善数字经济治理体系，健全法律法规和政策制度，完善体制机制，提高我国数字经济治理体系和治理能力现代化水平。建立协调统一的数字经济治理框架和规则体系，建立完善与数字经济发展相适应的法律法规制度体系和数字经济安全体系。建立政府主导、多元参与、法治保障的数字经济治理格局。构建适合数字经济发展的治理体系，推动治理创新，提高治理水平，确保数字经济健康有序发展。

（一）明确规则、划出底线，建立数字经济公平竞争监管制度。要完善主管部门、监管机构职责，分工合作、相互配合。同时，要预防和制止滥用行政权力排除限制竞争。

（二）改进和提高监管技术和手段，把治理贯穿创新、生产、经营、投资全过程，实现事中事后全链条全领域监管。

（三）主体自律和社会监督相结合。一方面要明确平台企业主体责任和义务，建设行业自律机制；另一方面，要开展社会监督、媒体监督、公众监督，形成监督合力。

（四）以高水平互联互通推动数字经济规范发展。通过相互联通破除各种形式的垄断壁垒，实现资源的有效整合与跨界融合，防止为追求过度竞争而损害市场公平。

七、优化数字经济生态体系

这是数字经济发展和体系建设的重要内容。数字经济生态体系实质上是经济社会数字化过程，是经济社会主体间关联互动、相互作用的社会经济生态系统。

一是经济数字化。从消费端到生产端，多领域全覆盖，进一步提升数字经济渗透水平。目前，数字经济在农业、工业、服务业的渗透率为 8.9%、21.0%、40.7%。

二是社会数字化。从数字社会到数字公民，从数字城市到数字乡村，从数字政务到数字生活。推动数字化社会全覆盖，深化数字化的认知、理解和共识，形成更广泛的数字文化。培养数字公民，提升全民数字技能；建设数字政府，提升公共服务、社会治理等数字化智能化水平，不断提高数字化在社会各领域的渗透率。让全民共建数字社会，共享数字红利。

第十六章

加快建设教育强国、科技强国、人才强国

党的二十大报告将“实施科教兴国战略，强化现代化建设人才支撑”作为内容紧密关联的一部分，对教育、科技、人才进行了“三位一体”系统论述与全面部署，既体现了党的中央全会对教育、科技、人才工作前所未有的重视，也体现了我们党对教育强国、科技强国、人才强国三者关系的认识达到一个新高度。二十大报告指出，必须坚持科技是第一生产力、人才是第一资源、创新是第一动力，深入实施科教兴国战略、人才强国战略、创新驱动发展战略，开辟发展新领域新赛道，不断塑造发展新动能新优势。适应新时代加快构建新发展格局、推动经济高质量发展的要求，在继续健全宏观经济治理体系的同时，要加强对教育、科技、人才工作的整体谋划与统筹推进，充分发挥它们在全面建设社会主义现代化国家中的基础、核心与战略支撑作用，为推进中国式现代化，实现中华民族伟大复兴注入强大动力。

第一节　教育强国是中华民族伟大复兴的基础性工程

习近平总书记在2023年主持中央政治局第五次集体学习时强调，教育兴则国家兴，教育强则国家强。建设教育强国，是全面建成社会主义现代化强国的战略先导，是实现高水平科技自立自强的重要支撑，是促进全体人民共同富裕的有效途径，是以中国式现代化全面推进中华民族伟大复兴的基础工程。党的十八大以来，在以习近平同志为核心的党中央的正确领导下，教育强国建设被摆在更加优先发展的战略位置，取得一系列重大成就。党的二十大报告指出，教育是国之大计、党之大计。坚持教育优先发展，坚持为党育人、为国育才，坚持以人民为中心发展教育，加快建设高质量教育体系，发展素质教育，促进教育公平，办好人民满意的教育。

从经费投入看，2021 年全国教育经费总投入为 5.79 万亿元，占当年 GDP 总量的 5%。其中财政性教育经费为 4.58 万亿元，占 GDP 的比例超过 4%。自 2012 年我国财政教育经费支出达到 GDP 的 4% 以来，已经连续十年巩固这一政策目标。2012—2021 年间，国家财政教育经费累计支出 33.5 万亿元，十年翻了一番多，同比年均增速均明显高于同期 GDP 的名义增幅和一般公共预算收入增幅。小学、初中、普高、中职和普通高校的生均财政教育经费呈逐年上升趋势，教育经费总投入在党的十八大以后呈现较快增长。考虑到过去十年经济下行压力一直较大，特别是三年新冠疫情，财政收支面临的压力更大，但国家财政对教育经费的投入一直坚持只增不减，充分体现了党中央和国务院对教育强国战略实施的高度重视与大力支持。

从发展成效看，在党的坚强领导下，我国坚持和完善了中小学党组织领导的校长负责制以及高校党委领导下的校长负责制，各级各类学校全面贯彻党的教育方针与社会主义办学方向，九年义务教育巩固率从2012年的91.8%上升至2021年的95.4%，高中阶段毛入学率从2012年的85%增长至2021年的91.4%，高等教育毛入学率从2012年的30%上升至2021年的57.8%，各教育阶段的普及程度均有较大程度的跃升，实现历史性跨越。截至2021年，我国共有各级各类学校约53万所，在校生约3亿人，专任教师近2000万人，劳动年龄人口平均受教育年限为10.9年，新增劳动力平均受教育年限为13.8年。党的十八大以来，在“211”“985”“双一流”建设计划的支持下，我国高等教育水平有较大提升，中国高校在全球大学排名中表现突出。例如，在英国泰晤士大学排名中，2012年该榜单我国仅有12所内地大学进入全球400强，2023年增长至27所。截至2021年，我国接受高等教育的人口为2.4亿人。这些教育发展成果为我国经济社会的可持续发展与高质量发展奠定了良好的人力资源基础。

从核心目标看，教育强国建设要坚持统筹发展与安全，着力解决“培养什么人、怎样培养人、为谁培养人”这一教育的根本问题。在“培养什么人”方面，要全面贯彻党的教育方针，认真落实立德树人根本任务，教育学生爱党爱国，为中华民族伟大复兴与社会主义事业培养一批又一批的建设者和接班人。要牢牢捍卫我国教育意识形态阵地，高度警惕和自觉抵制美西方错误思想、思潮与言论等对我青少年的误导和毒害。例如，2021年涉疆反恐纪录片披露了新疆维语教材毒害少数民族青少年问题。2022年，在人教版小学教材教辅及高校教材中陆续发现“有毒”出版物，歪曲历史、篡改事实、丑化中国、“哈美哈日”等问题触目惊心。在“怎样培养人”方面，既要学习美西方先进的教育发展经验，更要坚持自主培养，加快改变顶尖学生将我国高中和高校作为“留学预备班”的现状。

从国际形势看，客观上也需要我加大自主培养力度。在当前中美战略博弈日渐加剧的形势下，美西方持续对我进行教育和知识封锁，舆论战、信息战、认知战等领域的国际斗争日趋复杂。例如，近年来美国通过收紧赴美签证、限制大学招生等手段限制中方人员赴美求学、开展学术交流和科技合作，限制甚至禁止我国学者和留学生接触美国领先技术，封锁美国对华技术输出。2020年美国政府发布《关于暂停部分中国留学生和研究人员以非移民身份入境的公告》，至今仍限制我国学者和留学生赴美学习科学、技术、工程、数学等领域。在“为谁培养人”方面，要坚持为党育人、为国育才的原则，绝不能培养出反党反社会主义的人。

从重点任务看，教育强国建设要实现教育高质量发展和教育公平并举，“加强两头，巩固中间”，即大力提升学前教育、高等教育和职业教育水平，持续巩固基础教育质量。在学前教育方面，加强学前教育特别是儿童的技能教育，是教育强国建设工程的基础。根据美国佩里研究计划（Perry Preschool Project）长达六十年的跟踪研究以及诺贝尔经济学奖获得者詹姆斯·赫克曼（James J. Heckman）的发现，从学前教育到学校教育再到职业技能培训，随着受教育者年龄的增长，人力资本投入的收益率呈持续下降趋势（见图16-1）。在学前教育中重视技能培养并加大投入，不仅可以有效地缓解城乡差异以及家庭条件差异给儿童技能发展带来的差距，而且还可以使得后续教育阶段对于技能发展的投入更有成效。此外，对学前教育加大投入，还对儿童的智力发展、获得高中以上文凭率、成年后的低犯罪率及拥有较高的经济收入等方面均有着积极且长期的影响。但从现实情况来看，尽管我国学前教育的毛入园率从 2012 年的 64.5% 攀升至 2021 年的 88.1%，但是就生均投入而言，2021 年财政经费投入约为 9500 元，显著低于其他教育阶段，在整个教育经费中的占比相对较低。与此同时，相比其他教育阶段的发展不平衡与地区间差异问题，促进学前教育的优质均衡发展、城乡一体化以及优化区域教育资源配置等问题更加突出。要加快通过“学前教育法”，统筹城镇化发展趋势与学龄前人口变动趋势，科学规划学前教育资源配置，持续加大对学前教育的投入。

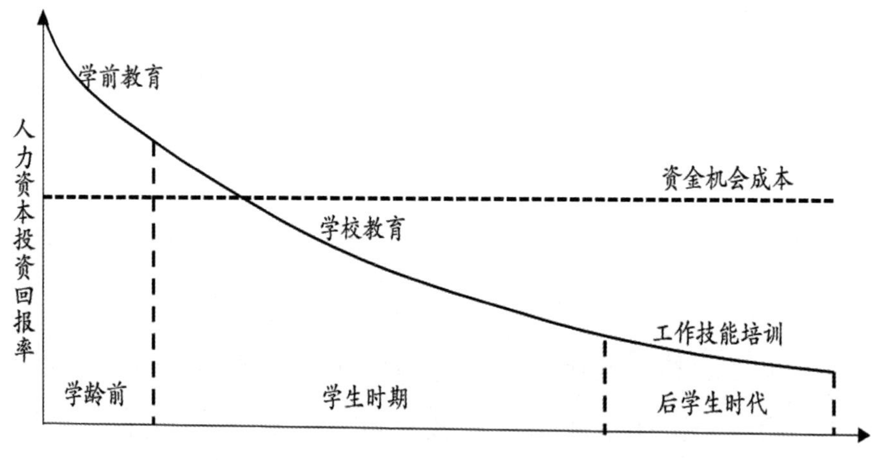

图 16–1　人力资本投资回报率随年龄增长递减的赫克曼曲线

来源：James J. Heckman，Skill Formation and the Economics of Investing in Disa−dvantaged Children, Science, page 1900−1902, Volume 312, 2006。

在高等教育方面，我国的高等教育水平与美西方发达国家仍有较大差距。2023 年的 QS、《泰晤士报》、U.S.News 等主要的世界大学排名中，中国仍旧没有一所高校能够进入全球前十。以 2023 年的 USNews 世界大学排名为例，全球排名前 100 的大学中，中国内地仅占 4 席，次于美国（41 所）、英国（10 所）、澳大利亚（8 所）、荷兰（6 所）、德国（5 所）。要持续深化高等教育体制改革，积极借鉴美、欧、日等发达国家和地区高水平创新型大学的办学和发展经验，推进高等教育对外开放，加大对境外理工农医类高水平大学来华办学的招引力度，大力提升中外合作办学层次，鼓励国内高校在办学方面求新求变、狠抓教育质量和突出创新特色，反对不切实际的追求“大而全”“清一色”。加快破除阻碍我国高等教育高质量发展的各种体制机制障碍，更大力度从全球选拔高素质人才进入高校教师队伍，设置更科学的高校教师聘用及考核评价机制，及时更新高等教育的教材教具和教育设备等，大力促进产教融合与科教融汇，彻底改变高等教育和社会实践与技术发展脱节的状况，不断加大创新型人才培养力度。在强化高等院校人才培养、技术进步、产业发展等方面考核评价的基础上，持续优化我国高等教育投入机制，加强基础学科、新兴学科、交叉学科建设，加快建设中国特色、世界一流的大学和优势学科。

在职业教育方面，要全面落实“职业教育法”，高度重视发展职业教育，推进职业教育改革，提高职业教育质量，大力培养各类各层次的技术技能人才。当前全球正在进入工业革命以来的第五个“康德拉季耶夫长波”周期，5G/6G 等新一代信息技术、ChatGTP 等新一代人工智能、数字科技、新材料、新能源、生物技术、生态环保等领域技术快速发展，推动我国产业发展加速转型升级，相关的技能型人才短缺与普通工人及大学生失业的结构性矛盾较为突出。以制造业为例，教育部等部门的研究估计，我国制造业的人才缺口在 2025 年或将达到 3000 万人左右。与此同时，当代大学生不愿意进工厂，更青睐社会认可度高、工作环境好、工作灵活度强的工作岗位，灵活就业、慢就业、缓就业、不就业等现象加剧劳动力市场供需矛盾。解决制造业的这一“用工荒”问题，迫切需要大力推动职业教育的高质量发展。一是要着力改变技能型人才社会认可度较低的情况，加大对技能型人才典型的遴选、奖励与宣传力度，对于“五一”劳动奖章等社会认可度较高的荣誉要适当向技能型人才倾斜，坚决破除政府部门及国有企事业单位在考公、考编及提干等方面对于职业教育和技能型人才的歧视，在全社会营造尊重技能型人才的良好氛围，为职业教育的发展创造较好的社会环境。二是通过提高职业技术教师教育学院办学水平、选派留学生赴职业教育较发达国家学习进修、加强职业教育中外合作办学等方式，培养大量高质量的职业教育教师，改革优化职业教育教师职称评定与考核评价机制，提升职业教育教师待遇，更大力度吸引更多高素质人才进入职业教育教师队伍。三是加快完善中等职业学校、职业技术学院、职业技术大学、应用型的专业学位研究生教育以及职业培训一体化的职教人才培养体系，着力推动职业院校和技工院校融通发展，加快破除公办职业院校及技工院校设立产业学院与开展产教融合的体制机制障碍，进一步推动职普融通，为职业院校和技工院校学生提供多元化的升学和就业通道，加大对职业院校和技工院校学生的奖补资助力度，不断提高职业教育吸引力。

在基础教育方面，要着力解决城乡发展不平衡、区域间发展不平衡问题，加快优质教育资源在区域内部均衡发展，进一步加强综合素质教育，培养学生的科学创新精神，继续巩固我国在基础教育领域的国际比较优势。经合组织（OECD）最近组织的一次国际学生评估项目（PISA 2018）显示，由北京、上海、江苏、浙江四省市组成的中国学生联队，与其他 78 个国家和地区的 15 岁学生相比，我国学生在阅读、数学和科学测试中表现优异，总成绩和单项成绩均位列第一，并且显著高于 OECD 国家平均水平。但是，北京和江浙沪等地是我国经济社会文化较为发达的地区，基础教育水平明显高于其他省市自治区。从全国和区域内部看，各地各校的基础教育发展水平差距依旧明显，人民群众对子女“有学上”到“上好学”的美好期盼日益强烈，亟需从促进教育公平的角度持续推动优质教育资源均等享受。此外，随着我国区域人口增减分化以及人口少子化发展趋势，要统筹应对基础教育短期供需不平衡和中长期发展失衡的挑战。

第二节　科技强国是建成社会主义现代化强国的关键

在 2021 年中国科学院第二十次院士大会、中国工程院第十五次院士大会、中国科协第十次全国代表大会上，习近平总书记指出，科技立则民族立，科技强国家强。党的二十大报告强调，坚持科技自立自强，坚持创新在我国现代化建设全局中的核心地位。加快实施创新驱动发展战略，坚持面向世界科技前沿、面向经济主战场、面向国家重大需求、面向人民生命健康，加快实现高水平科技自立自强。科技强国既是社会主义现代化强国的重要特征，也是我国迈向社会主义现代化强国的重要推动力。新时代统筹好“两个大局”，加快建成社会主义现代化强国，科技创新是其中的一个关键变量。

从研发投入看，我国研发经费支出在过去十年增长很快，近年来总投入稳居世界第二，且与位于全球第一的美国差距持续缩小。2013 年，我国研发经费总支出为 1.18 万亿元；2022 年提高至 3.09 万亿元，首次超过 3 万亿元。研发人员全时当量从 2013 年的 353.3 万人年增加至 2022 年的 604.1 万人年。基础研究经费在研发经费总支出中占比从 2012 年的 4.7% 逐年提高至 2022 年的 6.3%（见图 16-2）。但是和美西方国家相比，我国研发投入占 GDP 的比重以及基础研究投入占比仍显不足。2013 年至 2022 年，我国研发投入占 GDP 的比重从 2% 逐渐增加到 2.6%，仍然低于 2021 年美国（3.46%）、德国（3.13%）、日本（3.3%）、韩国（4.93%）和以色列（5.56%）等国的投入水平。就基础研究投入占 GDP 的比重而言，2021 年中国的数值为 0.16%，同比美国的 0.51% 还有较大差距，尤其考虑到美国在基础研究领域已有长期大量的投入。

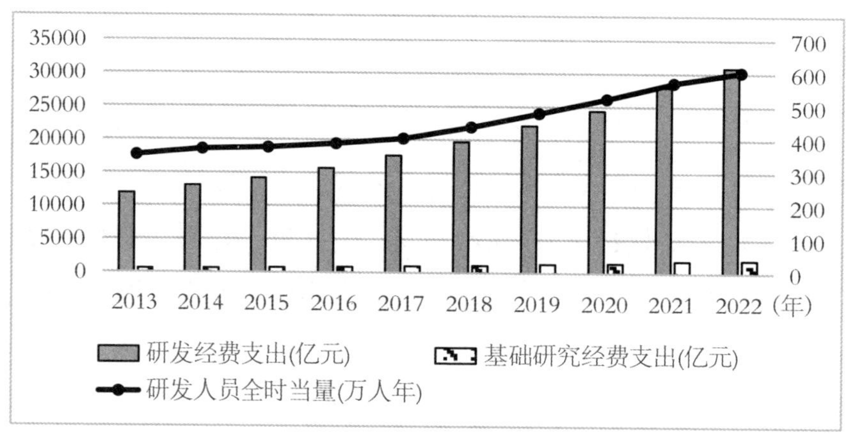

图 16-2　2013—2022 年我国研发经费支出和研发人员全时当量情况

数据来源：国家统计局。

从实践效果看，新时代科技强国建设取得一系列成就。一是布局建设和完善国家重大科技基础设施建设、科技基础条件平台、科技服务设施等，为高水平科技自立自强提供了重要物质基础。例如，2013 年，国务院发布了《国家重大科技基础设施建设中长期规划（2012—2030 年）》。截至 2023 年 2 月，我国已布局建设的国家重大科技基础设施建设为 77 个，其中 34 个已经建成并投入运行，总体规模和先进水平位居世界前列，在数量上仅次于美国。截至 2022 年底，我国正在运行的国家重点实验室为 533 个，国家工程研究中心 191 个，国家级科技企业孵化器 1425 家。二是在前沿科技领域取得一系列具有世界先进水平的研究成果。例如，澳大利亚战略政策研究所（ASPI）分析了 2018—2022 年全球发表的有较大影响力的科技论文，结果显示中国在 5G/6G、光通信、人工智能和算法、数据分析等领域居于全球领先地位，在机器学习和网络安全技术等领域也有较强的国际竞争优势。三是科技创新对中高端产业发展、国家重大工程及社会民生领域的支撑显著增强，经济高质量发展的创新驱动力持续提升。例如，2022 年我国拥有国家企业技术中心 1601 家，共有 762 家中国企业的研发投入位列全球企业 2500 强，高新技术企业约有 40 万家。2022 年我国技术合同成交额约为 4.8 万亿，其中企业的技术吸纳占到了 80%。2023 年 5 月，国产 C919 大飞机商飞首航成功，推动我国民航产业提质加速。随着我国新能源汽车相关技术的发展，2022 年中国新能源汽车销量 688.7 万辆（其中出口 67.9 万辆），销量已经连续 8 年位列世界第一。比亚迪 2022 年超过特斯拉，成为全球销量最大的新能源汽车品牌。截至 2023 年 1 月，比亚迪在全球设立了 30 多个工业园，生产的新能源汽车销往

70 多个国家和地区的 400 多个城市。四是关键核心技术攻关解决“卡脖子”问题取得一系列成果，综合创新能力不断提升。例如，近年来我国将“卡脖子”清单变为科技攻关清单，在芯片、航空钢材、激光雷达、铣刀、燃料电池等众多技术领域取得突破。根据联合国世界知识产权组织（WIPO）发布的全球创新指数报告，我国的创新能力和创新表现从 2012 年的第 34 位跃升至 2022 年的第 11 位。

从困难和不足看，科技强国建设面临的内外部约束条件较多，需要持续突破和长期努力。一是美西方不断升级对华技术打压和封锁，我科技创新的后发优势减少。长期以来，我国作为后发国家，能够借助先发国家的先进技术溢出效应，从而实现多个技术领域的跳跃式发展。但是随着我与美西方先发国家的互补性减少，竞争性加强，科技创新正在成为大国博弈的战略制高点。近年来，美西方国家通过联合盟友、长臂管辖、对华制裁、限制出口等方式不断升级对华技术封锁。例如，2022 年，美国商务部推出《出口管制条例》，禁止美国公民、永久居民、居住在美国的人和美国管辖下的公司支持中国的先进芯片开发或生产。

二是我从 0 到 1 的原发式科技创新能力较弱。在创新思维方面，我国在技术领域的“后发优势”导致我对国外先进技术的路径依赖，早年“造不如买、买不如租”的思维定势没有及时随着形势变化转变过来，较大程度上延缓了我技术自主研发和高水平科技自立自强的进程。在创新实力方面，我国在高端芯片、高性能计算、精工仪器、自然语言处理、重大装备制造、医疗设备、基础软硬件等领域仍与世界先进水平有较大差距，关键核心技术领域的“卡脖子”问题突出。

三是基础研究投入历史欠账较多，投入水平仍需提高。从基础研究投入占比来看，《2021 年全国科技经费投入统计公报》数据显示，我国基础研究投入占研发经费投入总量的 6.5%，OECD 数据库、美国国家科学基金会数据显示 2020 年美国和日本基础研究投入占研发经费投入的比例分别为 15.1% 和 12.8%，2019 年英国和法国基础研究投入占研发经费投入的比例分别为 18.3% 和 22.7%。

四是我国企业的研发支出规模和美西方国家企业相比仍有较大差距。根据欧盟委员会对全球研发投资金额最高的 2500 家企业的统计，尽管从规模看，中国企业的研发投入总额在 2021 年超过欧盟企业成为全球第二，上榜企业数量为 678 家，仅次于美国（822 家），但中国企业的总投入不及美国企业的一半。就头部企业而言，2021 年我国仅有华为、阿里、腾讯、中建 4 家企业的研发支出进入全球 50 强，上榜数量和企业研发投入总额均低于日韩、欧洲和美国，并且差距较为明显（见图 16-3）。

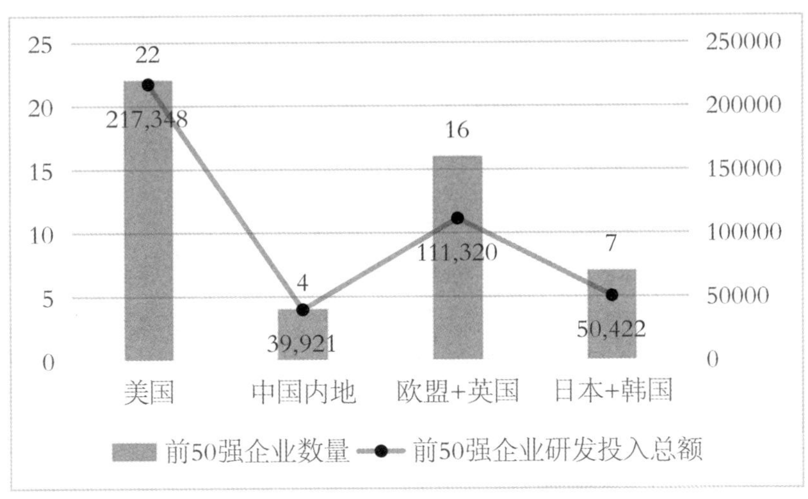

图 16-3　2021 年企业研发投入全球 50 强企业分国别地区情况

数据来源：European Commission, https://iri.jrc.ec.europa.eu/data。研发投入总额的单位为

百万欧元。

从战略重点看，科技强国建设要坚持问题导向和目标导向，着力突破美西方对我科技打压与封锁，加快占领国际科技竞争的战略高地，加快实现高水平科技自立自强。第一，以新组建中央科技委员会为契机，进一步加强党中央对科技工作的集中统一领导，持续加强党对科技工作的全面领导。继续深化科技体制改革，健全完善新型举国体制，更好统筹政府、国有企业、私营部门的资源与优势，大力促进国家科研机构、高水平研究型大学、科技领军企业开展科技创新合作，加快破题军民融合技术研发，加快构建有利于攻克"卡脖子"技术与原创性、颠覆性科技发明的国家创新体系。

第二，进一步加大各方面投入，完善优化科技创新的区域布局，加强科技基础能力建设，为打赢"卡脖子"技术攻坚战提供良好的基础条件。对标美西方科技发达国家的投入水平，持续加大我国研发投入力度，加快将我研发投入的 GDP 占比提高并稳定至 3% 以上。加快建设国际科技创新中心、综合性国家科学中心、区域科技创新中心，有效推动各种科技要素集聚协同，充分发挥国家实验室的引领作用，强化全国重点实验室体系、国家技术创新中心、产业创新中心、工程研究中心等平台的支撑作用。结合我国战略需求，围绕"卡脖子"技术等影响战略全局的科技，加快实施和谋划国家重大科技项目，更加有效利用国家重大科技基础设施，不断改进和创新科研组织方式，更好统筹推进区域、机构、平台、项目、设施等协同发展。

第三，强化企业科技创新主体地位，加快实现我重点科技产业自主、安全和可控的产业安全目标。鼓励各类企业开展科技创新，通过财政金融政策以及政府订单等措施支持企业更大力度提升研发投入，坚持普惠性政策与重点扶持政策相结合，对国有企业与民营企业一视同仁。积极回应内外资企业改善营商环境诉求，与其他国家做大共同利益蛋糕，为制度创新、科技创新、商业模式创新、管理创新等提供良好土壤。构建有利于科技领军企业、科技型骨干企业、科技型中小微企业共同成长的企业创新生态，大力推动企业主导的产学研深度融合，提高科技成果产业化应用水平，推动产业链创新链资金链人才链一体联动、协调发展。在产业创新方面从我国人多地少、人均资源占有量少、人口老龄化程度加深的基本国情出发，鼓励发展人工智能等节约劳动创新的同时，大力支持节约能源资源的技术创新，继续强化我成本低、性价比高的科技创新优势。

第四，坚持开放创新，充分发挥我在国际科技竞争中的比较优势，积极借鉴美西方发达国家及世界一流企业的科技发展经验，加强国际化科研环境建设，吸引国际科技人才来华工作创业的同时，进一步加强和扩大国际科技交流合作。充分利用我广袤国土、超大规模人口、强大国内市场、巨大内需潜力等独特优势，继续加强我与世界的经济与科技联系，谨防美西方“脱钩断链”使我科技创新陷入被动封闭状态。

第五，大力培育创新文化，鼓励原创与科学探索，弘扬科学家精神，营造有利于科技创新的社会氛围。加强对中小学生的科技创新教育，加大对科技明星和科创成就的宣传奖励力度，培育和涵养优良学风，增加对科创失败的容忍度。尊重科研机构和人民群众的首创精神与各类创新成果，进一步加强知识产权法治保障，大力支持全面创新。加大对基础研究的投入与支持力度，继续改革优化财政科技经费的分配使用以及科研项目的申报、评选和考核办法，挑选和支持真正有潜质、有热情、有能力和甘坐“冷板凳”的科研工作者。关心支持青年科研人员，努力为他们创造心无旁骛和无后顾之忧的科研与工作环境。

第三节　人才强国是国家发展和民族复兴的战略支撑

功以才成，业由才广。培养造就大批德才兼备的高素质人才，是国家和民族的长远大计。党的十八大以来，以习近平同志为核心的党中央将人才强国建设摆在治国理政的重要位置，将人才的重要性提高到战略高度，对人才事业发展的规律性认识持续深化。当前，我国已经开启全面建设社会主义现代化国家、向第二个百年奋斗目标进军的新征程，随着大国竞争及新一轮科技革命与产业革命的发展，围绕培养人才、使用人才、发现人才、引进人才的国际竞争空前激烈，人才资源正在成为提升我国竞争力与综合实力最重要的战略性资源，人才强国是国家民族事业发展的重要战略支撑，人才工作的重要性进一步凸显。

近年来，我国人才强国建设正在迈向量质双提升的高质量发展阶段，为我国的人口红利加快转变为人才红利提供了有力支撑。在有关人才的各种世界排名中，中国的名次整体都处于上升态势。例如，瑞士洛桑国际管理发展学院（IMD）的《世界人才排名报告》显示，中国内地的世界人才排名从 2012 年的第 50 位提高至 2021 年的第 36 位。

全球人才竞争力指数（GTCI）排名显示，中国2019年是第45位，2022年上升至第36位。在GTCI单项排名中，中国的正规教育更是高居世界第2位。从人才培养看，各级各类学校专任教师总人数在2022年达到约2000万人。近年来，我国专科及以上毕业生数量连年增长（见图16-4），2012年至2022年培养具有大专以上学历人才累计约1亿人。研发人员全时当量过去十年翻了近一番，2022年超过600万人年，规模连续多年位居世界首位。

但是也要清醒看到，与新时代、新发展理念、新发展格局的要求相比，我国人才工作还有很多可以改进提高的地方。一是人才供需的结构性矛盾突出，主要表现为高精尖人才与技能型人才短缺，同时近年来大学毕业生就业压力不断加大。在高精尖人才方面，我国科技创新的人才缺口较大，自主培养创新型人才的能力亟待提升。在技能型人才方面，随着新一代科技革命与产业转型升级，我国技能型人才“用工荒”的问题没有得到根本缓解。由于现阶段技能型人才社会认可度不高，亟须营造有利于技能型人才发展的良好社会氛围。与此同时，新冠疫情暴发以来，大学毕业生就业难以及热衷于考公考编的现象已经成为社会关注的热点。2022年我国高校毕业生人数首次超1000万；2023年，高校毕业生规模预计为1158万人。2023年3月，16—24岁青年调查失业率为19.6%，其中大学毕业生进入劳动力市场成为重要因素。二是收入分配和科研机构的人才导向不足，新的“脑体倒挂”现象与科研机构的行政化管理不利于激发人才创新活力。近年来，名校高学历毕业生进入中小学当老师，本科生研究生去送外卖和当滴滴司机，以及体制内科研机构人员辞职下海或出国等案例层出不穷，其中一个共性且突出的原因即是职业的收益分配机制未能充分体现创新

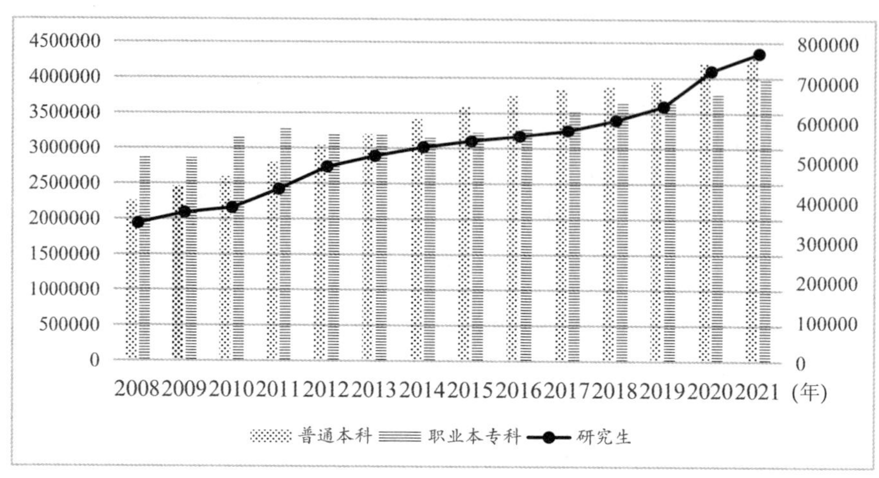

图 16–4　2008—2021 年全国专科及以上毕业生数量

要素价值。特别是身处一二线城市的青年科研人员，面临较大的生活压力，收入难以覆盖居高不下的生活成本。此外，不少公办的科研机构行政化色彩过浓，对科层制与行政权威的强调不利于激发创新，特别是很难吸引和留住青年科研人员。三是人才发展依旧存在不少体制机制障碍。例如，在人才引进和使用方面，年龄、地域等硬约束以及性别偏好、第一学历歧视等软约束十分普遍。在人才评价方面，唯论文、唯职称、唯学历、唯奖项、唯帽子等问题仍旧没有从根本上得到破解。高校和科研院所普遍强调量化成绩考核以及考核期内出成果，“非升即走”的压力逼迫科研人员追求“短平快”，不利于涵养厚实的学风，甚至引发恶性事件。在人才管理方面，尽管目前很多高校均拥有自主评定学术职称的权力，但是对高级职称设定人数限制，导致青年科研人员难评难聘、评而不聘的矛盾突出。在计算海外引进人才工龄时，很多公立的高校和科研机构没有将人才在境外攻读博士和境外全职工作时间计入工龄，因此未能兑现工龄工资和年休假等相关待遇。在人才流动方面，也存在不少体制机制障碍。例如，当前国内外以及国内不同地区、不同机构对人才的认定标准、职业资格等级和专业技术职称无法贯通，妨碍了人才的合理流动。对于境外人才的出入境和停居留政策，便利化水平也有待进一步提高。四是和美西方国家相比，在“聚天下英才而用之”方面还有不小的差距。长期以来，我对美西方国家的贸易顺差和人才逆差并存。特别是美国，一直吸引和利用了中国乃至全世界的优秀人才，真正做到了择全球人才而用之，从而增加了我在参与国际科技竞争和大国博弈时的劣势。以美国科学院和工程院院士为例，美国国家科学院2021年至2023年，总共新增选了21名华裔院士。2023年美国国家工程院院士增选，共有12位在美国大学、研究机构及企业工作的华人入选。从高科技产业人才来看，2022年福布斯全球亿万全球富豪榜数据显示，半导体行业全球第一富豪是美籍华人黄仁勋，创办了美企英伟达公司。计算机硬件领域全球第一富豪是美籍华人孙大卫和杜纪川，创办了美企金士顿公司。

立足于新时代人才强国的建设要求，围绕我国人才工作中的短板弱项，我宜进一步提高对人才强国战略重要性的认识，加快改革和完善人才政策体系，不断激发人才创新活力。第一，坚持党管人才原则，持续强化从政治和战略高度看待人才问题的工作意识。积极引导广大人才心怀国之大者、爱党报国、爱岗敬业，巩固和加强尊重人才、尊重知识、尊重创新创造的良好氛围。面向世界科技前沿、面向经济主战场、面向国家重大需求、面向人民生命健康，提升创新型人才和技能型人才的培养规模与质量，持续完善优化国家战略人才体系，加快培养更多大师、战略科学家、一流科技领军人才和创新团队、青年科技人才、卓越工程师、大国工匠、高技能人才等，着力解决高校毕业生就业难问题，提高人才使用效能。

第二，积极推进收入分配制度改革，加快形成充分体现创新要素价值的收益分配机制，引导和支持各地各机构建立青年友好型的科研薪酬待遇体系与管理模式。加大对科技创新人才在减税和保障房等领域的倾斜力度，加快大学和科研院所的管理制度改革，在薪酬待遇改革方面突出科研人员导向，进一步放宽科研经费使用限制，鼓励采用更适合激发科技创新的扁平化、去行政化等管理方式，努力提高科研行业对人才特别是青年人才的吸引力，培养大批“智本家”，不断扩大科研人员的中产阶层规模。

第三，加快开展人才发展体制机制改革，及时总结和全面推广改革经验。要以人才发展体制机制综合改革试点为抓手，抓紧破除在人才引进、使用、评价、考核、管理、流动等方面存在的各种障碍。积极探索全国主要城市和重点行业的人才环境综合评估，以评促改，加快人才发展体制机制的改革力度和速度。要深入研究、总结和推广华为等世界级企业的人才发展经验，在强化企业科技创新主体地位的同时，充分发挥企业在培养人才和吸引人才中的重要作用。华为在全球化过程中放眼世界、立足当地，根据人才所在地与研发需要，在中国国内设立若干研究所，在国外设立若干全球研发中心、全球联合创新中心等，就地取材、灵活用材，吸引集聚了全球各地大量的优秀人才，并通过强大的内训体系用优秀人才培养更优秀人才，通过高薪酬和员工持股计划等措施吸引留住人才，从而造就了华为的发展奇迹与国际竞争力。截至 2022 年底，华为共有研发员工 11.4 万名，在员工数量中占比超过 55%。

第四，实行更加开放的人才政策，吸引集聚国内和国外各方面人才，用好用活各类人才，促进人才合理有序流动，努力推动从“聚天下英才而用之”向“择全球人才而用之”加快转变。以北京、上海、粤港澳大湾区建设高水平人才高地为引领，以国内其他高层次人才集中的中心城市建设吸引集聚人才平台为支撑，加快将我国建成世界重要人才中心和创新高地。要打破人才的所有制和地域歧视，促进各类人才在不同所有制之间流转，加快建立有中国特色的人才“旋转门”制度。继续用好留学人才与归国人才，进一步加大全球引才力度，加快贯通国内外的职业资格等级与专业技术职称等人才认定标准，加快构建入境签证、停居留、永久居留、入复籍、融入服务全流程一体化的移民引才体系和服务管理模式。充分利用数字化技术与发展趋势，积极促进国内外人才交流与协同工作。

第四节　统筹推进教育强国、科技强国、人才强国一体发展

在 2023 年中共中央政治局第五次集体学习时，习近平总书记指出：建设教育强国、科技强国、人才强国具有内在一致性和相互支撑性，要把三者有机结合起来、一体统筹推进，形成推动高质量发展的倍增效应。这为新时代推动教育、科技、人才工作形成“1+1+1>3”的发展局面提供了重要理论指导与根本遵循。

一是坚持系统思维，深刻认识和把握教育强国、科技强国、人才强国之间的密切联系，在此基础上加快推进三者协同发展，更好地服务高质量发展，更有力推动社会主义现代化强国建设与实现中华民族

伟大复兴。从三者的关系看，教育强国是科技强国、人才强国的重要基础。科技强国、人才强国是教育强国建设的重要目标，而且也为教育强国提供重要支撑。人才强国既是教育强国与科技强国的重要基础，也是教育强国和科技强国的发展成果。科技强国建设能为教育强国和人才强国提供较好的发展条件，同时也依赖教育强国和人才强国的发展成果。教育、科技、人才三者的有机联系与相互影响，决定了必须要坚持教育优先发展、科技自立自强、人才引领驱动三者统筹推进和协同发展。

二是坚持用新发展理念指导教育强国、科技强国、人才强国的协同发展，用高质量发展统领教育、科技、人才工作。在一体统筹推进教育强国、科技强国、人才强国建设时，要加强机构改革与管治协同，完整、准确、全面贯彻创新、协调、绿色、开放、共享的新发展理念。在教育强国和人才强国方面，要特别突出创新引领、区域协调、开放发展、社会共享。在科技强国方面，要特别突出创新引领、区域协调、生态环保、开放发展、社会共享。要充分发挥教育、科技、人才工作在推动高质量发展中的引领作用。要突出教育强国在人口高质量发展中的战略地位，全面提高人口综合素质。要突出科技强国和人才强国在经济高质量发展中的关键作用，在教育强国的基础上统筹推进中国式现代化。

三是坚持统筹发展和安全，加快构建新发展格局。教育强国、科技强国、人才强国既与发展问题密切相关，也深刻影响国家总体安全。在教育强国建设过程中，要守护好意识形态领域安全，坚持为党育人、为国育才，全面提高人才自主培养质量。在科技强国建设过程中，要积极防范和化解“卡脖子”问题影响我科技与产业安全，加快实现高水平科技自立自强。在人才强国建设过程中，要注意维护人才安全，减少人才流失，着力造就拔尖创新人才。在安全基础上，坚持用好国内国际两个市场、两种资源，将教育强国、科技强国、人才强国融入到以国内大循环为主体、国内国际双循环相互促进的新发展格局之中，推动新发展格局的加快形成。

第十七章

横空出世看深圳[1]

在珠江口东南岸，矗立着一座现代化大都市——深圳。2007 年，地区生产总值达 6765 亿元，地方财政一般预算收入 658 亿元，在全国大城市中分别居第四位、第三位；出口总额 1685 亿美元，获得国际专利 2480 项，均居各城市第一位。面对这个充满生机与活力、拥有上千万人口的特大城市，有谁能想象，29 年前这里曾是一个只有几万人口的边陲小镇！

是什么力量把这座年轻城市魔术般地呼唤出来？凡是了解她历史的人都会回答：是党的改革开放政策。深圳于 1979 年 3 月设市，1980 年 8 月设立经济特区，她为改革开放而生，伴随改革开放成长。深圳 29 年的发展成果，是党的改革开放政策结出的硕果。1978 年 12 月召开的党的十一届三中全会吹响了改革的号角。设立经济特区，在困境中杀出一条血路，探索改革开放的经验，成为党中央的一个重大

---

① 本文原载于 2008 年 11 月 10 日《人民日报》，署名为中国特色发展之路课题组赴广东深圳市调研组。调研组组长：郑新立。执笔人：白津夫。在改革开放三十周年时，由时任总书记胡锦涛圈定了 18 个先进地区，由中央机关的同志组成调研组，分别调研后写出总结经验的报告。本文是其中的一篇。收入本书时，除将原标题改为章节外，其余未做改动。

决策。在全国改革开放大局中，深圳作为一个试验田，几代中央领导同志都倾注了大量心血。邓小平同志是设立经济特区的倡导者，在深圳发展的关键时刻两次亲临视察。1984 年 1 月，当人们对经济特区还存有一些疑虑的时候，邓小平同志视察深圳并题词：“深圳的发展和经验证明，我们建立经济特区的政策是正确的”，这坚定了深圳办好经济特区的信心。1992 年初，邓小平同志再次到深圳视察，高度评价“深圳的重要经验就是敢闯”，明确肯定经济特区姓“社”不姓“资”，要求深圳在改革开放中要“大胆试验，大胆地闯”，要“搞快一点”。江泽民同志作为经济特区的创办人之一，曾 14 次到深圳。1994 年 6 月江泽民同志视察深圳时，重申中央发展经济特区的决心不变，对经济特区的基本政策不变，经济特区的地位和作用不变，勉励深圳“增创新优势，更上一层楼”。1995 年 12 月，江泽民同志视察深圳时强调，要更好地发挥深圳经济体制改革的“试验场”作用，对外开放的“窗口”作用，对内地的示范、辐射和带动作用，对保持香港繁荣稳定的促进作用，为深圳的发展进一步指明了方向。党的十六大以来，以胡锦涛同志为总书记的党中央高度重视经济特区建设。2005 年 8 月，胡锦涛同志到深圳视察，要求深圳“加快发展、率先发展、协调发展”，鼓励经济特区要继续发挥“试验田”和“示范区”作用，在制度创新和对外开放方面走在前面，为全国提供更多的有益经验。党中央的关怀和支持，使深圳干部群众的思想得到一次次大解放，激发出了无穷的创造智慧和巨大热情，吸引了全国各地的有志青年，像当年奔赴延安那样来到深圳创业发展，为祖国的现代化施展才华，建功立业。这 5 次重要讲话，可以说起到了点石成金的效果，被当地群众称之为深圳改革发展史上的“5 个春天”。

深圳奇迹的创造，是中国特色社会主义伟大实践的一个闪光点，是证明中国共产党执政能力的一篇杰作。深圳的成功主要取决于以下5个方面。

第一节 抓住经济全球化机遇，从“引进来”到“走出去”

开放是深圳的发展之源，深圳所走的道路始终是以开放促改革促发展之路。深圳能有今天的发展局面，首先得益于在不断扩大开放中抓住机遇、用好机遇，从“引进来”到“走出去”经历了4个趋势性变化。

一是以吸引港资为主到外资来源全球化。深圳开放起步于大规模引进港资，利用毗邻香港的区位条件和经济特区的政策优势及发展空间，首先把开放的视角对准香港，以吸引港资为主，逐步扩大外资来源，从最初的十几个国家，到2007年扩大到90多个国家和地区。

二是从“三来一补”到企业“走出去”。深圳外向型经济从“三来一补”起步，首先引进一批“三来一补”企业，形成出口加工能力，奠定经济发展的初步基础，随后发展中外合资、合作企业和外商独资企业，发挥外资的溢出效应，培育有国际竞争力的本土企业，积极参与国际市场竞争。从“引进来”到“走出去”，深圳已成功实现了这一历史性转变。以华为、中兴、中集、康佳为代表的一大批深圳企业率先勇敢地“走出去”，开拓国际市场，利用全球资源，获得了新的发展机遇。到2007年底，深圳已设立境外企业和机构436家，累计投资21.5亿美元，遍及80多个国家和地区。

三是从内向型联合到外向型联合。深圳对内开放与对外开放同步推进，以“内联”为主要形式，先后与中央 40 多个部门和 29 个省区市合办了 3900 家内联企业，实际投入 36 亿元。1987 年以前，主要是内地向深圳单向投资，1987 年以后，深圳加大双向投资、外向发展的力度，以产品加工、贸易、科技成果、资金和其他资源为纽带，通过内地、深圳、海外“三点一线”的联合模式，共建出口加工基地，携手走向国际市场，使深圳和内地的出口规模迅速扩大。

四是从利用“香港因素”到深港紧密合作。经济特区建立初期，正是由于积极利用了“香港因素”，与香港建立了“前店后厂”的产业合作关系，实现了深圳的崛起。为了推动深港合作向纵深发展，2004 年 6 月，深圳与香港建立起深港政府间重大事项协商沟通机制，口岸和跨界基础设施合作不断加强，经贸、科技、教育、金融、旅游以及城市管理等领域的合作不断深化。2007 年 5 月，深圳与香港正式签署“深港创新圈”合作协议，提出了共建世界级大都市的目标。

第二节　敢为天下先，探索社会主义市场经济新体制

深圳以敢为天下先的精神，围绕建立和完善社会主义市场经济体制目标，进行了一系列大胆的实践和探索，一些重大改革首开全国之先河，为深圳经济发展注入了持久的活力。

一是坚持市场取向改革，率先构建市场经济新体制。从经济特区成立开始，深圳选择市场取向的改革，义无反顾地走市场经济之路，建立以市场调节为主的经济运行机制。20 世纪 80 年代初，当全国还

在争论计划和市场关系时，深圳就提出了“四个为主”，即建设资金以引进外资为主，经济成分以发展外资企业为主，经济运行以市场调节为主，产品销售以外销为主。率先在全国建立起市场经济的基本体系和运行机制，使市场在资源配置中的基础性作用充分发挥。

二是改革土地管理体制，推进土地使用市场化。深圳以推进土地有偿使用为重点，率先进行土地管理体制改革。1980 年，深圳签订了第一个土地有期有偿使用协议书。1987 年，深圳率先采取土地使用权公开拍卖、公开招标、协商议价等 3 种有偿让渡方式，允许土地使用权的转让、再转让和抵押。国有土地使用权的公开拍卖，开创了我国国有土地商品化经营的先例。

三是改革劳动用工制度，促进人力资源市场配置。深圳率先实行招聘录用、竞争上岗、合同用工，首开劳动力商品化的先河。首先在三资企业对新招工人采用劳动合同制，以后又有步骤地对全市所有企事业单位新招工人实行合同制。1983 年 8 月，深圳市颁布了条例，劳动合同制以制度形式确定下来。深圳还建立了企业自主用工制度，并相应地建立起劳动力市场和人才智力市场，促进人力资源在市场中实现合理配置。

四是推动金融体制改革，完善金融市场体系。首先是适应大量引进外资和进出口贸易的需要，率先进行外汇管理体制改革。1985 年在全国率先建立外汇调剂中心，形成外汇双轨制，在计划用汇之外，通过市场调剂解决合法用汇问题，缓解了外汇供需矛盾。其次是适应外向经济发展的要求，积极兴办各类金融机构。1982 年 1 月，深圳引进了全国第一家外资银行——南洋商业银行深圳分行。1986 年兴办了深圳发展银行。目前，深圳有金融机构 160 多家，其中外资金融机构38家，有力地支持了深圳的建设和发展。再次是适应经济发展需要，发展多层次资本市场。1990年成立深圳证券交易所，发行第一张股票，吹响了我国发展股份制企业和资本市场的前奏。到2007年末，深圳证券交易所上市公司已达670家。

五是推进国有企业改革，建立国有资产监管体制与运营机制。在经济特区初建时期，实行了以增强企业活力为重点的改革，在放权让利的同时，探索企业承包制，推动经营机制转换。同时，进行股份制改革探索，把一部分国有企业改造为股份制企业，或者直接成立股份公司，推进股权多元化，建立法人治理结构。同时，积极推行产权交易，促进产权在各类经济主体间合理流动。与国有企业改革相适应，深圳最先探索建立国有资产监管体制和运营机制，建立了国有资产委（办）、资产经营公司、国有企业3个层次的国有资产管理体制。2003年以来，深圳进一步对国有资产监管体制进行改革，强化国资委的出资人职能，简化国有资产管理层次，完善国有资产监管体系。深圳国有资产管理体制的先行改革，为后来全国的改革提供了样板。

六是推进行政体制改革，提高行政执行力。经济特区建立以来，深圳就坚持探索建立"小政府、大社会"的行政管理体制，先后进行了7次行政体制改革，4轮行政审批制度改革，初步建立了精干、高效的政府架构，有效地提高了行政执行力。其中影响较大的有：一是在全国较早探索实行职能有机统一的大部门体制。按大行业、大系统综合设置机构，形成了"大贸工、大交通、大文化、大城管、大农业"的管理格局，减少了协调成本，提高了行政效率。二是建立了一套比较完整的行政责任体系，在全国率先开展了政府绩效评估试点，推行部门责任"白皮书"制度，在政府效能建设上迈出重要步伐。三是减少行政审批事项，优化审批流程，缩短审批时间，提高服务效率。自1997年起，深圳在全国率先开展行政审批制度改革，通过3轮改革，全市审批、核准事项减少了60%左右。2006年又启动第四轮改革，非行政许可审批和登记事项从697项减少到348项。

第三节　大力发展高新技术产业，推进产业结构优化升级

深圳几乎从零起步，在十几年的时间里，迅速建立起以电子信息业为主的高新技术产业，走出了有深圳特色的产业发展之路。统计显示，1991—2007年，高新技术产业以年均超过40%的速度增长，2007年的产值达7599亿元，占工业总产值的54%左右。其中，具有自主知识产权的高新技术产品产值4400多亿元，占全部高新技术产品产值的58%。深圳高新技术产业能实现跨越式发展，关键在于抓住了以下环节：

一是敢于把高新技术产业确定为产业发展目标。深圳发展的前10年，经济规模急剧扩大，但低水平的加工贸易居主导地位、经济效益不高。面对这一现实，深圳及时调整发展战略，抓住国际电子信息技术产业兴起的机遇，不失时机地选择高新技术产业为目标。顶着“三来一补”企业向周边地区迁移、工缴费大幅下降的压力，力促“三来一补”产业优化升级。这是决定深圳经济命运的重大决策。正是由于在决策上注重长远发展，而不是短期行为，确立了正确的产业发展目标，才会有今天以高新技术产业为主的产业格局。

二是持之以恒、百折不挠地朝着发展目标奋进。1990年，从第

一次市党代会提出以“高科技产业为先导”起，历次市党代会始终如一地坚持以发展高新技术产业为目标，不为任何风险所惧、不被任何干扰所惑，推动从“深圳加工”“深圳制造”到“深圳创造”。认识与行动的高度一致和政策的连续性，是深圳高新技术产业越做越大的重要保证。

三是加大政策支持力度。政府掌握的财政资金通过贷款贴息、贷款担保、资本金补助和奖励等方式向高新技术产业倾斜，引导越来越多的社会资金和外资投向高新技术产业。此外，在土地、厂房等资源配置上向自主创新的高新技术产业倾斜，努力营造适宜高新技术产业发展的硬环境和软环境。仅 2006 年就为大族激光、迈瑞等 20 家自主创新高新技术企业提供用地 16.4 万平方米，建筑面积 60 万平方米。

四是培育高新技术产业集群。通过建设高新技术产业园区和高新技术产业带，培育高新技术产业发展基地，促进高新技术产业集群发展，不断完善高新技术产业链。目前，深圳高新区已经形成了从移动通信、程控交换到光纤光端、网络设备的通信产业群；从集成电路设计、嵌入式软件到系统集成软件的软件产业群；从检验试剂、基因疫苗、基因药物到医疗器械的医药产业群。

五是着力培育高新技术产业的核心企业。注重培育具有行业领先优势的龙头企业,通过这些企业率先发展,带动整个产业发展。近年来,一大批民营科技企业迅速成长起来。如怡化电脑、诺亚舟科技、格兰达技术、傲冠电脑、繁兴科技、海洋王、开立科技和纳微科技等 8 家深圳土生土长的民营企业，均已把市场份额做到了所属行业的国内第一，其中有 4 家企业 2006 年销售额突破 6 亿元。

第四节 鼓励企业成为创新主体，努力建设创新型城市

深圳建立了以市场为导向、以企业为主体、以国内高等院校和科研院所为依托、官产学研资介相结合的研究开发体系，自主创新能力不断增强。

一是建立以企业为主体的创新体系。形成“四个90%以上”的格局，即：90%以上的研发机构设立在企业，90%以上的研发人员集中在企业，90%以上的研发资金来源于企业，90%以上的职务发明专利出自于企业。经过多年发展，深圳从事高技术产品研发生产的企业有3万多家，企业自主创新蔚然成风。

二是建立以风险投资和贷款担保为主的政府支持体系。“十五”期间，深圳财政性科技投入82亿元，其中通过风险投资等方式资助企业自主创新活动的资金占85%，带动企业投入研发经费400多亿元。深圳还积极发展贷款担保支持自主创新。1994年由政府出资成立的高新技术产业投资担保公司，专门在企业创新创业初期进行投资或提供贷款担保，为1800多家企业提供了担保服务，担保项目2000多个。目前具有一定规模的高技术企业，90%以上都在早期接受过风险投资或贷款担保的支持。在接受担保贷款的企业中，90%以上是第一次借款。1999年，深圳又成立了由政府控股的创新投资公司，专为企业的创新创业活动进行风险投资。目前该公司已支持企业100多家，其中90%以上为创新型科技企业。

三是大力推动产学研结合。深圳大力加强公共研发、公共技术、

公共检测、公共信息等开放平台建设，高度重视同国内外高等院校和科研机构的联系与合作，建立起以企业为主体、以市场为导向、以产业化为目标的产学研结合的创新体系，有效支撑了持续创新。鼓励企业与国内外的高校、科研机构建立互利互惠的市场化协作关系，通过成果转让、委托开发、联合开发、共建开发机构和科技型企业实体等，开展多种形式的产学研合作。产学研的有机结合不仅为深圳培养了一批创新型人才，而且“孵化”出大量科技企业。据不完全统计，近年来，深圳创建的虚拟大学园共建立不同类型科技企业“孵化器”8家，在孵企业600余家，孵化科技企业276家，转化科研成果217项。

四是探索多种创新路径。（1）“学习创新”路径。深圳一部分民营企业学习外资企业的技术，通过消化、创新，拥有自己的知识产权，逐渐发展壮大，有的甚至超过了竞争对手。2.“配套生产”路径。在为外资企业提供配套零配件的过程中，深圳一些民营企业从简单技术和工序的组装，发展到辅件、一般零部件、主要零部件、关键零部件乃至整机的加工制造，逐步由市场“配角”成长为“主角”，有的甚至取代了同行业中原有的外资企业。（3）“市场挤占”路径。加工贸易以出口为导向，拥有稳定的市场销售渠道，这为民营企业迅速切入市场、发展壮大提供了机会。深圳一些民营企业就是在与外资企业的合作过程中，逐步掌控了市场销售渠道，最终挤占了外资企业的销售市场而成长壮大。（4）“股权扩张”路径。深圳一部分加工贸易企业的中方投资者，通过购买合资企业外方股权，先实现自主设计研发（ODM），然后进一步向自有品牌（OBM）升级，最终成为内资控股的高科技企业。（5）“逆向并购”路径。一般来说，发展中国家的企业拥有市场、资源优势，发达国家企业则拥有技术、管理优势，通过“逆向并购”，拥有发达国家企业的知识产权，是发展中国家企业技术进步和发展的捷径。深圳一些企业正是通过这种“逆向并购”迅速发展起来。

五是努力构建有利于自主创新的环境。（1）融资环境。深圳除了政府出资支持科研开发外，还积极探索新的融资方式，如财政资金选择存放银行与其对民营企业贷款挂钩、企业通过联保互保实行捆绑申请贷款等方法，以争取更多的银行资金支持自主创新。（2）人才环境。深圳相继发展了人才市场、经理人市场，同时加大人事、分配制度改革力度，形成了有利于优秀人才脱颖而出、人尽其才的有效机制，一大批国有企业技术骨干、海外留学人员纷纷聚集在深圳。在一个千万人口城市中，各类创新人才有百万之众。（3）法制环境。深圳先后制定和实施了 50 多个有关鼓励自主创新和发展高新技术产业的规范性文件，如知识产权价值评估和技术入股的条例等，基本形成了支持自主创新的完备的法规体系。（4）人文环境。深圳牢固树立以人为本的思想，高标准地建设科技、教育、文化、卫生、体育综合设施和生活后援设施，营造“鼓励创新、宽容失败”的创新环境，努力使深圳成为创新的乐园，创业的热土。

六是自主创新与建设创新型城市相结合。推进自主创新，建设创新型城市，这已经成为深圳市的重大战略。深圳市委、市政府《关于实施自主创新战略建设国家创新型城市的决定》，把增强自主创新能力作为城市发展的主要支撑，通过扶持具有自主知识产权的优势产品、产业和企业，加快提升城市竞争力；通过建设创新型城市，推动企业自主创新，带动经济发展方式转变。

第五节　坚持中国特色社会主义理论体系，不断提高党的执政能力

深圳经济特区所以能越办越好，关键是坚持理论指导，坚持党的领导，坚持不懈地解放思想，始终不渝地改革创新，持之以恒地追求发展，矢志不移地坚持前进的方向。

一是不断解放思想，敢闯敢试敢探索。解放思想，实事求是，与时俱进，是中国特色社会主义理论体系的灵魂，是我们成就各项事业的法宝。深圳发展取得的成果，根源于对党的解放思想、实事求是、与时俱进的思想路线理解比较深、把握比较准、行动比较自觉。正是由于掌握了解放思想这把利器，深圳才能够通过改革创新，闯出一片新天地。深圳发展的实践表明，只有坚持不断地解放思想，才能拓宽思路，打开眼界，破除障碍，创新发展。解放思想永无止境，靠解放思想深圳已“先行一步”，继续先行下去，还要继续解放思想。

二是认准方向不动摇，一以贯之地坚持下去。从深圳经济特区建立一开始，中央就赋予其为经济体制改革探索道路的任务。在经济特区建设和发展过程中，对经济特区朝什么方向走、怎样走，曾出现姓“社”姓“资”的争论，也出现过这样那样的干扰。在这些是是非非面前，深圳人不为所动、不被干扰，坚定信念和信心，坚持按既定目标走下去。深圳的历任领导班子，能够保持目标的一致性和政策的连续性，把改革创新的接力棒顺利交接，把改革精神传递下去。正是有了这种执着，才会有今天的成果。

三是坚持协调发展，破解发展难题。深圳经济特区走的是迅速扩张之路，在短短的时间里，经济成千倍、人口成千万增长，带来一系列新的问题。如何处理好经济发展与社会建设、经济发展与环境保护、经济发展与改善民生、经济发展与文化建设等关系，是深圳发展必须解决的重大课题。在这方面，深圳坚持协调发展的思路，提出加快社会发展，建设“和谐深圳”；转变发展模式，建设“效益深圳”；发展循环经济，建设“绿色深圳”；以提高生活质量为重点，促进人均财富、居住条件、环境质量、平均受教育程度等达到新的水平；以“开拓创新、诚信守法、务实高效、团结奉献”为主题，塑造城市文化。这些富有新意的重要举措，有助于深圳破解发展难题，实现科学发展与社会和谐。

四是发挥党的领导核心作用。事业兴衰，关键在党。深圳所有成就的取得，都是党的正确领导的结果。从经济特区始建起，党的领导核心作用就无处不在。在把握发展方向上，深圳的重大发展战略，都是在党组织的领导下，经过科学论证提出的，并通过市党代会确定为指导方针。在班子建设上，以“务实、和谐、善政、廉洁”为目标，全面加强领导班子建设。在基层组织建设上，突破“单位建党”的单一模式，按照属地管理原则，积极探索“社区党建”，哪里有党员，哪里就有党的组织。在队伍建设上，以健全反腐保廉体系为重点，大力实施“阳光工程”，重大决策和经济事项，凡能公开的一律向社会公开，防止腐败行为在经济特区建设中滋生和蔓延，走出了一条从源头上治理腐败的新路子。经济特区建立以来，面对大规模投资建设所涉及的人钱物关系，深圳从领导班子到干部队伍，没有出大的问题。连外商也不无叹服地说：这样大规模建设，没有出现大的腐败问题，这只有共产党领导才能做得到。

当前，深圳正处于改革发展关键时期，面临新的发展机遇，也面临新的挑战。土地、资源、人口和环境的约束已近极限，30 年来快速发展累积的矛盾和问题将集中显现。面对挑战，深圳按照科学发展观的要求，提出未来经济社会发展“三步走”目标：

第一步：到 2010 年基本实现现代化，全市地区生产总值达到 10000 亿元，人均地区生产总值达到 1.2 万美元左右；

第二步：到 2015 年，在率先基本实现社会主义现代化的基础上，把深圳建设成为重要的区域性国际化城市。全市地区生产总值达到 1.5 万亿元，人均地区生产总值达到 1.5 万美元左右；

第三步：到 2020 年，建成亚太地区有重要影响的国际高科技城市、国际物流枢纽城市、国际金融贸易和会展中心、国际文化信息交流中心和国际旅游城市。全市地区生产总值达到 2 万亿元，人均地区生产总值达到 2 万美元左右。

春风又唤南海潮。党的十七大吹响了新一轮改革开放的号角，深圳又迎来发展的春天。相信在党的十七大精神指引下，深圳人民继续团结奋斗，深圳的明天会更好。

第十八章

中国式现代化的苏州实践

苏州历史悠久，向来是经济、文化发达的富庶之地。改革开放以来特别是党的十八大以来，苏州坚持以习近平新时代中国特色社会主义思想为指导，抢抓机遇，奋发作为，践行新发展理念，争创国家对外开放桥头堡和各类改革试验基地，取得了经济发展、生态保护、城乡统筹、社会进步全面提升的成绩。2022 年，苏州市经济总量位居全国大城市第六位，人均 GDP 位列超大型城市第四位，工业增加值位居全国城市第一，成为长三角城市群经济发展的重要引擎和全球制造业中心。苏州的发展始终得到中央的关怀和支持。早在 1983 年，邓小平同志视察苏州，对苏州的改革发展成效高度称赞，鼓励苏州在全国实现小康中发挥示范作用。2009 年习近平同志提出“像昆山这样的地方，包括苏州，现代化应该是一个可以去勾画的目标”。2012 年又明确要求苏州“为中国特色社会主义道路创造一些经验”。2014 年习近平总书记视察江苏时再次强调苏州要勾画现代化目标。2020 年赋予江苏“争当表率、争做示范、走在前列”的光荣使命。2023 年 6 月，习近平总书记在考察苏州时充分肯定苏州改革发展取得的成就，指出“苏州在传统与现代的结合上做得很好，不仅有历史文化传承，而且有高科技创新和高质量发展，代表未来的发展方向”，对苏州未来发展寄予殷切期望，赋予苏州在科技创新上取得新突破、在强链补链延链上展现新作为、在建设中华民族现代文明上探索新经验、在推进社会治理现代化上实现新提升的重大任务。苏州人民不负中央领导重托，经过改革开放 45 年的奋斗，在中国式现代化道路上取得了突出成就，在诸多方面形成了堪称表率的特色。苏州改革开放的经验和发展模式，对全国特别是广大中西部地区具有示范借鉴意义。

第一节　发扬敢想敢干创业精神，实现经济腾飞

改革开放以来，苏州经济社会发展取得了巨大成就。2022 年，全市实现地区生产总值 2.4 万亿元，一般公共预算收入 2329.2 亿元，规上工业总产值 4.36 万亿元，进出口总额 2.6 万亿元、位居全国第四，新增境内外上市公司 29 家、总数达到 247 家，其中科创板上市公司 50 家、位居全国第三。苏州以不足千分之一的国土面积，贡献了约占全国 1/50 的经济总量，1/25 的实际使用外资，1/16 的进出口总额，主要经济指标都位于全国各大城市前十。

苏州能够实现跨越式发展，主要在于认真贯彻落实党中央的各项方针、政策，充分发挥各级干部群众的积极性、主动性、创造性，坚持敢想敢干敢闯的创业精神，艰苦奋斗、拼搏进取，不失时机地抓住机遇，积极率先改革，不断扩大开放，充分利用区位优势，在

鼓励本地企业发展的同时，大力吸引外资和全国各地的劳动力、资金等要素集聚，推动了经济社会的快速、协调、持续发展。40多年来，苏州利用毗邻上海优势，与上海协同当好长三角核心，吸引了上海大量的人才和企业转移。苏州经济起飞得益于利用上海“星期天工程师”兴办乡镇企业，苏州经济腾飞得益于广泛吸纳新加坡、日本、德国、美国以及我国台湾和香港企业的转移，实现了产业的上档升级，成为我国接受先进产能转移的重点地区，成为全国加工贸易重点地区以及全球先进制造业研发生产基地。近年来，苏州积极融入长三角一体化、省内区域协调发展和上海大都市圈建设，持续推进虹桥国际开放枢纽北向拓展带、长三角生态绿色一体化发展示范区、G60科创走廊建设，坚定不移推动改革、开放与体制创新、科技创新，加快调结构、促转型，做大做强做优实体经济这一苏州经济的根基和特色。截止目前，苏州已经拥有工业35个大类、167个中类和489个小类，有16万家工业企业，世界500强企业建设项目400多个，是中国制造业体系最完备的城市之一，全市千亿级产业达到11个。

张家港市是苏州艰苦创业，实现经济高速发展的一个典型案例。张家港市上世纪80年代还是长江边的一个荒僻沙洲，比较落后。时任张家港市委书记秦振华带领全市干部群众发扬“团结拼搏、负重奋进、自加压力、敢于争先”的“张家港精神”，创造了发展奇迹，成为全国第三个GDP突破3000亿元的县市、中国创新百强县第二位、中国高质量发展十大示范县市。江苏沙钢集团就是在张家港市成长起来的世界500强企业，创业初期只是一个小厂，经过40年快速滚动发展及联合重组，目前已拥有5大生产基地，分布江苏、辽宁、河南等地，钢铁系列产品远销全球100多个国家和地区，广泛应用于基础设施建设、工业生产、高端装备、民生消费等多个领域，成为世界知名的钢铁材料制造和综合服务商。2022年沙钢集团在苏州本土公司实现产值1091.65亿元，完成销售收入1167亿元，实现利税总额38.54亿元。

吴江区盛泽镇是苏州经济腾飞的又一个典型案例。盛泽镇上世纪80年代初只有3万人，后来抓住改革开放机遇，迅速崛起了一批乡镇企业，促进了丝绸纺织企业集聚发展。40多年来盛泽镇经济不断发展壮大，现已拥有50万人口，成为我国乃至全球丝绸纺织品生产基地和产品集散地。目前该镇90%的企业深耕纺织产业，不断延长产业链，涌现出恒力和盛虹两个专搞石油化工的世界500强企业，形成了誉满全球的“盛泽现象”，盛泽镇东方丝绸市场每天发布的交易指数成为影响全球纺织品市场的晴雨表。

第二节　坚持谋新求变的精神，促进创新发展

习近平总书记深刻指出，中国式现代化关键在科技现代化。苏州市始终以与时俱进、谋新求变的精神，推进全域全方位多层次创新发展。苏州在科技创新、高质量发展上走在了全国前列，2022年苏州市研发投入近千亿、占GDP比重近4%，高新技术企业总数达1.35万家，高新技术产业产值占规上工业总产值比重达52.5%。习近平总书记2023年6月在苏州考察时，表示“值得看，看了让我对实现高水平科技自立自强有了底气”。

一、依托各类国家级科技园区，大力推进科技项目研发、孵化和产业化发展

苏州依托各类园区，搭建服务平台，争取国家级重大科技项目落地苏州，集中资金投入科技研发和科技项目产业化，吸引科技创新人才和企业等不断集聚发展，成为我国重要的科技创新基地和创新能力强的城市。截止目前，苏州连续获批建设国家新一代人工智能创新发展试验区、国家生物药技术创新中心、国家第三代半导体技术创新中心。与国家航天局深度合作，打造航空航天产业基地。国家超级计算昆山中心是全国 8 个超级计算中心之一，英诺赛科苏州第三代半导体基地是全球最大 8 英寸氮化镓工厂，苏州工业园区生物医药产业竞争力、人才竞争力排名全国第一。苏州实验室、深时数字地球国际大科学计划、国家新一代人工智能创新发展试验区等一批重大科创平台纷纷落地，全国 C9 高校在苏州全部实现了重大布局。苏州拥有 4 个国家级高新区，在苏南国家自主创新区中数量最多、排名最高，苏州工业园区位居全国第五位。

二、苏州大力推进科技集群创新，不断提高科技资源配置能力

近年来，苏州发挥先进制造业比较优势，围绕电子信息、装备制造、生物医药、先进材料等产业创新集群，大力引进大院大所，主动对接上海科技创新资源，坚持科技创新和制度创新双轮驱动，推动共建长三角 G60 科创走廊、环太湖科创圈、吴淞江科创带等，推动苏州与

长三角地区的科技创新与产业发展深度融合，着力推动产业链供应链资金链人才链加速融合，通过发挥协同创新优势，打造更加紧密的科技创新共同体，加快科技创新速度，提高科技创新效率。苏州高度重视发展数字经济，近年来在央行数字货币流通、科技金融、工业互联网、政务管理、医疗等多个领域探索了40余个典型应用场景。2020年5月，苏州成为全省首个也是目前唯一的区块链产业发展集聚区，拥有区块链相关企业62家。

三、苏州营造良好环境，吸引优秀的海内外高端科技人才

人才是核心竞争力，苏州制定优惠政策，创造良好环境，吸引海内外优秀人才来苏州发展，为苏州经济社会发展提供了强大的人才保障。截止目前，苏州有262人入选国家级重大人才计划，位居全国地级城市首位，其中创业类人才135人，约占全国总数的14%、全省总数的46%。2020年，苏州新增省双创人才129人，新引进外国人才2499人。在高新技术产业发展方面，苏州生物医药产业与北京中关村、上海张江同列中国生物医药园区第一方阵，集聚了56位“国家级重大人才引进工程”人才、283位姑苏领军人才、209位省双创人才和近5万名创新人才。

面向未来，苏州发挥制造业规模大门类全、创新需求旺盛、应用场景丰富以及产业配套能力强的优势，不断提升科技资源整合能力、服务保障能力和成果转化能力，吸引高端创新要素集聚，努力保持全国最具活力创新城市，为经济增长提供强劲的动能。

第三节 坚持以开放促改革促发展，创建开放型经济

苏州始终以海纳百川、博大包容的胸怀，抓住每一次发展机遇，吸纳发达国家和地区先进技术、管理、人才和产业的转移。苏州是我国对外开放的桥头堡、试验田，利用区位优势招商引资，争取国家支持创办各类国家级开发区，成为全国开发区最多的城市。吸引外资总额 1500 亿美元，成为仅次于上海、北京吸引外资最多的城市。从三个案例可以看出苏州开放型经济发展的历程。

一、昆山以敢想敢做敢当精神申请自费开放，成就连续 18 年全国第一大县

昆山在改革开放之初是一个经济比较落后的县，经济总量在全市各县中排在末位。在没有工业基础、没有资金支撑、没有政策扶持的情况下，昆山县委县政府大胆改革创新，抢抓发展机遇，创造性地推进对外开放。他们主动向国家提出申请，以自费模式建设昆山经济技术开发区。经国务院特批后，全县干部群众以极大的热情和责任担当，通过跨区域经济联合和引进外资，大力发展开放型经济。先后创建了综合保税区、光电产业园、留学人员创业园等一批国家级特色功能园区，逐步构建了电子信息、光电、装备制造等多个百亿级和千亿级产业集群，并形成了完整的产业链。为了建成笔记本电脑的完整产业链，他们逐个零件招商引资和消化创新。在商务部开展的国家级开发区综合发展水平评价中，昆山经济技术开发区连续多年位居全国前五位。

2009 年 12 月，昆山出口加工区成功转型为昆山综合保税区。2022 年，昆山完成地区生产总值达到 5006.7 亿元，成为全国首个地区生产总值突破 5000 亿元的县级市。2005 年至今，昆山连续 18 年位居全国综合实力百强县市首位。

二、设立苏州新加坡工业园区，多年位居全国经济技术开发区第一

苏州新加坡工业园区是由中国和新加坡两国政府共同推动的合作项目。苏州工业园区自 1994 年诞生起，就发挥着改革试验田、开放排头兵的作用。苏州工业园区成为全国首个开展开放创新综合试验的区域，国家部委先后赋予园区 130 项先行先试政策，苏州片区 12 项创新成果在全国推广。自苏州工业园区创建以来，累计创造 1.46 万亿美元的进出口总额、1.03 万亿元的税收，累计吸引高质量外资项目超 5100 个，其中 100 多家世界 500 强企业投资落户了 166 个项目，实际利用外资超 380 亿美元，集聚 2400 多家国家级高新技术企业，上市企业 60 多家。园区集聚跨国企业研发机构 200 多家，经认定的各级跨国公司总部 118 家，其中省级跨国公司地区总部 61 家。2022 年苏州工业园区全社会研发投入占 GDP 比重达到 5.01%。园区建立 29 年来，生物医药、纳米技术应用、人工智能三大新兴产业产值累计超过 3600 亿元，增速保持在 20% 左右。以苏州工业园区为核心的苏州纳米新材料集群已在第三代半导体、纳米生物材料、纳米功能材料及器件等细分领域展现出明显优势，多家企业成为国际国内纳米新材料标杆。苏州工业园区已经在国家级经开区综合考评中实现“七连冠”。经过 29 年发展，苏州

工业园区已成为全国开放程度最高、发展质效最好、创新活力最强、营商环境最优的区域之一，被誉为“中国改革开放的重要窗口”和“国际合作的成功范例”。

三、太仓中德合作产业园汇聚了德国先进制造业企业，成为全国中德企业合作的示范区

苏州太仓中德创业合作园创办于上世纪 90 年代初，自 1993 年第一家德国企业克恩·里伯斯弹簧有限公司落户太仓后，经过 30 年的发展，太仓对德合作以产业合作为基础、以职业教育为亮点、以文体交流为媒介、以科技创新为动力，形成了较为完备的对德合作体系。双方的合作领域涵盖经济、教育、科技、环保、文化、体育、公益、城市建设和社会管理等各方面，形成了全方位深度合作的独特模式，探索出具有鲜明太仓特色的对德合作之路。目前，太仓已经引进德企近 500 家，占全市 90% 以上，占到中国德企的 10%，总投资额超 60 亿美元，年工业产值超 600 多亿元，其中有 50 多家德国“隐形冠军”企业。有 3000 多名德国专家和技术管理骨干长年在太仓工作，以太仓为家。半数以上的德资企业在太仓开展本土化研发创新，90% 以上的早期落户德资企业完成了增资扩产，多家德资企业已将中国区总部或功能型机构放在太仓。为满足产业发展对技术技能人才的旺盛需求，2001 年太仓中德产业园引入德国双元制教育模式，建立了国内首个与德国职业教育同步的专业工人培训中心。依托太仓和德国的多方资源，相继建立“太仓德资企业专业工人培训中心 (DAWT)”等 15 个产教深度融合的技能培训载体，成为中国最大的德国职业资格考试和培训基地。形成了“政府引导、行业指导、企业主体、职校主动”为

特色的本土化的双元制教育实践模式。30 年来太仓保持对德企吸引力的一个不变因素是服务，是开放包容的营商环境。太仓市政府始终把优化营商环境摆在突出位置，制定实施多个政策文件吸引德资企业落户。对于已经入驻的企业，政府秉持“无事不扰、有求必应”的服务理念，为入驻企业提供一对一“一站式”精准服务。建设开放包容的人文环境、浓厚的文化氛围、全景式德国生活场景，使太仓成为名副其实的“德企之乡”。优越的营商环境和完善的产业配套，让越来越多的优质德资企业愿意入驻太仓、与本土企业开展合作创新。德企的发展带动了当地民营企业转型升级，形成了中德企业共生共融、互利共赢的发展格局。

太仓中德企业合作园被国家授予中德企业合作基地、国家先进制造技术国际创新园、中德智能制造合作创新园、国家新型工业化产业示范基地、中德中小企业合作示范区、国际科技合作基地、全国专利保护重点联系基地等一系列称号。打造了 10 多项对德合作的全国第一和唯一，成为德国中小企业投资最密集的县级城市。几百家管理严谨、技术精湛、注重创新的德国企业汇聚太仓，传播先进的工业文明，不仅对中德合作具有重要意义，而且对实现中国式现代化具有借鉴作用。

第四节 促进县域经济崛起，形成组团式城市发展格局

苏州不断创新行政管理体制，围绕提升行政效率目标，鼓励县（区、市）创造性开展工作，促进了各个区市县协调发展、经济社会繁荣，

形成了苏州组团式城市发展的格局，创造了全域宜业宜居优美环境和苏州奇迹。

一、苏州组团式城市发展格局的特点

苏州经济发展从乡镇企业崛起开始，促进县域经济繁荣，形成组团式城市发展格局，带动了市域经济协调发展。其特点：一是苏州城市发展空间布局比较均衡。没有形成人口和产业过度集中的中心区，这就有效避免了多数大城市上下班潮汐式人流，解决了交通拥堵、空气污染、房价飙升等大城市病。二是人口和企业形成小集中、大分散格局。全市企业和人口主要分布在各个县城、建制镇和开发区，交通便利，每个县区范围基本实现半小时生活圈，这里既有就业机会，又有配套的学校、医院、公园、体育等生活服务设施，实现了产城融合。苏州全市有 1600 万人长年居住，但不像其他大城市那样显得很拥挤，成为全国超大城市中唯一对汽车不限购、不限行、交通不拥堵的城市，而且苏州的房价明显低于其他超大城市，比上海的房价低一半。由于低房价降低了居民生活成本，分散的城市布局为居民提供了更大的休闲空间和高品质、便利的生活服务，使苏州成为名副其实的人间天堂，从而吸引了大量人才聚集，包括上海等地居民也纷纷前来购房安居。三是城市治理权力下放。苏州市把市级管理权限下放到县级市区，放手让县市级政府积极主动开展工作，争相打造更好的环境吸引企业入驻，促进了县域经济大发展，昆山、常熟、张家港、太仓等四个县级市经济总量多年位居全国百强县前列。有些人认为苏州主城区“首位度”低是一个缺陷，我们则认为这恰恰是苏州城市布局的高明之处。

二、苏州县域城市发展的典范——昆山市

昆山市连续18年保持全国经济总量第一大县，其成长过程具有典型意义。改革开放以来，昆山以创办工业小区起步，走出了一条“以改革开放为时代特征、以创业创新创优为精神动力、以人民幸福为不懈追求”的“昆山之路”。“昆山之路”的形成与发展可以分为五个阶段：第一阶段，是党的十一届三中全会后，开始奠基阶段，实现从农业县向工业市转变的“农转工”历史性跨越。第二阶段，是1992年邓小平南方谈话前后，昆山步入开创阶段，实现“内转外”的经济格局性转变，外资成为昆山经济增长的主要推动力。第三阶段，是1997年亚洲金融危机后，昆山进入拓展阶段，实现“散转聚”的阶段性变化，经济发展呈现“三个集中”趋势：一是企业由分散发展向各类园区聚合；二是产业向电子信息、精密机械制造等重点产业集聚；三是土地利用向规模化集中。第四阶段，是党的十六大后，昆山处于提升阶段，呈现“低转高”的发展新态势，经济结构进一步优化，产业布局更加合理，经济社会进入又好又快发展轨道。第五阶段，是党的十八大以来，昆山处于提质阶段，进入“大转强”的发展新征程，完整、准确、全面贯彻新发展理念，积极构建新发展格局，推动高质量发展，顺利跻身全国Ⅱ型大城市行列，连续18年位居全国百强县市首位，努力展现中国式现代化的昆山图景。2022年，地区生产总值历史性迈上5000亿元大台阶，规上工业总产值持续保持万亿元以上，进出口总额突破1000亿美元，外贸额位列全国城市第15位。

昆山之所以能够从一个传统农业县跃升为全国县域经济领头羊，

在全国1870多个县市中连续18年排名第一，其背后始终洋溢着昆山人民励精图治、砥砺前行的精神，始终支撑着昆山人民勇立潮头、铸造辉煌的强大力量，这种精神力量汇聚成昆山精神。这种昆山精神，是中华民族伟大复兴伟大精神的缩影，他在继承中弘扬、在传承中创新，不同时期展现出不同的时代内涵，其精华就是 “敢闯敢试、唯实唯干、奋斗奋进、创新创优”，这十六个字镌刻着昆山发展的时代印记，既体现了实干奋斗的历史传承，又彰显了率先示范的使命担当。

第五节　实施城乡融合发展战略，促进共同富裕

中国式现代化的本质要求是实现全体人民共同富裕。缩小城乡居民收入差距是实现共同富裕的重要举措，而实施城乡融合发展战略则是缩小城乡居民收入差距的根本途径。2015年4月30日，习近平总书记在中央政治局集体学习时发表重要讲话，提出要实现城乡居民基本权利平等化、城乡居民收入均衡化、城乡公共服务均等化、城乡要素配置合理化、城乡产业发展融合化。改革以来，苏州市正是围绕实现这“五个化”坚持不懈探索，不断推进城乡关系的调整和改革，实施以工补农、以城带乡，有效地推进了农业农村现代化和农民收入的提高，实现了城乡协调发展。2022年，苏州城乡居民人均可支配收入分别达到7.95万元、4.37万元，均值位列全国城市第五；城乡收入比缩小至1.82∶1，是我国城乡收入差距最小的地区之一，成为一座共同富裕的样板城市，蝉联了“中国最具幸福感城市”称号。

一、在全国率先发展先进农业生产模式

苏州把推进智慧农业建设作为全面推进乡村振兴战略的重要举措，加快智慧农业新技术、新装备、新模式率先落地应用。2020 年 2 月，苏州正式获批智慧农业国家试点，瞄准率先基本实现农业农村现代化目标，以发展现代农业、智慧农业为方向，以数据为关键生产要素，加强数字生产能力建设，加快数字化技术成果转化，推动数字赋能农业高质量发展。

苏州坚持走都市农业、规模农业、生态农业之路。全市有“无人农场”示范基地 9 个，省级农业科技型企业 80 多家，主要粮食作物综合机械化率达 97%，特色农业机械化率达 68.3%，农业信息化覆盖率达 71.4%。全市高标准池塘、蔬菜基地、美丽生态牧场覆盖率分别达 90%、76%、70% 以上。绿色优质农产品比重达 69.4%，农产品加工业产值与农业产值之比达 9.4:1。苏州还在全国率先制定智慧农场、智慧牧场、智慧渔场、智慧蔬菜、智慧园艺和智慧农村等 6 类基地建设与评价标准，指导农业经营主体和涉农行政村开展数字化转型。累计培育认定智慧农业示范生产场景 41 个、“集成 + 特色”的“智慧农村”示范村 102 个、智慧农业品牌 30 个。苏州大力推进农业信息化、机械化、科技化，加快建设农业强市，为全面推进中国式现代化苏州实践提供了有力支撑。

二、美丽乡村建设走在全国前列

苏州全域面积 8488 平方公里，其中水域面积占 42.5%，星罗棋布的湖泊河流不仅造就了传统的鱼米之乡，也为美丽的城镇乡村描绘了

明媚底色。在落实中央关于乡村建设行动中，苏州市政府提出以特色田园乡村建设为统领，积极构建特色精品乡村、特色康居乡村、特色宜居乡村，并分别制定了三类乡村建设标准，用标准来规范和指导全市美丽乡村建设。经过努力，目前全市累计已建成并明确 14 个中国传统村落、57 个江苏省传统村落、205 组江苏省传统建筑组群，国家和省级保护数量均位列全省第一。累计有 80 个村庄获评“江苏省特色田园乡村”，建成 92 个市级特色精品乡村、4100 个特色康居乡村、6693 个特色宜居乡村和 85 个特色康居示范区，特色康居、宜居乡村占比达 99%。2019 年、2020 年，昆山市、太仓市先后获评国务院“全国开展农村人居环境整治成效明显的激励县”。2020 年，通安镇树山村入选第二批全国乡村旅游重点村。2022 年，苏州市“促进乡村产业振兴、改善农村人居环境等乡村振兴重点工作成效明显”上榜国务院督查激励名单。2022 年 4 月，吴中区被列为全国传统村落集中连片保护利用示范县。苏州入选的中国美丽休闲乡村数量达 13 个。苏州市深入实施农村人居环境整治提升行动，连续两年位列中国农科院发布的《中国农村人居环境发展报告》综合评分第一。生态宜居的美丽乡村成为苏州的一张新名片。

三、实行城市与农村统一的居民户籍制度

按照中央的部署，苏州积极推进农民工市民化，为更多外来农民工融入城市创造条件，在这方面进行了卓有成效的工作。市政府依托产业发展创造的就业机会，吸纳外地农民工进入本市工作，在各方面善待农民工，提高农民工的技术水平，稳定农民工队伍，使农民工成为产业工人的主体，为把苏州打造为全球最大的制造业中

心做出了重要贡献。农民工的子女可以与户籍人口的子女享受同等的基础教育，解决了留守儿童问题。2023 年，苏州户籍人口 775 万人，常住人口 1291 万人，实际服务人口达 1600 多万人。外来人口超过本地人口，市政管理和各项服务工作井然有序，充分体现出苏州政府高超的城市管理艺术和苏州人民包容、友善、和谐、互助精神。这种城市文化增添了城市魅力，成为推动城市可持续发展的强大内在力量。

鼓励农民进城进镇。为了使农民由在城镇落脚变为到城镇落户，使更多的农民变为市民，2010 年，苏州出台《中共苏州市委苏州市人民政府关于鼓励农民进城进镇落户的若干意见》，明确了五类农民可进城镇落户：在城镇就业并在城镇有合法固定住宅的农户；动迁安置在城镇和开发区的农户；实行“三置换”进城进镇的农户；城中村和失地的农户；其他具有进城进镇愿望的农户。

为鼓励农民进城进镇和保障农民合法利益，苏州积极探索“三置换”。通过以承包地经营权、宅基地使用权和集体经济收入分配权等多种形式入股农村股份合作社，苏州农民“户户有资本、家家成股东、年年有分红”。持股农民比例达96%，农民当股民，改变了苏州农民的传统收入结构。“三置换”使广大农民通过换股、换保、换房，成为增加农民财产性收入的重要路径，保障了农民合法权益，避免了后顾之忧。

建立城乡居民自由迁徙户口制度。苏州积极打破城乡分割的二元户籍管理制度，建立了城乡统一的居民户籍制度。2003 年，苏州在出台居住证制度的基础上，建立以居住地登记户口为基本形式、以合法固定住所和稳定职业为准入条件、与社会主义市场经济体制相适应的新型户籍登记管理制度，消除了农业与非农业户口的差别。2016 年，开始加快外来务工人员市民化步伐。苏州市区在全省率先实施积分落户制度，取消购房、投资等原落户门槛，放开放宽“高校毕业生、技术工人、职业院校毕业生、留学归国人员”等重点群体落户限制。2016年，全市累计有46多万农户、140多万农民实现了居住地转移和身份转变。

实现了生产要素城乡双向流动。苏州加快统筹城乡改革的步伐，建立健全以工促农、以城带乡、城市反哺农村、工业反哺农业的城乡融合发展体制机制，畅通生产要素在城乡间双向自由流动的通道，推动各类要素出城入乡，实现生产要素在城乡间无障碍流动。一是引导劳动力畅通有序流动。放开放宽户口迁移政策、推进区域户口通迁制度、全面实施流动人口居住证制度，户籍制度改革政策基本到位。通过推进城市放宽落户限制、探索社会治理新路径，进一步畅通劳动力和人才社会性流动渠道。苏州通过“三置换”让110万农民变成了新市民，为打破城乡二元结构进行了有益尝试。二是以土地股份合作方式推进土地流转。去年，全市农村集体总资产达3800亿元，其中村级集体总资产1272亿元；全市村均经营性收入931万元，其中“亿元村”3个、“千万元村”315个。三是创新乡村治理机制。苏州提出了“片区化推进乡村振兴、组团式开展乡村建设”的工作理念，把全市1000个行政村全部纳入片区化建设体系，整合成若干个大小不等的社区单元，充分发挥重点乡村的“引流、带动、服务”作用，通过规划建设协同、产业发展协同、富民增收协同、乡村治理协同、改革创新协同“5个协同”，在乡村连片打造、融合发展方面积极探索，更好地变“盆景”为“风景”，致力于让全市人民、城乡居民都能共享高质量发展成果。目前8个涉农板块已全部启动重点片区的规划和建设，澄湖地区、阳澄湖地区、太昆常地区、长漾片区等重点片区正在加快建设。

第六节 实施协调发展战略，推动经济政治文化社会生态全面发展

苏州认真贯彻新发展理念，坚持“以人民为中心”，按照世界一流标准打造智慧、生态、绿色城市环境，成为人居环境最佳、和谐发展最优、世界一流绿色生态型城市，实现了经济、政治、文化、社会、生态文明五位一体全面发展。每一个苏州居民都分享到了发展成果，全市人均预期寿命达到 83.82 岁，居全国第一。苏州成为全国共同富裕样板城市，蝉联“中国最具幸福感城市”称号。

一、努力推进生态文明建设

生态文明建设是关系城市永续发展的根本大计。“上有天堂、下有苏杭”，苏州自古以来就以良好生态、优美环境闻名于世。党的十八大以来，苏州深入践行“两山”理论，站在人与自然和谐共生的高度，尊重自然，顺应自然，保护自然，协同推进经济社会高质量发展、生态环境高水平保护和人民群众高品质生活。创新出台《苏州市太湖生态岛条例》，率先在省内实施生态补偿机制，扎实做好太湖、长江、大运河等重点水体生态保护，以更高标准打赢污染防治攻坚战，国省考断面水质全部达标、长江干流及主要通江河道水质全部达Ⅲ类以上、自然湿地保护率超过 70%。全力攻坚长江环境整治，开展生产岸线腾

退、生态环境修复等“五大提升工程”，让苏州158公里的长江岸线焕发新的风采。苏州扎实推进环太湖有机废弃物处理利用，提升太湖蓝藻防控和太湖流域防洪除涝能力，推进生态修复、长效管理，2022年太湖水质总体达到近六年最佳。苏州因地制宜实施“一山一策”“一岛一策”，有效统筹自然、人文资源开发利用，设立10类山体资源保护区，对145个、159平方公里的山体进行个性化保护，同时整体保护“四角山水”生态格局和江南水乡风貌，以实际行动践行“绿水青山就是金山银山”。苏州将良好的生态环境作为最普惠的民生福祉，加快建设“公园城市”，通过见缝插绿的方式，建设了一大批口袋公园和小微绿地，把城市“边角料”建设成为群众休闲娱乐的绿色空间，进一步扮靓市民“推窗见绿、出门进园”的美好生活，群众获得感、幸福感、安全感、认同感显著增强。

二、重视强化精神文明建设

习近平总书记强调“建设中华民族现代文明，是推进中国式现代化的必然要求”。苏州人宝贵的精神特质，根植于江南文化之中，其中最深沉的力量，就是范仲淹的“先天下之忧而忧、后天下之乐而乐”、顾炎武的“天下兴亡、匹夫有责”所代表的家国情怀，无论何时何地，这种文化自信、民族大义都流淌在血液中，激励着一代代苏州人自强不息。特别是在现代化建设的道路上，苏州人善于以精神之力助推实践，以精工细作追求卓越。“团结拼搏、负重奋进、自加压力、敢于争先”的张家港精神；“敢闯敢试、唯实唯干、奋斗奋进、创新创优”的昆山之路；“借鉴、创新、圆融、共赢”的园区经验，就是伟大建党精神与苏州地方文化紧密结合，形成的苏州“三大法宝”。苏州在汇聚磅礴精神力量、积蓄发展动能的同时，锚定“社会文明程度高”的目标追求，持续加强精神文明建设，积极探索千万人口大市的社会治理有效路径，通过数字化手段提升治理效能，建成启用“数字苏州驾驶舱”，推进市域社会治理现代化试点，创新开展“枫桥式村（社区）”、矛调中心建设等，不断提高治理体系和治理能力的现代化水平，提升市民文明素养，塑造城市文明形象，实现了全国文明城市“五连冠”“满堂红”。

三、大力发展多元文化

苏州是国家首批历史文化名城，经历 2500 多年历史，至今仍保持着宋代“水陆并行、河街相邻”的双棋盘格局，保留着“小桥流水、粉墙黛瓦”的独特风貌。拥有苏州园林、大运河苏州段两项世界文化遗产；拥有昆曲、古琴、宋锦、缂丝、香山帮传统建筑营造技艺、苏州端午习俗、碧螺春共 7 项世界非物质文化遗产；拥有 28 个中国传统村落、4 个国家级和 5 个省级重要农业文化遗产。来到苏州，到处都是名胜古迹，放眼皆是文化，得到了习近平总书记“百步之内，必有芳草”的高度肯定。可以说，古与今、城与乡、人文与科技的“双面绣”，既展现了苏州的无穷魅力，也体现了发展的无限潜力，苏州必能不负总书记“代表未来的发展方向”的殷切期望，在推进中国式现代化中走在前、做示范，把中国式现代化的美好图景一步步变为现实。

四、建立城乡统一的社会保障体系

苏州是常住人口规模居全国第九位的超大城市，800 多万外地人口对城市管理和实现共同富裕带来严峻挑战。对比国外城市常见的贫民窟和街头流浪者，解决好这个问题，具有全球示范意义，更是对中国共产党人执政能力的考验。苏州在改革发展过程中，始终牢记共产党的初心使命，把先富帮后富、最终实现共同富裕放在重要地位，在全国较早地推动了城乡一体化发展，通过以工补农、以城带乡，大力推动城市反哺农村、工业反哺农业，在“三农”空间中作了较高标准的投入，建立了特有的优势，积聚了推动共同富裕的强大基础，形成了苏州发展的最大亮点。在城乡一体化进程中，苏州是全国首个“统筹城乡社会保障典型示范区”，很多工作走在江苏省乃至全国前列。目前，苏州基本实行了城乡统一的社会保障体系，农民也有退休金。2011 年全市城乡最低生活保障标准实现并轨，2012 年完成农村养老保障制度与城镇养老保障制度并轨，标志着苏州率先在全国实现城乡社会保障一体化。全市城镇职工社会保险覆盖率、城乡居民养老保险和医疗保险覆盖率达 99%。2013 年，苏州养老保障政策体系已覆盖城乡全体劳动者和居民，建立起保障多层次、资金多渠道、制度可衔接、转接无障碍、服务社会化的全民养老保障体系。城乡居民享受同样的医疗保障。苏州农民在社保制度上真正开始享受“市民待遇”，苏州率先基本建成覆盖全民、城乡一体的社会保障体系，打破了社会保障上的城乡二元结构。

苏州推进城乡劳动力就业政策统一、就业服务共享、就业机会公平和就业条件平等的机制，扶持农村劳动力就业和创业。不断拓宽就业优惠政策享受范围和创业政策帮扶范围，破除劳动者自由流动体制机制障碍，继续保持就业创业政策领先优势。苏州率先实现了城乡统一的就业制度，城乡劳动力平等竞争、同等就业、同工同酬，有力地保证了农民工的基本权益，率先实现了城乡居民基本权益平等化。苏州市连续 3 年获评全国“最佳促进就业城市”，就业促进工作连续 4 年获省政府督查激励。

榜样的力量是无穷的。苏州的今天，就是全国特别是广大中西部地区的明天。

第十九章

舟山绿色石化基地建设昭示的现代化之路

党的二十大报告明确提出："高质量发展是全面建设社会主义现代化国家的首要任务"。[①] 建设以实体经济为主体的现代化产业体系对于推动我国经济高质量发展具有重要的战略意义。经过新中国成立70多年特别是改革开放40多年的发展，我国已建成了世界上最为齐全的工业门类，现代产业体系建设成就辉煌。但与发达国家相比，我国制造业在关键环节和关键技术上仍然存在差距，产业链供应链的韧性和安全水平亟待提升。

浙江舟山群岛新区着眼国家战略需要，依托港口强大的集疏运能力，主动谋划布局临港石化产业，在短短8年时间内投资2500多亿元，建成年炼油能力达4000万吨的炼化一体化项目，成为我国首个"离岛型"绿色石化基地。基地为舟山建设现代海洋城市注入了强大的动力，极大提升了我国乙烯、芳烃等重要石化材料的自给率，在保障产业链供应链安全方面发挥了重要作用。

---

① 《习近平著作选读》第一卷，人民出版社2023年版，第23页。

第一节 绿色石化基地建设的“浙江速度”

舟山区位优势明显、港口资源丰富、战略地位突出，是我国经略海洋、面向亚太经济圈的桥头堡。21 世纪以来，舟山以港口和临港工业为重点，以保障国家资源能源安全为导向，以绿色石化项目为龙头布局发展油气全产业链，建成了全国最大的石化基地，走出了无中生“油”、聚“气”发展的特色之路。

一、统筹国家战略需要与区域发展，积极谋划国之大者

石化产业是国民经济的重要支撑，是现代产业体系的重要组成部分。21 世纪以来，我国工业化进程不断深化，制造业迅速发展，乙烯、芳烃等重要基础原材料消费量大幅增加。2010 年，我国乙烯当量消费约 2960 万吨，国内自给率仅为 48%，存在较大缺口。作为芳烃产业的核心原料，我国对二甲苯（以下简称 PX）的供需失衡现象则更加突出。2010 年，我国 PX 进口量 353 万吨，2013 年为 905 万吨，2014 年为 997 万吨，2015 年为 1165 万吨，进口依存度高达 56%。建立炼化一体的生产体系，提升烯烃，芳烃等重要基础原材料的自给率，优化产品结构是保障国家经济安全的必然要求。

舟山着眼国家战略需要和浙江省产业转型升级的需要，瞄准乙烯、芳烃等重要基础原料，开始主动谋划炼化一体的石化产业项目。

2013 年 1 月，《浙江舟山群岛新区发展规划》中明确提出“选择大鱼山等岛屿布局建设岛屿型、现代化、规模化的大宗商品加工项

目”。同年，时任中国国际经济交流中心常务副理事长、著名经济学家郑新立来舟山调研，向浙江省政府和中央有关部门建议在舟山布局大型石化项目，受到各级政府的高度重视。2014 年 7 月，时任浙江省省长李强在调研浙江化纤企业 PX 供应长期依赖进口等问题时，要求省发改委牵头研究建设炼化一体化项目，并确定了“民营控股、国企参股”的发展方向。浙江省正式启动在舟山布局“高产烯烃芳烃、离岸型”大型石化项目的前期准备工作。

舟山大型石化项目建设获党中央、国务院的亲切关怀以及有关部门大力支持。2014 年 11 月 19 日，时任总理李克强在浙江省调研期间明确指示，舟山石化项目作为民营和国有共同参与的混合所有制产业项目，是今后我国参与石化领域国际竞争的重要项目，一定要高起点规划、高标准定位、高质量建设，建设生产技术工艺在国际上领先的炼化一体化绿色石化园区。此后，又先后 8 次作出重要批示，对舟山石化项目给予了高度的关注和支持。

2015 年 2 月，国家发改委办公厅出具《关于浙江舟山石化基地规划建设有关事项的复函》，同意在鱼山岛及其周边区域开展鱼山绿色石化基地的规划布局工作，明确舟山石化基地作为宁波石化基地的拓展区，规划面积 41 平方公里，分三期开发。国家发改委、原环境保护部、原国土资源部、国家海洋局、原国家林业局等部委主要领导分别带队来舟山考察，指导舟山基地发展建设。2015 年 4 月，荣盛集团、桐昆集团等民营企业及巨化集团、舟山海洋综合开发投资有限公司签订了《舟山国际绿色石化基地炼化一体化项目合资合作协议书》，并于当年 6 月注册成立浙江石油化工有限公司（以下简称浙石化），负责具体实施 4000 万吨 / 年炼化一体化项目。2015 年 7 月，浙江省人民政府办公厅出具《关于设立舟山绿色石化基地的复函》，同意设立舟山绿色石化基地（以下简称舟山基地），并纳入省级经济开发区序列。2017 年，国务院出具《关于同意设立中国〈浙江〉自由贸易试验区的批复》，再次明确舟山绿色石化基地面积 41 平方公里。2018 年，舟山基地 4000 万吨 / 年炼化一体化项目正式列入国家发改委和工信部《石化产业规划布局方案》（修改版），标志着基地建设在推动我国石化产业高质量发展方面的作用进一步凸显。

二、统筹基地建设与海岛民生，迅速完成整岛征迁

舟山市经过对衢山岛、大小鱼山岛、岱山岛、大长涂岛、金塘岛、佛渡岛、六横岛 7 个备选场址详细论证评估，最终选址在大小鱼山岛建设绿色石化基地。大小鱼山位于岱山县西侧，陆域面积仅 6.68 平方公里，距岱山城区 24 公里，是一座悬水小岛。长期以来，鱼山岛居民以捕鱼为生，交通不便，基础设施落后，生活条件很差。2000 年前后，鱼山岛群众提出了整岛搬迁的诉求，由于客观条件的限制未能实现。此后，青壮年大批外流，岛上仅剩下 600 多老年人，鱼山岛日渐萧条。

鱼山岛是建设“离岸型”石化基地较为理想的选址。一方面，距离舟山和岱山岛较远，安全防护纵深广阔，拓展空间大，通过海域围垦可形成 40 平方公里以上的空间和项目需要的岸线。另一方面，常住人口少、居民有搬迁意愿、动迁成本较低，基地建设能够大幅改善鱼山岛居民的生活条件，满足人民群众对美好生活的向往。

鱼山岛整体搬迁是基地开工建设的先决条件。根据项目建设的要求，需要在半年时间内完成，整体搬迁任务重、时间紧、难度大。为

确保搬迁工作顺利完成，舟山市多次召开座谈会，邀请专家和群众，广泛征求各方面意见和建议，并组织相关人员赴周边地区考察学习，借鉴成功经验。在此基础上，制定了《渔山村征地房屋补偿安置方案》及4个配套政策。围绕这些政策，坚持公开、公平、公正和阳光操作，赢得了广大群众的信赖和支持。

搬迁过程中，创新工作方法，动员各方力量，平稳高效开展工作。成立了搬迁工作总指挥部，从各个单位选调责任强、能办事、善办事的业务骨干组建征收、国土、房管、纠纷调解、评估、腾空、宣传、维稳八大职能组，统筹推进鱼山整岛搬迁。同时，发挥党员密切联系群众的优势，从各个部门抽调讲党性、讲原则、有丰富农村工作经验的老干部、老党员深入群众进行宣传动员，充分发挥鱼山籍干部、乡贤等群体的作用，全方位开展政策引导和交流沟通。

经过各方的不懈努力，仅用20天时间就完成了鱼山岛10万多平米房屋测量，40天时间完成了1370户群众房屋确权，30天时间基本完成了房屋签约，90天时间完成了签约房屋的腾空和5300穴坟墓的迁移，拆迁过程零上访，有效解决邻避效应问题，创造了征迁工作的“浙江速度”，为石化基地建设创造了先期条件。

三、统筹项目关键节点与报批进度，创新突破行政审批

舟山基地作为迄今为止国内一次性投资建设规模最大的石化产业项目，涉及山体爆破、海域围垦、岸线利用、环境评估、安全审查、交通配套和水电保障等众多事项，牵涉面广，审批事项多，流程极其复杂。为了科学有效地推进项目建设，舟山基地根据领导指示和上级部门的要求，按照系统工程的方法和理念，全面考虑总体进度，重点

把握关键环节，创新突破行政审批，高效保障了项目建设进程。

围绕总体进度计划实施“挂图作战”，整体把握报批事项、重点难点与时间节点。浙江省发改委会同省级相关部门、舟山基地领导小组办公室和浙石化编制了《舟山绿色石化基地暨浙石化炼化项目总体报批和建设进度计划》，共梳理出 1400 余项报批事项，排出了 22 项里程碑计划，把每个计划细分到工作日，明确各项计划开始时间、完成时限、责任部门和审批单位。在此基础上形成项目推进的“总进度图”，精准反映每个审批事项的推进情况，从而及时发现问题，有序推进基地建设。

在“挂图作战”的基础上，国家部委、浙江省和舟山市通过审批权限逐级下放，高效推进基地审批工作。国家发改委于 2015 年 2 月复函委托浙江省发改委批复舟山基地规划，创下了地方直接审批石化基地规划的先例。浙江省政府也将部分省级行政审批管理事项下放给舟山市，舟山市则按照“合法合理、简政放权、高效便民、权责一致”的原则将部分市级审批事项下放给岱山县，通过就地审批提高审批效率，大幅压缩了审批流程和时间。同时，舟山市充分利用新区“先行先试”政策，创新“容缺预审”机制，在基本审批条件具备、申报材料主体齐全，但其他非关键性申报材料暂缺时，采用项目业主承诺补办时限的方法先行预审或部分审批，推进审批便捷化。此外，还积极探索并联审批、联合踏勘、联审联办等制度创新，在基地所有专题、工程、项目涉及需要报批的工作中，先行召开协调会，召集各个相关部门商讨报批过程中所需要的材料和注意事项，明确报批途径和各相关部门的职责。同步开展材料准备工作，并由各个相关部门“并联”审批，通过“一站式服务”提高审批效率。

在各级部门全力支持下，舟山基地仅用短短两年半时间就完成了1000余项各类报批手续，成为浙江省政府打造“放管服”改革的样板工程。

四、统筹工程建设速度与工程质量，创新项目推进机制

舟山基地4000万吨/年炼化一体化项目是浙江省有史以来最大的单体产业项目，也是新时代浙江重要的标志性工程。按照“严守一流环保标准，确保安全质量”的要求，抢占石化产业发展先机，舟山基地坚持高起点规划、高标准定位、高质量建设，创新项目推进机制，以“速度”与“质量”的高度统一贯穿“基地规划”“海域围垦”“工程建设”全过程。

舟山基地建设涉及海域围垦、要素保障、人员管理和设备安装等诸多方面，是非常复杂的系统工程。为了高效推进工程建设，确保各环节有序衔接，舟山市创新实施“项目中心制”，优化项目组织管理，为项目建设创造了高效工作机制。规划建设阶段成立以市委书记为组长的领导小组，以一个工作组、一个支撑平台、一套政策高效率保障项目建设，并根据项目进展情况及时调整组织管理方式，组建鱼山现场指挥部，设立舟山基地管理委员会，全面负责基地场地工程、征迁安置、工程建设中的组织协调以及后期的管理职能。

完善高效的工作机制为基地超常规快速推进提供了有力保障。在领导小组和基地管委会的统筹协调下，政企分工协作，采取“大兵团作战”的模式，调集500多家施工单位、8万余名作业人员、数千台车辆和工程机械，海域围垦、配套工程与炼化项目建设同步推进、昼夜不间断施工，确保了基地建设速度。浙石化采用大型设备模块化施

工、大型装置“模块化”交付、前沿 P6 计划进度管理、准军事化现场管理等措施，大幅缩短了工程建设工期。

突出安全第一、质量优先，对项目建设进行全过程质量管控，在加快建设速度的同时确保工程质量。规划建设阶段高度注重专业支撑，组建国内石化领域一流专家组成的院士专家咨询委员会，为基地建设提供专业化常态化的咨询服务。对重要技术问题进行充分论证，确保场地工程在建设过程中和交付使用后的安全可靠。基地管委会定期或不定期对工程质量进行督查，以保障工程建设质量。浙石化创新 IPTM 项目管理模式，与项目管理筹备组联合组建一体化的管理团队，进行统一指挥和严格的精细化管理。

在各方的共同努力下，舟山基地以保证安全和质量为前提，仅用 3 年时间通过围垦形成了约 23 平方公里陆域，仅用 5 年时间建成了 4000 万吨 / 年炼化一体化项目，实现了“十年任务五年完成”的建设目标。相比于国内其他同类大型石化基地和炼化一体化项目，建设时间缩短一半以上，创造了国内大型炼化一体化项目建设纪录，充分展现了“浙江速度”。

第二节　绿色石化基地建设的重大成就

舟山基地是国家七大石化基地的重要组成部分，也是中国（浙江）自由贸易试验区推动油气全产业链开放发展的核心项目。目前，浙石化 4000 万吨 / 年炼化一体化项目已全面投产，创造了 130 余套装置全部一次开车成功并安全稳定运行的行业奇迹，率先成为国内最大、世界领先的炼化一体化基地。8 年时间，舟山基地实现了从“0”到“1”的跨越，从一个鲜为人知的小渔村蜕变为举世瞩目的石化基地，对于促进我国石化产业结构转型升级、提升产业链供应链韧性和安全水平、建设共同富裕示范区具有重要意义。

一、率先建成国内规模最大炼化一体化基地

2019 年 12 月，浙石化炼化一体化项目一期全流程打通；2022 年 1 月，二期全面投料试车；2022 年 8 月，新增 140 万吨 / 年乙烯项目主体装置投料试车。从规划、选址到全面投产，舟山基地率先建成国内规模最大的炼化一体化基地，创造了 5 项“首个”和 4 个“第一”：一是我国首个“离岸型”石化基地；二是我国首个 4000 万吨级炼化一体化基地，推进速度国内第一；三是我国首个投资超过 2000 亿元石化项目，单体投资国内第一；四是我国首个民营控股、国有参股的混合所有制炼化企业；五是我国首个赋予打造绿色发展标杆的石化基地。

舟山基地的浙石化项目是世界第一个按照 4000 万吨 / 年原油加工规模一次性统筹规划建设的炼化一体化项目。投产以来，舟山基地产能持续释放，原油加工量实现从 464 万吨、2306 万吨到 3702 万吨的“三级跳”。2021 年，浙石化工业产值达 1390 亿元，2022 年，浙石化工业产值达到 2314 亿元，成为舟山首个产值破千亿的企业。从产能规模看，舟山基地炼油、乙烯、PX 等系列石化产品的生产能力都居国内第一，炼化产业规模跻身世界一流行列，处于国内领先地位。

二、有力保障我国石化产业链供应链安全稳定

乙烯、PX 等芳烃产品是最为重要的基础化工原料之一。随着我国工业发展水平的提升，乙烯下游产品和 PX 的消费量大幅增加，受国内产能和产品结构制约，存在较大缺口。2018 年，国内乙烯当量消费达到 5023 万吨，缺口高达 2651 万吨；PX 的进口依存度逐年上升，2018 年达到 56%，较 2012 年增加 20 个百分点。

舟山基地着眼我国重要石化原材料供给结构性问题，把握新发展格局下石化行业高质量发展的机遇，以“油—化”上下游一体化发展为导向布局发展油气全产业链，对于推动我国石化产业“补链强链”、保障产业链供应链安全发挥了重要作用。2022 年，舟山基地炼化一体化项目全面投产，一、二期规划基本建设完成，形成了 4000 万吨 / 年炼油能力、1180 万吨 / 年芳烃和 420 万吨 / 年乙烯生产能力，并且具备 500 万吨合成树脂及工程塑料、千万吨化纤原料的生产能力，产能规模提前达到 2025 年规划目标。舟山基地的“横空出世”一方面直接提升了我国乙烯、PX 等化工原材料的生产和供应能力，另一方面产生了“鲶鱼效应”，促使国内大型石化企业加快炼化一体化项目的布局，从而推动了我国石化行业结构性调整的步伐。浙石化投产以来，我国乙烯、丙烯和 PX 产品的自给率逐年提高，到 2021 年已分别达到 64%、94.5% 和 61%，有效改善了重要化工原材料进口依存度高的局面。

三、为区域经济高质量发展注入强大新动能

舟山基地是浙江自贸试验区打造油气全产业链、落实“一中心三基地一示范区”发展战略的重要依托，在推动区域经济高质量发展方面发挥了重要作用。依托舟山基地，舟山市前瞻性谋划发展石化装备

制造、石化新材料等上中下游产业，规划建设岱山、金塘、六横、高新区、定海等高端石化新材料产业园区，全产业链发展格局逐步形成。在舟山基地的带动下，岱山县石化产业发展速度逐步加快，截至2022年底，全县引进石化产业项目21个，石化配套企业产值29亿元，石化新材料实现产值27.9亿元。

从地区经济增长和产业带动的角度看，舟山基地总投资超过2500亿元，规模巨大，为地区经济发展带来强大动能。2022年，舟山基地完成固定资产投资396亿元，占舟山全市固定资产投资的39.5%；原油加工量3702万吨，产能利用率达92.5%；实现工业产值2314亿元，占舟山规上工业总产值的71.6%，均超过《关于"十四五"推动石化化工行业高质量发展的指导意见》中提出的产能利用率达80%、园区产值占行业总产值70%以上的目标要求。工业增加值623.55亿元，绝对增量占浙江省的11.7%；进出口总额2008亿元，占全市进出口贸易额的59%；实现全口径税收515亿元；舟山基地投资强度达153亿元/平方公里，单位面积产值153亿元/平方公里，比肩世界一流石化基地新加坡裕廊岛。在舟山基地等重大产业项目的拉动下，舟山"十三五"时期地区生产总值年均增长8.9%，居全省第一；GDP总量达1951亿元，人均GDP跃居全省第一位；岱山县域经济实现了跨越式发展，入围中国工业百强县、浙江省十大工业强县，夺得"浙江制造天工鼎"。

四、增进民生福祉奠定海岛共富坚实基础

舟山基地的建设对于提高海岛居民生活质量、促进创业就业、改善海岛发展环境也发挥了重要作用。

为了加快推动北部岛屿的开发、保障舟山基地建设，舟山市相继建成了鱼山和岱山两座跨海大桥，将岱山岛、鱼山岛、长白岛与舟山本岛连通起来，彻底改变了这些海岛“孤悬海外”的历史，海岛居民的交通出行更加便捷高效。同时，跨海大桥还大幅改善了这些海岛的发展环境，解决了海岛地区“物流慢、成本高”的问题，极大增进了民生福祉。

在就业创业、共同富裕方面，舟山基地同样作出了巨大贡献。在舟山基地建设过程中，鱼山岛居民整体搬迁到位于岱山县城的安置小区“渔山新村”，基础设施、公共服务和人居环境都显著改善，生活质量大幅提升。项目建成后直接创造 2 万—3.2 万个就业岗位，间接创造约 12 万个就业岗位。基地施工建设阶段最多有 8 万工人奋战在建设工地上，促进了岱山县的人口集聚，常住人口从项目开工时的 18 万增加到 2022 年的 20.98 万，人口外流的趋势得以逆转。人口集聚进一步激发了岱山县域经济的活力，产生大量新的消费需求，进而带动了交通、物流、商业、房地产、餐饮服务和金融业的发展，激发了城市活力，为本地居民创业增收创造了条件。同时，浙石化还承担起相应的社会责任，积极参与社会公益，推动海岛共同富裕。2021 年 9 月，浙石化出资 2 亿元成立“浙江石化岱山教育基金”，资助困难学生并对优秀师生进行奖励，全力助推岱山县教育事业高质量发展。

第三节 绿色石化基地建设的特色亮点

一、“减油增化”的生产体系

在国内炼油产能过剩及“碳达峰”“碳中和”的背景下，“减油增化”成为炼化企业转型升级、高质量发展的大方向。舟山基地设计上引入“分子炼油”先进理念，实施资源差异化战略，按照“细分物料，细分装置，精心匹配”的优化思路，将一二次加工资源用好用尽。炼油部分主要生产石脑油，用于生产芳烃等国内最紧缺的基础化工产品，兼顾高品质汽油和煤油，少产柴油，并利用柴油加氢裂化等加工技术为化工环节提供优质乙烯裂解原料。汽油和柴油均达到国六标准，航空煤油取得民航局航空器适航司审定认证。化工部分主要生产聚乙烯、聚丙烯、苯乙烯、乙二醇、聚碳酸酯（PC）、苯酚、丙酮、丙烯腈、甲基丙烯酸甲酯（MMA），丁苯橡胶、ABS、环氧丙烷、聚醚多元醇等多种化工产品，主要化工产品产量为世界或国内第一。

舟山基地通过炼化产品与原料互供、隔墙供应、吃干榨净、技术改造、优化生产等措施，将成品油收率降至36%以下，低于全国平均水平20个百分点，优于同类大型炼化项目。舟山基地目前正在新建高性能树脂、高端新材料等项目，建成完工后，舟山基地的产业链进一步延伸，化工产品种类、产能都将大幅增加。

二、安全可靠的管控体系

舟山基地坚持“人民至上、生命至上”的安全理念，遵循“专业化监管、精准化服务，以专业化推动管理精准化”的工作思路，抓住安全风险管控主线，安全生产形势持续稳定。工艺选择采用以霍尼韦尔 UOP、埃尼为代表的全球领先的系列工艺技术；关键设备选型选用沈鼓压缩机、三菱压缩机、杭氧空分空压装置、惠生国产整体模块式裂解炉等高标准设备；生产自动化控制应用了浙大中控 DCS、霍尼韦尔等工业控制系统，装置本质安全水平得到根本性提升。招募全国行业精英组成项目团队，在建设初期就全面介入，实践“我的装置我建设，我的装置我运行”的项目建设与运行一体化管理新模式，真正做到了“建得好，开得起，稳得住，管得牢”。率先引进国际著名安全咨询机构 dss+（前杜邦可持续解决方案），从规划设计、工程建设、生产准备、投料试车、生产运行五个阶段对项目开展全过程咨询；引进安全专业公司，强化特殊作业监管，问题发生率持续下降，达到国内同行业优秀水平。充分利用安全监管专业团队资源优势，及时为企业提供精准化服务，开创性地应用保护层原理，率先创新编制《装置主要安全风险管控操作手册》并推广应用，深化细化双重预防机制。与应急管理部国际交流中心合作，辅导企业积极创建化工过程安全管理体系，使安全管理紧跟世界先进步伐。

新时期，舟山基地将以更严的要求、更高的标准，以精准化服务和专业化监管双轮驱动，追求更加优秀的安全业绩，以高水平安全保障基地高质量发展。

三、绿色发展的实践导向

舟山基地从生产工艺流程、生产设备到环境监管等各环节始终围绕“绿”擘画发展蓝图并付诸实践。全面应用成熟绿色生产工艺技术，采用加热炉超低氮燃烧器，建成“火炬博物馆”最大程度回收火炬气，“分区分治”VOCs，最大程度循环利用水资源，坚持废物减量化、资源化，保障生产全过程清洁化。

在全行业率先创新建立绿色发展指标体系，评价指标达标率逐年提高，绿色发展水平不断提升；创新建立由绿色发展指标体系统领，由环境监测、污染防控、环境应急三个分支体系组成的“1+3”环境管理体系；创新建立企业三级废水环境风险防控体系与基地第四级废水环境风险防控体系相结合的废水“3+1”环境风险防控体系；国内首创编制“一装置一表格”的《生态环境管理操作手册》，实行规范化、精细化生态环境管理；创新建立由国际优质咨询团队为“头脑公司”的第三方咨询管理模式，开展总体策划和技术咨询，引进国内优质咨询团队为“手脚公司”开展一系列的专项服务。

“十四五”以来，舟山基地将生态环境管理创新又提升到一个新的高度，由中国工程院院士领衔、国内外权威机构共同参与，高标准创建减污降碳高质量发展协同创新示范基地，打造能效、水效、碳效“领跑者”，探索炼化与能化产业耦合、高温气冷堆等先进示范，推进污水“净零排放”等示范工程建设，为引领我国石化行业绿色低碳高质量发展作出贡献。

四、民营经济的深度参与

民营企业参与超大型石化项目是中央着眼重点领域投融资机制创新、保障国家能源安全、参与全球资源配置作出的重大战略部署。2013 年，浙江省在谋划建设“离岸型”石化基地的过程中提出发挥民营经济优势，建设民营控股炼化一体化项目的构想。2014 年 11 月，时任总理李克强在浙江考察时明确支持舟山基地建设，并且强调，民营企业控股建设炼化一体化项目是最大的亮点，要建设成为民营资本进入壁垒高行业的标志性项目。为落实国务院主要领导指示，浙江省发改委会同舟山市多次同省内有意愿、有实力、有产业基础的民营企业沟通磋商，最终确定由荣盛集团控股 51%，联合巨化集团、桐昆集团和舟山海洋综合开发投资有限公司组建浙石化，成为我国首个由民营控股、国有参股的混合所有制炼化一体化企业。

面对项目建设中存在的各种困难和挑战，浙石化充分发挥民营企业灵活高效的决策机制，大胆创新，勇于突破，借鉴国内外大型建设项目管理的先进模式，与项目管理筹备组联合组建一体化的管理团队，发挥项目管理团队专业技术和经验，在工程设计和建设过程中，边建设、边优化，以民营经济的体制优势保障了项目的快速推进，体现了全面贯彻落实坚持“两个毫不动摇”的浙江实践。

五、党建统领的引领支撑

党建是引领发展的“指路明灯”，也是激发动能的“红色引擎”。炼化一体化项目启动以来，舟山基地充分发挥党建在重大项目建设中的引领支撑作用，积极探索以项目为中心的党建工作机制，推行项目党建“四上”工作法，以党建工作的“实”和“绩”有力服务保障项目建设的“质”和“效”。

坚持“支部建在项目上”，组建基地临时党委，由基地管委会、浙石化、县行政部门和项目主要承建单位负责人担任临时党委班子成员，形成基地管理方、项目运营方、工程建设方“三位一体”的运行模式，将党的领导贯穿于项目建设全过程，实现党建与项目同谋划、齐落地、共发展。坚持“党旗插在阵地上”，将临时党委下属的临时党组织划分为7个片组，通过健全组织共建、资源共享、党员共管、活动共办、事务共商等机制全面推动党组织区域共建和有效覆盖，确保在岛组织全明晰、在岛党员全掌握，党组织和党员数据实行一月一更新。坚持“党员冲在火线上”，做到“关键岗位有党员、困难面前有党员、突击攻关有党员”。坚持“组织关爱在心上”，推进“项目育人”“一线提能”“品质提升”三大工程，推优入党、推先评优向项目一线倾斜；通过开办“鱼山讲坛”“职工夜校”、培训机构上岛服务等举措，对一线员工进行专业技能培训；打造鱼山岛“建设者之家”“文化广场”，组织党员群众联合开展多种形式的文体娱乐、志愿服务、困难帮扶活动，不断提升基地建设者的获得感、幸福感和归属感。当前，舟山基地突出打造清廉基地建设，助力营造亲而有度、清而有为的营商环境，为“共富”涵养崇廉敬廉、风清气正的健康生态。

第四节 绿色石化基地践行中国式现代化的实践经验

建设舟山基地是浙江省忠实践行“八八战略”、奋力推进中国特色社会主义共同富裕先行和省域现代化先行的重大举措。在项目建设过程中，中央领导高度重视，国家部委大力支持，浙江省和舟山市上下联动、改革创新、率先突破，超常规推进各项工作，形成了具有鲜明特色的实践经验，对于加快建设现代化海洋城市、打造“民营、绿色、国际、万亿、旗舰”的一流石化产业集群具有重要的现实意义。

一、以国家战略需要为使命，抢抓石化产业发展战略机遇

面对全球产业链供应链的深度调整以及西方国家对我国“脱钩断链”带来的风险和机遇，统筹发展与安全，提升产业链供应链韧性和安全水平成为一个事关全局的战略性问题。舟山市将区域发展与国家战略需要紧密结合，依托港口建立起完备的大宗商品储运体系，在保障国家资源能源安全方面发挥了重要作用。在此基础上，舟山进一步着眼乙烯、芳烃等重要石化原材料的供应安全问题，抢抓我国石化产业空间布局和结构优化的战略机遇，主动谋划发展以乙烯、芳烃、合成树脂及下游新材料产品为主要产品的大型石化基地，极大提升了我国重要化工原材料供给自给率，在国家发展大局中充分展现舟山的使命担当。

二、以海岛区位优势为依托，推动石化全产业链发展

石化产业是关系国计民生的基础性产业，但是，由于种种复杂原因，国内很多城市在布局 PX 等石化产业项目的过程中都遭遇重重阻力。舟山基地以建设“离岸型”石化基地为目标，突出海岛岸线资源丰富、拓展空间大、相对独立、远离城区等独特区位优势，扬长避短，顺利通过环保、安全等方面的评估，并主动引导舆情民意，争取干部

群众的支持，项目得以顺利推进。为了进一步推动海岛开发，促进区域经济发展，舟山着眼石化产业布局的整体性和关联性，坚持集群化发展的原则，把打造油气全产业链作为主攻方向，依托炼化一体化优势大力发展高端特色的石化产品、化工新材料产品和专用化学品，培育石化装备产业集群，极大拓展了海洋经济发展空间。

三、以体制机制创新为动力，高效构建产业发展“软环境”

改革创新是优化营商环境、集聚经济要素、推动经济发展的必然要求。舟山基地以体制机制创新为动力，充分发挥群岛新区和自贸试验区等重大战略的政策集成优势，先行先试，改革创新，积极探索民营控股、国有企业参股的混合所有制；围绕项目申报审批推动“放管服”改革，实施“挂图作战”，创新审批方式，实现了审批事项的快速突破；围绕项目建设创新项目推进机制，实施“项目中心制”，创造性采用“项目党建”的工作方法。在行政审批体制、重大项目组织管理方式、石化项目投融资体制等重点领域和关键环节持续改革攻坚，为发展石化产业、推进项目建设创造了优质的政策环境，成为浙江省改革创新的标志性项目。

四、以绿色安全发展为主题，探索石化产业转型升级新路径

石化产业转型升级是新时代我国深化供给侧结构性改革、建设现代化产业体系的重要内容。舟山基地深入践行绿色发展理念，以绿色、安全、可持续发展为主线引领基地建设，在生产流程、技术装备、生产规模和经营管理体制等方面实现了创新突破，为我国石化产业转型升级树立了标杆。高起点推进工艺革新，与国内外企业、科研院所、

高校等进行深度合作，采用国内外一流的生产装置、生产工艺和先进的自动化控制技术，“减油增化”效果明显，对于促进我国石化产业结构性调整、培育浙江万亿级石化产业集群发挥了重要作用。高质量引领行业绿色发展，采用先进成熟环保技术和全过程安全管控措施，完善安全环保管理体制机制，抓牢安全环保风险管控主线，坚持减污降碳协同增效，推动安全环保管理从“碎片化”向“体系化”转变，努力打造石化行业绿色高质量发展的典范。

五、以开放发展理念为引领，打造国际化的石化产业平台

舟山基地是我国唯一一个整体位于自由贸易试验区范围内的大型绿色石化基地，是舟山打造油气全产业链、推动大宗商品贸易投资自由化便利化的龙头项目。在发展初期，基地就以“开放发展”理念为引领，锚定浙江省政府提出的“民营、绿色、国际、万亿、旗舰”的发展定位，着眼高水平利用国际国内两个市场、两种资源进行布局谋划。在发展过程中，着眼油品与化工品仓储运输、生产加工、批发零售、进出口贸易，推动全产业链开放发展；积极与长三角民营企业进行深度合作，成功打造了首个民营企业主导的大型石化项目；与宁波国家级石化产业基地协同发展，实现原料产品互供、产业链互补和配套工程共享；积极引入国际要素，与沙特阿美公司达成全方位战略合作；着眼全球市场布局发展石化新材料，面向国际石化巨头招商引资，充分发挥了以重要产业项目推动区域开放的作用。

结　语

舟山群岛新区共有 1300 多个岛屿，像一个个晶莹剔透的珍珠镶

嵌在东海之上。沿着这些珍珠的放射线放眼向东望去，是辽阔浩瀚的太平洋。国务院批准的舟山群岛新区发展规划，把舟山的未来发展目标定位为建设面向环太平洋经济圈的桥头堡。把舟山的深水良港资源优势充分发挥出来，与长江经济带紧密对接，可形成买全球、卖全球的强大经济能力，为构建以内循环为主体、内循环与外循环相互配合的新发展格局作出重要贡献，为中国式现代化建设提供重要支撑。舟山绿色石化基地建设是实现这一宏伟目标跨出的第一步。这一步跨的很坚实、很漂亮。有了好的起步，我们坚信，未来的宏图必将能够实现，舟山群岛新区在中华民族伟大复兴的道路上必将大放异彩！

策　　划：刘敬文

责任编辑：刘敬文　池　溢

图书在版编目(CIP)数据

中国式现代化理论与实践／郑新立等著．—北京：人民出版社，2024.1

ISBN 978-7-01-026045-7

Ⅰ.①中… Ⅱ.①郑… Ⅲ.①现代化建设-研究-中国

Ⅳ.①D61

中国国家版本馆 CIP 数据核字(2023)第 252750 号

中国式现代化理论与实践

ZHONGGUOSHI XIANDAIHUA LILUN YU SHIJIAN

郑新立　等著

人民出版社 出版发行

（100706　北京市东城区隆福寺街 99 号）

中煤(北京)印务有限公司印刷　新华书店经销

2024 年 1 月第 1 版　　2024 年 1 月北京第 1 次印刷

开本：710 毫米×1000 毫米 1/16　印张：28

字数：317 千字

ISBN 978-7-01-026045-7　定价：65.00 元

邮购地址 100706　北京市东城区隆福寺街 99 号

人民东方图书销售中心　电话(010)65250042　65289539